中国有话说

阮宗泽

著

China

浙江人民出版社

图书在版编目（CIP）数据

中国有话说 / 阮宗泽著 . —杭州：浙江人民出版

社，2019.5

ISBN 978-7-213-09270-1

Ⅰ.①中…　Ⅱ.①阮…　Ⅲ.①国际关系-研究-

中国　Ⅳ.①D82

中国版本图书馆 CIP 数据核字（2019）第 078305 号

中国有话说

阮宗泽　著

出版发行：浙江人民出版社（杭州市体育场路 347 号　邮编　310006）
　　　　　　市场部电话：(0571) 85061682　85176516
责任编辑：洪　晓　高辰旭
营销编辑：金继发
责任校对：杨　帆
封面设计：阳　光
电脑制版：阳　光
印　　刷：环球东方(北京)印务有限公司
开　　本：710 毫米×1000 毫米　1/16　　　　印　　张：20.5
字　　数：274 千字
版　　次：2019 年 5 月第 1 版　　　　　　　印　　次：2019 年 5 月第 1 次印刷
书　　号：ISBN 978-7-213-09270-1
定　　价：69.00 元

中国之光点亮历史

习近平总书记指出，我国正处于一个大有可为的历史机遇期。

此乃百年未有之大变局，中国的外交舞台从未如此广阔，中国的日新月异从未如此令人着迷，中国的言行从未如此让人牵挂，中国的未来从未如此扣人心弦，因为人类历史上出现的最动人的故事就发生在今天的中华大地。

党的十九大描绘了中国今后 30 多年发展的美好蓝图：将在 21 世纪中叶把我国建设成为富强、民主、和谐、文明、美丽的社会主义现代化强国。在以习近平同志为核心的党中央的坚强领导下，在习近平新时代中国特色社会主义思想的指导下，不忘初心，不懈奋斗，中国人民有能力、有潜力、有信心，有望从 1978 年到 2050 年连续 72 年保持超长时期的高速、高质增长，从而创造人类历史上从未有过的奇迹。

2018 年是中国改革开放 40 周年，也是中国融入世界、发展自己，造福人民、沧海桑田的第 40 个年头。

中国国内生产总值由 1978 年的 3645 亿元迅速跃升至 2012 年的 518942 亿元。1978 年，我国经济总量位居世界第十位；2008 年超过德国，居世界第三位；2010 年超过日本，居世界第二位，成为仅次于美国的世界第二大经济体。

党的十八大以来，中国进入了新时代，所取得的成就是全方位的、开创性的，变革是深层次的、根本性的。2016 年，我国国内生产总值达到 74 万亿元，按不变价计算为 2012 年的 1.32 倍，占世界经济总量的 14.8%，比 2012 年提高 3.4 个百分点。① 2017 年，我国国内生产总值达 827122 亿元。党的十九大报告指出："这些历史性变革，对党和国家事业发展具有重大而深远的影响。"2018 年，我国国内生产总值突破 90 万亿元，持续成为世界经济增长最大的贡献者。

中国经济持续增长惠及世界。自金融危机以来，中国对世界经济增长的平均贡献率约达 30%，中国的国际影响力蒸蒸日上。

习近平总书记指出：时代是出卷人，我们是答卷人，人民是阅卷人。

看到伟大祖国从站起来、富起来到强起来的历史性飞跃，抚今追昔，怎不令人心潮澎湃！

世事如棋局局新。历史如明镜，映照出国际大棋局的万般变迁。西方的平庸、美国的"退群"与中国的卓越，从不同角度映射出一个多元景象：世界之乱，中国之治。

面对国际秩序和全球治理体系的大变局、大洗牌，我们有话要说。

中国以主场外交为抓手，积极运用议题和议程设置的主动权，打造亮点，突出特色，成功地把中国方案转化为"国际行动"，收获一系列具有开创性、机制性的成果，为 21 世纪国际新秩序的诞生打下中国烙印。

中国一直维护以联合国为核心，以联合国宪章宗旨、原则为基础的国际秩序和国际体系，始终做世界和平的建设者、全球发展的贡献者、国际秩序的维护者。

与广大读者一样，我也是幸运的中国奇迹亲历者之一。作为一个跌宕起伏国际形势的忠实观察者和记录者，我的情绪往往伴随着国际形势的起伏而波动，有时疲于奔命，有时茫然失措，有时心潮澎湃，有时欢欣鼓舞。

自 2012 年以来，我有幸每年都为《国际形势与中国外交蓝皮书》

---

① 《十八大以来中国经济发展"成绩单"：保持中高速增长》，中国新闻网，2017 年 10 月 10 日。

撰写"中国外交"一章。循序读来，那些中国外交的峥嵘岁月历历在目，从中不难触摸中国外交发展变化的轨迹。这种因回头看而获得的不同感受与顿悟，经过时光的淬炼，更能映射出中国外交的辉煌成就及其基石——中国国力的持久增强。

本书呈现的正是我对新时代中国外交精彩蜕变的见证与随想，更是对中国未来的展望。其内容大体分为两类，一是我在各类活动上的演讲、发言或接受的专访；二是应邀为杂志或媒体撰写的评论文章，内容均紧扣千变万化的国际形势与开拓进取的中国外交。它们宛如一幅幅拼图，还原那一个又一个思考的瞬间，还原中国这五年来的砥砺前行，还原中国外交从应对型向塑造型的华丽转身。当下的中国积极主动地将自身利益与国际社会的共同利益紧密结合在一起，倡导构建新型国际关系，构建人类命运共同体，成为国际公共产品的提供者。

周虽旧邦，其命维新。高树多悲风，海水扬其波。

我坚信，无论有多少艰难险阻，无论有多少沟沟坎坎，中国的未来都牢牢掌握在中国人民的手中，中华民族伟大复兴的中国梦必将实现。

这必将是中国之光点亮历史的时刻。我们共同期待历史的惊艳。

感谢您打开本书的第一页，请您不吝指教。

阮宗泽

2019 年 4 月于北京

目 录

物换星移几度秋

国际秩序的再平衡并非一场意外

今天世界正处于大发展大变革大调整之际，世界政治、经济、安全、社会、文化等均在重新洗牌，国际秩序出现再平衡的机会之窗。

美国《时代》周刊近日在封面上用中英文写上"中国赢了"，德国《明镜周刊》也在封面上标注中文"醒来"的汉语拼音，封面文章则以"觉醒的巨人"为题，称中国的崛起正在改变世界格局。大西洋两岸这些几乎同时发出的声音，再次将中国推上国际舆论的风口浪尖。无论如何，中国仍需不忘初心，抱元守一，争分夺秒，砥砺前行。

西方的平庸

"冷战"结束以来，西方经历了从"历史的终结"到"后西方"过山车式的落差体验，陷入了如今的"平庸"泥沼。苏联解体让西方一度为自己的"不战而胜"弹冠相庆。但在"冷战"结束20多年后的今天，西方有人开始反思，认为民主既可能是有效的，也可能是破坏性的，并认为民主并不是第一位的，强有力的政府才是。而对于今天困扰世界的政治、经济、安全、社会等难题，西方显得江郎才尽，拿不出有效办法，失去了制度创新的动力。

"黑天鹅"与"灰犀牛"交替出现，让人惊魂未定。而西方所谓的"不战而胜"仿佛是一个朝露般的童话。曾自诩要以"规制权力"塑造世界的欧盟却遭遇英国"脱欧"的滑铁卢，如今双方正为"分手"而战，硝烟四起，而这场战事注定没有赢家。近年来，欧洲多重危机叠加，深陷主权债务危机、安全危机、难民危机、恐怖袭击等恶性循环，欧洲人曾经的淡定荡然无存，高枕无忧的日子不知不觉间已成追忆。

2017 年 2 月，慕尼黑安全会议负责人伊申格尔警告称，当前国际安全环境比第二次世界大战以来的任何时候都更动荡不安，一些西方社会以及自由国际秩序最根本的基础在发生动摇；世界有可能正迈向"后西方"时代，也就是西方主导的自由世界秩序正走向终结。该会议主办方推出《后真相、后西方、后秩序》研究报告，引发诸多躁动与不安。

美国的"退群"

更让西方郁闷的是山姆大叔任性地"退群"。以"美国优先"为口头禅的特朗普，对内描述了一个暮色苍茫的美国，背负巨额外债、贸易逆差；对外则与大西洋联盟伙伴若即若离，将其上任后参与的第一次北约峰会变成向欧洲盟友"催债"的声讨会；进驻白宫后他接连打出组合拳：宣布退出《巴黎协定》，退出联合国教科文组织，退出跨太平洋伙伴关系协定（TPP），重谈北美自由贸易协定、美韩 FTA，对伊朗核协议也萌生退意……这一串眼花缭乱的动作让小伙伴们目瞪口呆，担心美欧分道扬镳为时不远了。德国总理默克尔一声叹息：以后只能靠自己了。

针对说"不"的特朗普现象，众说纷纭。有人称美国已经厌倦费力不讨好的江湖"盟主"地位，而是以"美国优先"在整顿朝纲，或许将从世界事务中抽身，由此担忧"美国治理下的国际秩序"命悬一线。也有人不以为然，声称美国不过是以退为进，说白了，退出仅是表象，捞实利才是根本。

美国的退出行为客观上可能削弱有关国际组织、机制或条约的有效性，并导致保护主义思潮泛起。特立独行的特朗普最近在越南的 APEC 工商领导人峰会上表示，全球贸易体系和世界贸易组织等制定相关规则的组织对美国不公平，美国将捍卫其商业权利，不会签署束缚手脚的多边贸易协议，不会再让别人占美国的便宜。美国舆论称之为"经济民族主义"。而美国的退出行为还会产生一定的示范效应，很可能被他国追随效仿。比如：以色列已跟风宣布退出联合国教科文组织，英国和日本等美国盟友退出该组织的可能性有所增加。眨眼之间，美国这座"山巅之城"被挥之不去的阴霾所笼罩。

中国的进取

当别的国家在做减法时，中国在做加法。近年来，中国接连提出"一带一路"、构建新型国际关系、人类命运共同体等倡议，积极参与G20、金砖机制等，并在其中扮演日益重要的角色。中国积极推进全球治理体系的改革，以增加发展中国家的代表性和发言权。中国的作用有助于填补全球治理的赤字，促进国际机制乃至国际秩序的调整与改革，使之更充分、更平衡地体现发展中国家的代表性。可见，这并非另起炉灶，而是在承担大国的责任，做出应有的贡献。

世界多极化趋势在撬动国际秩序的再平衡。一方面是西方陷入前所未有的平庸与困境。尽管很多西方国家并不愿意承认，但在金融危机之后，西方国家引领全球治理的能力下降，意愿减弱，缺乏思想创新。另一方面是新兴经济体、发展中国家群体性崛起，更加积极主动地参与国际事务，并贡献诸多新的方案与思想。发展中国家的崛起使全球力量对比更加多元、均衡，大大增强了它们在国际事务和全球治理中的作用。

现行国际秩序存在诸多缺陷，它毕竟是历史的产物，受制于设计者们的局限，不可能预见到全球未来发展的新问题、新情况，因此国际秩序的再平衡并非一场意外，而是历史的必然。通常国际秩序的演变有两大动力，一是危机驱动，二是力量对比变化。金融危机之后G20取代G7成为全球经济治理的主要操盘手，新兴经济体"坐上了主桌"，为拯救世界经济做出积极贡献。正因如此，国际货币基金组织与世界银行在2015年的改革方案中，才提升了发展中国家的代表权。

诚然，西方的平庸与中国的进取形成鲜明对比，这让一些历来自以为是的人感到刺痛与扎心，不甘与愤懑。《时代》周刊封面文章的结尾这样写道：在这个支离破碎的世界里，没有哪个政府有足够的国际影响力来继续制定管理全球体系的政治和经济规则，但如果你必须押注于一个当今最具优势的国家，那么中国会是比美国更明智的选择。可见，中国在这一轮国际秩序再平衡中的特殊角色尤其引人注目。中国的发展是"体制内"的发展，是在全球治理框架内，最大限度地利用了全球化带来的条件才实现的，因此，中国既是国际秩序的受益者，也是建设者。而后一角色的光芒正越来越盛。

（《环球时报》2017 年 11 月 16 日）

世界何以走向"后西方"

有"防务领域的'达沃斯论坛'"之称的慕尼黑安全会议,一直是观察国际关系走向的一个"瞭望哨"。然而本届慕尼黑安全会议在喧嚣中落幕,其主办方发表的《后真相、后西方、后秩序》研究报告更是留下诸多悬念。该报告洋洋洒洒 90 页,在汇集众多西方政要和专家的言论以及智库研究成果的基础上,抛出三个令人惊悚的"后"字,耐人寻味。

报告援引的民调结果显示,同 15 年前相比,更多人认为威权统治比民主能更有效地解决问题,这拉响了西方民主制度失灵的警钟。曾在 1989 年称西方民主制度是"历史终结"的美国学者福山,在"冷战"结束 20 多年后对其进行了大幅度的修正,认为民主既可能是有效的,也可能是破坏性的,并认为民主并不是第一位的,强政府才是。

慕尼黑安全会议负责人伊申格尔在报告序言中发出警告称,当前国际安全环境比第二次世界大战以来的任何时候都更加动荡不安,一些西方社会以及自由国际秩序最根本的基础在动摇;世界有可能正在迈向"后西方"时代,也就是西方主导的自由世界秩序正步向终结。

世界何以走向"后西方"?应当指出,"后西方"的根源出在西方内部:精英日益脱离民众,治理体系失灵。"后真相"与"后西方""后秩序"三者互为因果。"后真相"是指政治人物为了迎合民粹情绪,罔顾事实发表煽动性言论,或让假新闻泛滥成灾。面对种种挑战,西方苦无良策。越来越多的西方人安全感下降,开始反思西方的秩序观是否已不能适应世界的变化。从一定意义上说,西方越来越多地失去对自由社会及其基本价值观的信任。

西方曾坚信全球化的结果必然是西方化,然而事实却是世界变得扁平化、多极化，一批新兴经济体群体性崛起。这本是时代的进步，因为其他国家的崛起，让世界变得更加多元、包容与平衡。这非但不应该是个问题，相反是化解挑战的答案。可惜，该份报告仍将世界分为"西方"与"非西方"，并暗示"非西方"的崛起威胁西方主导的世界秩序。这不仅折射出西方的偏见与傲慢，也反映出西方正从全球化的旗手变为全球化的阻力。面对"非西方"的崛起，西方日益担忧其优势流失、辉煌不再，不惜祭出保护主义、以邻为壑的武器，"美国优先"、英国"脱欧"等均是具体表现。

21世纪的国际形势犹如一出波谲云诡的连续剧，你方唱罢我登场，没有剧本，难以预测。如今的世界矛盾丛生、冲突频现，恐怖主义、难民潮等全球性挑战日趋严重；贫困、失业、贫富两极分化拉大，民粹和保护主义等思潮在西方国家抬头——这些都增加了未来世界的不确定性。但全球化之势不可逆转，任何国家均不能独善其身。在此情形下，越来越多的人将目光投向中国，期待中国发挥更大作用。中国顺势而为，提出"构建人类命运共同体"等理念，努力为全球治理提供中国方案。中国方案的内涵在于合作共赢，有着无法抗拒的魅力。

"后西方"的世界如何发展、影响怎样，值得关注，也令人思考。

（《人民日报·海外版》2017年2月20日）

世界再现大变革前兆

真实往往潜藏在历史的尘埃中。百年前的 1913 年世界正处于大变革的前夜。西方世界兴起，东方世界衰落，葡萄牙、西班牙、荷兰、英国、美国相继崛起，成为世界霸权国家，世界经济、政治的中心转向西方。

英国通过领土和资本扩张，变成了"日不落帝国"。后起之秀的美国全面超越，德国也跃升为欧洲强国。伴随力量对比变化，争霸的冲突也此起彼伏。大国的群雄逐鹿导致第二次巴尔干战争爆发。尔后的数十年，强弱消长、贫富转移、利益冲突甚至国家战争纷至沓来，成为史书上曾经的风云变幻。

百年后的今天，世界再次显现大变革的前兆：财富与力量向东转移，带动着世界政治、经济重心向亚太倾斜；大西洋体系的衰落与太平洋体系的崛起形成鲜明对比，推动世界向扁平化发展，正重塑未来的国际格局。中国已是公认的世界经济巨擘，相映成趣的是新兴国家的群体性崛起，金砖国家现象扑面而来，演绎为天边的一道彩虹。

亚太地区将继续吸引世界的目光，这不仅因为此处发生的变化将决定 21 世纪的国际秩序，还因为其本身即是一个充满激动人心机遇与惊悚挑战的地区。

美国的全球力量部署"再平衡"，尤其以"重返亚太"为战略支点，目的是要确保分享亚洲经济发展的红利。不仅如此，对美国而言，其全球的霸权也取决于在亚太地区的主导地位。

中国早在 1913 年就是世界第二大经济体，不同的是，百年轮回，岁月流转，如今的"第二"蕴含着非凡的细节。欧洲列强在进入工业革命时，人口规模仅仅数千万；即使美国，也不过带领着上亿人同时进入工业革命。但今天中国是十足的超大规模体量，承载着 13 亿多人的希望与梦想。这样一个庞大的群体在迈向工业革命时，无论释放的能量，还是可能产生的外溢效应，均是史无前例的。

可见，中国面对的挑战，数量与难度均前所未有，而且还有一个水涨船高的问题。比如：如何从经济大国向经济强国的转型，如何规避"中等收入"陷阱的风险，如何从"追赶者"向"引领者"的角色转变，如何建立更加公正合理的社会秩序等。"群籁虽参差，适我无非新"，诸多全新的困难面前，中国没有现成的经验可供借鉴，唯有自我突破与实践。

不仅如此，国内发展与国外环境之间的边界已经模糊，细微拿捏至关重要。办好自己的事，不再只是办好国内的事，需要统筹内外两个大局。如何打破历史上大国零和竞争的恶性循环，避免"修昔底德陷阱"，共同探讨建立新型大国关系，向世界提供新的公共产品，是确保世界和平与稳定的关键。对此，中国领导人率先倡导中美努力发展"让两国人民放心、让各国人民安心的新型大国关系"，并强调指出太平洋之大，足以容纳崛起的中国与美国。

无论国际风云如何变幻，都阻挡不了中国前进的步伐；无论多穷多弱，中华民族从没有放弃过对梦想的追求，艰难岁月所铸就的中国梦，必将在历史的拐角处绽放。

（《人民日报·海外版》2013 年 1 月 3 日）

世界酝酿大变革　外交助圆中国梦

【国际形势风云变幻，外交角力此起彼伏，发展中的中国要如何应对？中国国际问题研究所副所长阮宗泽认为，中国将怀着全球的视野与情怀，在谋求与主要大国建立新型大国关系的同时，努力拓展与周边国家、发展中国家的关系，积极参与全球治理，维护国际公平正义。曾任职中国驻英国大使馆外交官、中国驻美国大使馆公使衔参赞的阮宗泽，具有丰富的外交实践经验，他向在场嘉宾深入分析了当前国际形势，就当前国际和地区热点问题、党的十八大后中国的外交新视野、新应对做出解读。】

"后危机时代" 局势多变

阮宗泽指出，100 多年前，工业革命使世界财富从传统的东方文明古国，流向崛起的西方国家，然而，随着发展中的经济体的崛起，世界的权力、财富似乎又有了新的流向。阮宗泽表示，欧洲列强在进入工业革命时，人口规模也只是数百万到数千万，即使是美国在进行工业化时，也只是 1 亿左右，而今天中国率领着 13 亿多人口向现代化迈进，既享受着改革开放 30 多年来所取得的巨大成就，也承受着发展而产生的压力和阵痛，这些机遇与困难是史无前例的。

阮宗泽指出，世界正处在复杂多变的 "后危机时代"，欧债危机、美国财政悬崖、国债上限之争，增大了亚洲经济的外部风险；叙利亚日益黎巴嫩化、伊朗核问题阴影挥之不去，阿拉伯世界政治版图出现新切换，在这样的环境下，全球将目光聚焦经济高速发展的亚太地区。

中国角色转向"引领者"

关于亚太形势，阮宗泽表示，亚太地区充满机遇和挑战，这里发生的变化将决定 21 世纪的国际秩序。美国把亚太作为全球力量部署"再平衡"的战略支点。对美国而言，除要分享亚洲经济发展的红利外，其霸权也取决于在亚太地区的主导地位。由于美国向地区盟友发出错误信息，导致一些国家错判形势，菲律宾、日本分别在黄岩岛、钓鱼岛问题上进行挑衅。

一些国际组织预测，中国的 GDP 可在 15 年内赶超美国。这样的预测对美国造成压力。阮宗泽认为，一旦中国的 GDP 在 15 年内赶超美国，将对中美关系造成重大影响。美国日益成为世界多极化中的特殊一极，而中国的发展道路更具有吸引力。

有人说中国的发展使其外交姿态变得咄咄逼人，亦有人说中国外交"软弱"。阮宗泽认为，上述两种看法都不能准确表述中国外交的图景。面对风云变幻的国际形势以及此起彼伏的外交角力，中国应如何应对？中国同时具有多重属性，既是最大的发展中国家，人口众多，人均 GDP 在世界排名落后，同时又在某些方面具备发达国家的属性，还具备转型中国家的属性。面对这种多重属性，中国如何从"追赶者"向"引领者"的角色转变？

要有全球的视野和情怀

首先，中国要有全球的视野和情怀。党的十八大报告中强调，中国要在国际关系中弘扬平等互信、包容互鉴、合作共赢的精神，共同维护国际的公平、正义。阮宗泽指出，随着中国经济实力的增强，在国际与地区热点问题上，中国要勇于承担起大国的责任，秉持公义、伸张正义，这将有利于塑造和提升国际话语权。

第二，中国要致力于建立新型大国关系，确保世界共享和平与繁荣。阮宗泽认为，零和游戏只是历史发展的某种结果，大国与大国在共同发展的过程中是可以实现多赢的，中国领导人率先倡导中美努力发展"让两国人民放心、让各国人民安心的新型大国关系"，并强调"太平洋之大，足以容纳崛起的中国与美国"，足以展现中国为打破大国零和竞争所做出的努力。

第三，拓展中国在全球公共领域中的地位和作用。阮宗泽认为，中国今后要为国际社会提供更多的公共产品，更多地参与国际规则的建构、制订。阮宗泽对中国的发展前景表示乐观，他相信，中国外交在新形势下面临的挑战，不会成为经济发展的阻力，相反，将为中国发展创造好的环境、为艰难岁月所铸就的中国梦提供强大助力！

中国巡航钓鱼岛已成常态

对于近期备受国际关注的钓鱼岛问题，阮宗泽认为，中日双方应在新的起点上寻求妥善解决。阮宗泽表示，日本方面有关措施使钓鱼岛问题的争端升级，中日两国都需要避免"擦枪走火"的情况出现。日本为解决严重的国内经济萧条问题，必须妥善解决钓鱼岛纷争。

阮宗泽批评，日本政府去年"国有化"钓鱼岛的闹剧，单方面地打破了中日双方对钓鱼岛"搁置争议"的约定，而且日本企图推翻第二次世界大战成果，以战败国的身份占领战胜国的领土，是不尊重历史的表现。

阮宗泽指出，中日关系过往是"政冷经热"，但去年的钓鱼岛争端已令双方关系变成"政冷经也凉"，日本的对华贸易额已严重受损，安倍政府面对今年7月的参议院选举，必须在经济上有所作为，改善中日关系是关键。

不过对于有报道说日方近日提出避免派军机进入钓鱼岛领空的说法，阮宗泽表示，日本一意孤行"购岛"，已改变了钓鱼岛的形势，中国通过派遣海监船及飞机，在钓鱼岛海、空域建立常态化的立体巡航机制，宣示主权，日本要求中国"回到原点"已经不可能。

至于中日是否会就钓鱼岛开战的问题，阮宗泽相信，两国在可见的未来都不会贸然言战。他指出，开战是下策，问题最终仍需通过外交解决，中国"不会打第一枪"，但如果日本将战争强加于中国头上，中国必会坚决反击。

缅甸对外开放，中方乐见其成

美日高层近期频频造访与中国关系友好的缅甸，有拉拢缅甸以制衡中国之意。阮宗泽表示，中国在外交上已有大国心态，对于长期受国际社会孤立的缅甸实行改革开放，中国抱"乐见其成"态度。他认为，即使美日与缅甸交往，也不会影响中缅关系。

阮宗泽认为，缅甸与中国有 2000 多公里的边界，与中国的利益盘根错节，中国要有信心，即使美日与缅甸交往，也不会影响中缅关系。他称，类似缅甸的国家都奉行"大国平衡战略"，不会只倒向一个国家，而且"日久见人心"，缅甸与中国打交道时间长，会明白中国是在真心地帮助他们的。

阮宗泽表示，中国之前已通过自由贸易区等措施来深化与东盟各国的经贸合作，但未来应该有新的思路和措施，强化与东盟各国睦邻友好。他表示，目前有些东盟国家在安全问题上对中国存在疑虑，希望与中国加强安全对话，中国可以从非传统的安全领域入手与他们展开对话，逐步形成良好的对话机制。

（香港《大公报》2013 年 1 月 24 日）

全球安全：载不动许多愁

非常高兴到国际关系学院参加本次研讨活动，感谢邀请。

国际关系类学院现在非常多，但是真正资历最老、起点最高的就是咱们这个学院。今天是周日，大家平时学习都很辛苦，应该休息放松一下，但是现在高朋满座。首先感谢院领导带头，提供一个这么好的机会进行交流，非常难得。中国有今天这样的发展成就都是干出来的。我再次领略了国际关系学院新时代的新风貌、新气象，而且大家特别爱学习、爱思考。

前面几位发言都是重量级的，很受启发。以下我跟大家分享一点我的想法，主要是怎么看待今天的国际安全问题。我把它分为三个层次，包括国际安全、地区安全、跨界安全。

首先，从国际上看大国之间安全的博弈，现在的世界处于大发展、大变革、大调整的时期。这种大发展、大变革、大调整的本质是什么？说明现在世界正在经历天翻地覆的变化。国际格局和国际秩序的转型，总体是和平的转型，大国之间不可能发生体系性的战争和对抗，这和历史上其他国际体系的转型是有本质区别的。历史上其他国际体系的转型都发生在大国之间直接迎头相撞的战争之后，比如说第一次世界大战、第二次世界大战。大家在战后签个条约，重新分配利益，国际力量格局重新洗牌，一个新的秩序就诞生了。但这次的秩序转换不太可能出现大的战争，甚至可以排除大国之间出现迎头相撞的情况。但这种和平并不等于大家都感到安全，因为和平和安全的概念及内涵是不一样的，事实上今天我认为每一个国家，无论是大国、小国都有不安全感。

比如说今天的美国就感到不安全，它的表现是什么？"美国优先、美国第一"就是不安全感的一种表现。它觉得过去为世界做了这么多好事，当了那么多年保安，也为自己的盟友提供了那么多公共产品，但是后来发现吃亏了，被别人占了便宜，所以这是一个极度不安全的反映。那么现在要干什么？现在就处处要维护美国优先、美国第一。比如在美墨边境要修一道墙。美国人觉得中国人还是很聪明的，那么多年前就修一道长城把中国安全地保护了起来。美国不安全感的表现之一就是认为南边的边界形同虚设，于是必须要修一道高墙，而且修这道墙还要墨西哥买单，所以跟墨西哥的关系非常紧张。美国花费巨资修墙，就是不安全感的表现。

普京受欢迎是俄罗斯特有的一个历史现象，这个现象的出现也是在寻求安全感。俄罗斯从过去超级大国的地位跌落，现在它觉得安全受到了前所未有的损害，因为西方对它进行打压、遏制、分裂，所以现在俄罗斯人也迫切需要安全感。这种安全感从哪里来？普京一定意义上满足了俄罗斯人对安全感的需求。普京说过：给我 20 年，还你一个强大的俄罗斯。这就是要让"俄罗斯重新伟大"，以此满足人们对安全的渴望。

普京的支持率很高。俄罗斯从过去的超级大国沦落到现在被西方蔑视，它强烈需要一个强人出现。我觉得 2018 年 3 月 18 日俄罗斯总统选举普京当选没有悬念，或者说这是最没有悬念的悬念，而且他还会继续再干 6 年。俄罗斯一直在寻找属于自己的安全。

美国与俄罗斯两国的安全需求搁到了一起就发生了碰撞，美国要自己的安全，俄罗斯也要自己的安全，怎么办？现在美俄关系很紧张，而美俄关系很紧张的另一个原因应该叫"西方的失败"。20 多年前"冷战"结束的时候，西方大讲"历史的终结"——历史就是靠自由资本主义取得"冷战"博弈的胜利而终结了，但是到今天我们看到新的话语——世界进入了"后真相、后西方、后秩序"的时代，西方的平庸也表现了出来。西方自"冷战"以来最大的失败是没有妥善管理"俄罗斯的衰落"，从而造就了普京崛起这种现象。

欧洲的安全感也大打折扣。这种不安全感来自它自身所处的地理环境。2014 年发生的克里米亚事件、乌克兰问题等让欧洲有一种噩梦重温的感觉，仿佛看到"北极熊"又回来了。而现在欧洲人的不安全感受恰恰是美国造成的，因为美国不想再领着他们闹革命了。

2017年5月，特朗普到布鲁塞尔参加北约峰会。其实对北约国家来讲，特别渴望特朗普能回心转意，说两句心灵鸡汤安慰一下他们焦虑的心灵，比如美国还会照顾你们的，你们放心吧，等等。结果特朗普在北约峰会上跟他们说：保护了你们半个多世纪的安全，而你们军费还没交齐，28个国家中有23个国家长期拖欠安保费，过去有钱不跟你们计较，今天没钱了，所以你们乖乖出钱，要不然你们好自为之吧。欧洲人遭受了一种前所未有的安全缺失的打击，这就导致欧洲要重新建立自己独立的防务。这是很奇怪的事情，欧洲怎么能建立独立的防务呢？过去搞过都不成功，便一再依赖美国。可见，大国之间虽然有和平，但是缺乏安全感导致博弈加剧。

其次，再看看地区安全问题。现在有两个特别需要关注的挑战。中东地区的动乱和动荡大家已经习以为常，觉得动荡不动荡好像跟自己关系不大，地理位置相对遥远。我今年去了一趟阿富汗，对中东、东亚、南亚的动荡有了一些新的体会和看法。现在我们处在全球化的时代，地缘上的隔绝已经不是问题，跨界安全问题日益突出，而且防不胜防。近日有一条消息说，国际社会成功打垮了盘踞在叙利亚的"伊斯兰国"极端势力。但只是打垮，这些人并没有被根本消灭，他们四散到各地，其中相当一部分跑到了阿富汗及其邻国的地区，甚至跑到东南亚地区，后果难料。

我到了阿富汗后去了喀布尔、巴米扬。喀布尔也许是世界上拥有防弹车最多的城市，也是世界上防爆墙最多的城市。建筑物的周围都要有防爆墙，因为随时可能有炸弹爆炸、恐袭，没有防爆墙建筑就会被毁了。我去之前喀布尔就发生了一起特大炸弹爆炸事件，造成严重的人员伤亡。这种状况带来的其他副产品是什么呢？就是严重缺乏安全感。

阿富汗为什么不能发展？阿富汗存在两大问题，一个是缺乏安全保障，一个是经济落后。没有安全的保障，大家怎么去投资？怎么能工作？在阿富汗生活成本很高，首先是安全的成本不菲，例如旅馆就是三步一岗、五步一哨，大家对安全的基本需求是共同的。

还有就是朝鲜半岛。刚才有人讲到朝鲜半岛的安全堪忧，而且就在中国的家门口。现在朝鲜半岛出现的问题很多，大家都有各种的说法，我看最根本的还是美国、韩国与朝鲜之间的问题没有解决好。联合国安理会已经通过这么多决议，依旧没解决，问题在于当事方都没遵守这些决议。

前一段时间美国国务卿蒂勒森讲，如果发生不测，美军可能要进入朝鲜以确保核装置的安全，完了之后再撤回去。美国人的话可信吗？他刚讲完，白宫马上说蒂勒森的话不能代表美国的立场。如今美国常常自相矛盾，信息混乱，这也是朝鲜半岛安全面临的威胁之一。

最后，还有一个是跨界的安全问题，像"伊斯兰国"、恐怖主义、环境、金融、网络等挑战与时俱增。因为这些威胁是不受边界控制的，所有这些问题都可任意穿越任何边界，随时可以扩散到全球，造成破坏或恐慌。2008 年金融危机虽然发生在美国，但是造成的是全球性的影响，无人能够幸免。这些问题的应对都需要国际社会的共同努力。虽然安全有不同层次，但它们往往相互交织在一起，相互影响，让我们面临的安全挑战多元而且复杂。

中国的答案在哪里？中国的方案在哪里？习近平总书记在党的十九大报告当中讲到，中国的方案是构建人类命运共同体，里面就包括了非常丰富的安全内涵，比如持久和平、普遍安全、共同繁荣、开放包容、清洁美丽。这是中国为世界提供的一个方案，当然，这个方案要落地需要大家共同的努力。所以我觉得我们今天能讨论这样一个安全问题至关重要，它涉及社会生活的方方面面。我们应该一起为建立一个更加美好的世界而努力，这个美好的世界首先要保证和平与安全。

谢谢！

（在国际关系学院第 17 届国家安全论坛暨 "2017 国际安全形势回顾与展望" 学术研讨会上的发言，2017 年 12 月 17 日）

东北亚前景几何

【中国记者协会举办新闻茶座，邀请中国国际问题研究院常务副院长阮宗泽就美韩部署"萨德"与东北亚安全局势发表看法，并与记者交流。由于"萨德"议题牵动了东北亚与亚太地区各方敏感神经，所以在长达两个小时的问答环节中，来自中国、俄罗斯、韩国、美国、日本的记者纷纷发问，角度涉及各方应对措施、东北亚安全前景、美方战略意图及预测、中韩关系、中俄合作、中朝关系等敏感问题。阮宗泽对此一一做出解答，就各国记者关心的问题展开了深度剖析与精彩回应。来自东北亚及亚太地区的各方记者都在关心什么？阮宗泽如何完整阐述与诠释中方立场？又如何分析当前东北亚安全局势？中评社记者摘编了上述问答环节中的几项重要问答，以飨读者。】

"萨德"刺激中俄携手　军备竞赛或超越东北亚地区

国内记者提问：对于美韩部署"萨德"系统，中国会如何反制？

阮宗泽首先指出，"萨德"反导系统看似一种防御性的武器，但它的实质是以守为攻。"美国试图要建立一个全球性的反导系统，获取它的战略优势，而且在东欧地区已经部署了一些反导系统"，他表示，美国现在要补缺的就是东北亚这一带，如果把韩国纳入进去，再加上日本的积极配合，美国就把东亚、欧洲都接入全球性的反导系统网络，所以，这其实是大国的争夺和博弈。

"与此同时，美国其实还在做一个全球即时打击系统"，阮宗泽发现，美国在攻的这方面丝毫没有放松，它的全球即时打击系统是打击杀伤链，具有攻防兼备的性质，"这样一个结果，当然就让中俄处于战略的守势，但是我们也不会袖手旁观"。

阮宗泽表示，部署"萨德"带来的第二个效应，就是中国和俄罗斯必然要加强联手合作。他介绍，今年5月，中国和俄罗斯已经在莫斯科就反导问题进行了计算机模拟演习，中俄最高领导人于6月发表了一个主旨为维护全球战略稳定的重要文件。"（该文件）实际上从政治外交上表明中俄要密切配合，在军事安全上相互协调"，所以，他认为这会形成新一轮的博弈，"一定意义上说，如果管理不好，它可能成为一种军备竞赛，这个军备竞赛已经超越了东北亚地区"。

美国曾借伊核在东欧部署反导系统　如今故技重施

有英国记者问：俄罗斯应对美国在东欧部署反导系统方面有很多的经验，中国有没有从俄罗斯的经验当中学到教训？

阮宗泽对比了韩国"萨德"反导系统和美国在中东欧部署的反导系统两个案例，发现两者有一个非常清晰的共同点。美国当时在推进中东欧部署反导系统时，跟俄罗斯讲"这个反导系统不是针对俄罗斯，而是针对伊朗核威胁"，当然那时候俄罗斯表示反对和不相信，"现在同样，美韩口口声声讲我针对的是朝鲜的威胁，不是针对中国"。他说，作为国际社会十年的艰苦卓绝努力的结果，伊朗核协议达成了，已经暂时不存在伊朗核问题了，"但是美国并没有减少它在前中东欧地区推进反导系统的建设，不仅在罗马尼亚完成部署，下一步还要在波兰进行部署"。

阮宗泽说："由此，中国也看得非常清楚，美国以伊朗核为自己在中东进行辩护，现在以朝鲜的核导弹来为自己在东亚地区部署'萨德'进行辩护，我觉得这是一个玻璃般的谎言，透明而脆弱，明眼人一下子就能看得出来。"

美国记者问阮宗泽：有些中方记者把部署"萨德"所带来的潜在问题跟当年的古巴导弹危机相比，这样比较合适吗？

阮宗泽回应说，"萨德"会不会是亚洲版的古巴导弹危机，两者还不能相提并论。有一点可以联想，当年苏联把核武器运送到拉美，一个离它本土遥远、离美国很近的地方去，美国所做的反应极其强烈，甚至采用不惜冒着一场爆发核战的边缘政策来做出反应，他表示，今天的中国不是当年的美国，中国当然不会做出这样的反应。"但是今天中国遇到的事情换成美国，有人在你家门口部署了一个'萨德'系统，你们会做出什么反应？"他反问道。

"我觉得美国朋友缺少一种换位思考，总是觉得自己做的东西都有道理，但是你没想想，换个角度，有人在美国的家门口，比如说在阿拉斯加、佛罗里达甚至更远一点的地方部署'萨德'，美国的反应恐怕不能像今天中国这样还能心平气和地和对方进行谈判。美国的飞机大炮恐怕早就过去了！"阮宗泽说。虽然在韩部署"萨德"与当年的古巴导弹危机没有可比性，但他建议美国朋友能换位思考，想一想。"当然，这一点很难，因为美国往往不会去做这样一种思考。"

中韩关系不断积累"加号""萨德"却是大大的"减号"

韩国记者问阮宗泽：美韩在韩国部署"萨德"系统是不是使得原来处于"正"态的中韩关系陷入到"零"态甚至是"负"态了？

阮宗泽表示，"萨德"不是一个小事情，它严重侵蚀了中韩互信。他表示，中韩自1992年建交以来，时间虽不长，双边关系也非一帆风顺，但两国之间还是存在互信的。"我之前经历过'天安舰事件'，那时我在中国驻美国大使馆工作。'天安舰事件'对中国是一次比较大的冲击，但是都比不上这次。"

"尽管我们的贸易如此密切，尽管近年来我们的人员往来近1000万人次/年，我们一直在给中韩关系做'加号'，可是这个'萨德'系统是一个大大的'减号'，一定会让中韩关系吹寒风。"阮宗泽忧心忡忡地指出，互信是需要经年累月的双方共同努力才建立起来的，但要伤害它很容易。他认为，由于"萨德"这个大大的"减号"，对冲了中韩为发展两国关系所注入的"加号"。他说："它是一个大的'减号'，而'加号'都是一步步累积起来的，如果韩国方面一意孤行的话，我觉得非常遗憾、非常可惜。"

美国乐此不疲推动"亚洲小北约"　与时代背道而驰

俄罗斯记者问阮宗泽：部署"萨德"系统，和美国谋划打造"亚洲小北约"之间是不是画上了等号？中俄会不会共同部署一个类似的反导系统，来共同应对"萨德"的威胁？进而会不会出现新一轮的亚洲版北约军备竞赛？

阮宗泽首先指出，由于"萨德"的部署，韩国从中美两边左右逢源的局面消失了。"你选择牺牲中国的利益，和美国完全站在一起，就把韩国变成了一个为了美国的利益、可以让中国付出代价、可以成为美国对中国进行牵制这样一个前沿阵地，这是韩国自己做的选择。"他说。

至于东北亚会不会成为第二个北约，阮宗泽分析，虽说日本、韩国是美国在东北亚的两大盟友，但是日本和韩国的关系并不顺畅，有历史、领土争端问题。"美国是很着急的，它是希望韩国和日本能够握手言和，成为美国在东北亚地区甚至东亚地区一个更加强有力的联盟体系，它不愿意看到两个盟友分道扬镳"，他指出，美国为此做了大量的工作，而"萨德"系统就是来进一步捆绑美国在东北亚军事联盟的工具，所以是有政治意义的。

"日本已经迫不及待表达对'萨德'系统感兴趣，今后要在日本部署 X 波段雷达，所以我们可以设想，韩国加入后，就可以把韩国、日本这样一个信息链条完全连通，然后对接到美国这个更大的全球性反导数据链。"

阮宗泽指出，"萨德"事实上拉近了韩日之间的关系，反过来更加有利于美国在这一地区的主导地位。

"但是,今天是 21 世纪,还抱着这种联盟体系,我觉得已经不合时宜,而且是背道而驰。"阮宗泽分析,由于这一联盟体系已经在东北地区造成互信缺失,并在这一地区制造更大的紧张,反而为其他国家的结盟添加更多的合理性,根本无法化解这一地区的争端和分歧。"所以,在这一地区出现'小北约',或者北约版的亚洲联盟体系现象,也有国家确实在往这上面去推动。但是我认为,这是一个和时代背道而驰的做法。"

针对中俄是否会联手合作部署反导系统,阮宗泽表示,中俄都是反导系统的受害者。作为两个大国,中俄绝对不会容忍这样的情况出现。基于战略协作伙伴关系以及维护自身的利益,中俄之间合作、协调、沟通的势头会越来越强。"但是不是要两国联手建立一个反导系统,我觉得还得看情况。"

中朝需建立平等国家关系 不存在"谁控制谁"

境内记者问阮宗泽:未来中国有没有可能加强对朝鲜的控制?

阮宗泽首先不赞同"控制"这个说法。他说,中国不可能控制朝鲜,双方应建立平等、正常的国家关系,所以不存在谁控制谁的问题。

"毕竟中朝是近邻,由于历史和地理等各种原因,中朝关系源远流长且友谊深厚。不过,朝鲜方面近些年来开展了核开发和导弹开发,中方是反对的。"阮宗泽指出,中朝关系未来将是一种正常关系。"正常"在哪里?他解释:"所谓'正常'就是,这个事情你做对了,中方可以给你点赞,可以鼓掌,但是你做错了,中方一定要批评,一定要谴责,一定要反对。"

他认为,这种状态不会因为一时一事而改变,"我们欢迎朝鲜能够更加开放,能够跟周围改善关系。但与此同时,中方也坚决反对朝鲜发展核技术,而且认为这是缘木求鱼"。阮宗泽表示,"萨德"部署以后又会令朝鲜半岛增加新的复杂性。

"我们不应该人为地再把现在已经非常复杂的或者已经是高热不下的地区局势火上浇油，这是不值得的。"他认为，部署"萨德"系统就是一个火上浇油的举动。

（中评社北京，2016 年 8 月 5 日，束沐　朱亚文）

中国是连接 G20 与世界的桥梁

【2016 年 9 月 4 日，举世瞩目的 G20 峰会将要在杭州召开，虽然中国是 G20 的创始成员，但此次峰会还是 2008 年 G20 领导人峰会对话机制建立以来，第一次在中国举办。这场国际盛会的召开对中国以及国际社会将带来哪些影响？对此，本刊记者对中国国际问题研究院常务副院长阮宗泽进行了专访。】

国际社会对中国投了信任的一票

记者：9 月 4 日，2016 年 G20 峰会就要在杭州召开，这是近些年来中国举办的又一次国际盛会。中国将以怎样的面貌迎接 G20 杭州峰会？此次 G20 杭州峰会又将带来哪些发展的可能性？

阮宗泽：G20 杭州峰会是今年中国最重要的一次主场外交，也是中国第一次主办 G20 峰会。目前中国的经济进入新常态，尽管增速和过去无法相提并论，但中国现在仍然是经济增长最快的主要经济体之一。以前中国经济基数小，所以增长很快，而现在中国已经是一个 10 万亿美元的大经济体。2015 年中国经济增速 6.9%，已经是相当了不起的了。每年中国经济增长所产生的经济规模，实际上等于一个中等国家的经济规模。而且中国正在进行新一轮大规模的深化改革，调结构、转变增长方式、去杠杆、去产能，等等，以此来释放潜能，刺激进一步的发展。

中国一直是世界经济恢复和增长的发动机，尤其是 2008 年之后的相当一段时间里，中国是世界经济恢复与发展的主要引擎。

中国今年作为 G20 杭州峰会的东道主，引人注目的地方有两个方面。第一个方面，目前世界经济形势仍然阴晴不定，各国都对未来有一种焦虑感。2008 年，经济危机突如其来，各国都不知道该怎么办，所以是本着同舟共济的精神来应对，不管是发达国家，还是发展中国家，都求同存异，共同应对这场危机。但也正因为它来得很突然，所以无法做一些长远的思考。

而目前的焦虑是因在过去 8 年中，国际社会已经做了很多努力，但还是没有让世界经济走向一条明确的、可持续发展、高增长的道路而产生的，这种消极情绪困扰着大家。所以有观点认为，中国今年作为 G20 杭州峰会的东道主运气不好，因为很难出彩，很难有大的突破。

今年宏观的经济形势不好，有几个原因值得特别关注。一是保护主义的抬头和滋长，制约了经济的发展。尽管现在是全球化的时代，区域化的时代，但有些国家为了自己的利益，甚至采取以邻为壑的方式来保护自己。二是主要经济体的宏观经济财政政策出现了分化和分层，沟通和协调是不够的，有各自为政的倾向。三是地缘政治的竞争，近些年来包括像欧洲的恐袭、英国"脱欧"、南海争端、"萨德"等问题，增加了世界经济的不确定性，打压了大家的信心。

从另一方面来看，在这种情况下让中国主办这场峰会，恰恰是国际社会对中国投了信任的一票，把期望的目光投向了中国。中国能够拿出什么样的方案来解决问题，就是今年中国主办 G20 杭州峰会所面临的挑战，同时也是一个巨大的机会，我们要化挑战为机会。提升中国在全球经济治理当中的发言权，提升中国在 G20 当中的作用。

向国际社会贡献中国方案

记者： 在 G20 的历史上，中国做出过什么贡献？中国应该如何把握此次机遇，让世界更加了解中国？中国正积极参与国际新秩序构建，如何通过 G20 更好地发挥一个负责任大国的作用？

阮宗泽： 金融危机来到的时候，中国和其他国家同舟共济，在世界经济最困难的时候，把世界经济从悬崖的边缘拉了回来，避免了全球经济的崩溃。现在的世界经济仍然低迷，最需要的是制造新的需求。以前中国是参与、别人办会，现在中国作为东道主来主办此次峰会，通过议程设定、主题确定，通过协调人会议、财金渠道会议、部长会议，等等，中国的贡献在每次会议当中都有所体现。通过主办此次峰会，中国对 G20 做出了历史性的贡献。

中国如何把握这个机会，发挥大国的作用，我认为可以从几个方面来看。第一，中国要向国际社会贡献中国方案，发出中国声音。这与中国今天在国际上的地位和处境密切相关，中国已经在国际社会的聚光灯下坐上了主桌，国际社会对中国的期待越来越高，这就恰恰为中国发挥作用提供了很好的条件。我们应该满足国际社会对中国的这种期待，通过中国的方案来表达中国的利益要求。

第二，中国今天有能力和条件提出中国的方案，中国经济和世界经济的融合度很高，密切相关，相互依存。中国的经济与全球联通在一起，中国也希望有一个良好的国际宏观环境，否则中国的经济不可能一枝独秀。

第三，经过这么多年的发展，中国已经具备了为全球经济治理、为 G20 做更大贡献的能力和资源。改革开放 30 多年以来，中国从各个方面融入国际社会，全球的经济治理、安全治理、环境治理等各方面中国都积极参与，而且积累了丰富的经验。

今年的 G20 杭州峰会要想打动世界，我觉得必须要靠思想和方案。此次峰会设定的主题"构建创新、活力、联动、包容的世界经济"，是习近平主席去年在安塔利亚峰会上就提出的，是中国广泛征求大家意见后提炼出来的，其中特别强调创新。中国现在的国内经济也面临着创新的问题，过去的传统工具和手段作用有限，需要在观念、方式、运作上都有创新。

中国过去 30 多年一直在改革，今后还要再改革，全球经济的治理同样需要改革。现在的全球经济治理结构，越来越不适应现代化和全球化的需要，比如国际货币基金组织和世界银行在份额的分配上，不能适应今天世界经济的发展，也不能适应 G20 全球治理的范式。也就是说，发展中国家在这些机构的代表权还没有得到充分的反映。2008 年金融危机的时候有七国集团（G7），那为什么不用 G7 呢？因为它们已经 OUT（落后）了，已经不足以来应对这场危机。

我认为 G20 最精彩的地方在于有一大批新兴的经济体参与，比如金砖国家，还有印度尼西亚、墨西哥、韩国等一大批新兴的经济体。G20 的成功恰恰说明，新兴经济体国家完全可以和发达经济体同舟共济，携手共赢，这是 G20 给我们的一个重要启示。

现在的全球经济治理架构当中，新兴经济体虽然已经做出了很大的贡献，但是在代表权、发言权的权重上并没有太多的增加。虽然去年美国参议院批准了一个关于国际货币基金组织和世界银行的改革方案，像中国这种发展中国家的份额有所提升，但还远远不够。所以此次 G20 杭州峰会提出，明年要对国际货币基金组织机构的份额再进行评估，为下一阶段的改革做准备，改革的目的是增加发展中国家在全球治理当中的权重，扩大它们的空间，以此更好地调动它们参与全球经济治理的积极性，为世界经济做出贡献。

中国特别重视发展的作用，这个发展是有所指的。联合国在 2000 年推出"千年发展目标"，现在这个目标已经基本实现。当然目标实现的规模和水平是不一致的，有的做得好一点，有的做得差一点。去年国际社会又制订了一个更加雄心勃勃的未来 15 年的发展目标——"可持续发展目标"。在发展的问题上，中国是一个天然的发言人。在过去的 15 年当中，中国让 4 亿多人成功地脱贫，当然不光是脱贫，脱贫只是八项指标之一，其他还包括妇女、儿童权益等问题。单就脱贫而言，中国所做的贡献是受到世界称赞的。世界上还有 9 亿多人处于贫困状态，而且脱贫以后，还要进一步提升生活质量，还有更高的标准。中国之所以把落实可持续发展作为一个非常重要的目标，意义在于通过发展可以让更多人释放更多的增长需求，培养更多的消费，培养更多的中产阶级，以此带动全球需求的增加，刺激经济增长，拉动全球经济。

中国是世界上最大的发展中国家，所以我们紧紧地围绕发展这个主题，以此来彰显中国在世界上的形象和作用。中国不仅自己要发展，也希望其他国家跟我们一起发展，特别是发展中国家。所以，中国在国际上呼吁，发达国家要为发展中国家的发展创造更多的条件。中国要为发展中国家的发展奔走呐喊，这是中国的责任。

如果中国都不发出这样的声音，谁来为发展中国家的发展奔走呐喊？今年的 G20 杭州峰会邀请了几个嘉宾国，如老挝、塞内加尔、乍得、哈萨克斯坦、埃及，包括目前还在谈的泰国，都是发展中国家。能够让广大发展中国家在 G20 表达自己的利益要求，发出它们的声音，是非常重要的。

由此可见，中国是连接 G20 与世界的桥梁，是连接发展中国家与发达国家之间的桥梁，这就是一个负责任的大国的作用。

把中国信心转化为世界信心

记者：本届 G20 杭州峰会主题为"构建创新、活力、联动、包容的世界经济"，国际社会对此次会议最期待的是什么？此次峰会能对世界经济产生多大助力？

阮宗泽：国际社会对此次峰会最期待的是中国提出的方案能不能给世界经济带来增长。要做到增长，就必须做一些实实在在的事情，减少制约增长的因素，创造新的增长工具，包括反对保护主义，推动国际体系、金融机构治理的改革，促进发展中国家的发展。G20 杭州峰会提出要打造十大成果，紧紧围绕发展，目前大部分的成果都已经锁定，现在在做最后的冲刺。中国是世界经济增长的一个非常重要的引擎，中国经济保持增长也是对世界经济增长的贡献。

此次 G20 杭州峰会是在关键时期的一次关键的会议，目前世界经济正处在关键转型期，各国都期待一种新的增长前景的出现，这个新的期待从哪儿来？就是来自中国的声音，来自中国的方案。此次的 G20 杭州峰会必然在 G20 的发展中打下中国烙印。那么此次峰会将会对世界的经济有多大的助力？我认为将提升信心。现在沮丧之情弥漫全球，大家认为各种方法都用了，但世界经济好像还没有根本性的转变和恢复，有一点泄气。

今年中国作为东道主，要向世界传递中国信心，把中国信心转化为世界的信心，这是最重要的。能够让大家提升信心，靠的就是我们的思想和实际行动。当然，经济要增长需要大家一起努力，如果有些国家还采取一些保护主义的做法，采取以邻为壑的方式，在地缘政治上拉帮结派，不追求合作共赢，那怎么能够达成增长呢？

因此，向世界传递中国的信心，同时把中国的信心转化为世界的信心，将是 G20 杭州峰会对世界的贡献。既然世界对中国充满期待，相信中国一定会还世界一个精彩。

（《紫荆》2016 年 9 月号，庄蕾）

西方不应以零和心态看金砖崛起

　　当今世界一道壮观的风景，已然是新兴经济体的群体性崛起，其中以金砖国家为翘楚。金砖国家整体经济增速仍远高于全球平均水平，其经济总量占全球约 1/4，过去 10 年对全球经济增长的贡献率超过 50%。但问题紧随而至：新兴经济体和发达国家如何相处？这将关乎如何重构 21 世纪的世界秩序。

　　中国国家主席习近平赴巴西出席金砖国家领导人第六次会晤，主题为"实现包容性增长的可持续解决方案"。会晤将由巴西总统罗塞夫主持，习近平主席、俄罗斯总统普京、印度总理莫迪、南非总统祖马应邀与会。五位领导人将就金砖国家合作及其他共同关心的国际和地区问题深入交换看法，会后将发表《福塔莱萨宣言》。从 2009 年 6 月"金砖四国"领导人第一次会晤以来，金砖国家机制日趋巩固，成果丰硕。此次会晤将就成立金砖国家开发银行和应急储备安排，构建金砖国家自己的金融安全网做出重要决定。

　　面对金砖国家日益发展与联合自强，一些西方舆论流露出担心与不甘，认为金砖国家的崛起意味着西方的衰落；同时又纠结万分：在它们眼里，金砖国家总在"搭便车"，应该承担更大的责任，但眼见金砖国家的力量日渐增长、在国际舞台上发挥的作用与影响越来越大时，又害怕它们抢了自己的风头，冲击自身的既得利益，进而防范有加。

　　金砖国家主张对国际经济、金融秩序等进行改革，增加发展中国家的代表性和发言权，以更好地反映国际力量平衡发展的现实。20 国集团在金融危机后应运而生，将全球经济从崩溃边缘挽救回来，其生命力得益于包括金砖国家在内的新兴经济体的参与。虽然 20 国集团领导人曾同意，将新兴市场和发展中国家分别占国际货币基金组织的份额至少增加 5%，在世界银行的投票权至少增加 3%，但此承诺仍迟迟未兑现。

而且，当前美国和西方主导的两大经贸谈判，即跨太平洋战略经济伙伴关系协定（TPP）和跨大西洋贸易与投资伙伴关系协定（TTIP），无一例外地没有包括金砖国家。西方为了保持其优势地位，不惜将金砖国家集体排除在全球经济新规则的制订过程之外。

尽管如此，金砖国家仍自强不息，以更积极的姿态参与国际事务，推动国际合作，共同应对气候变化、环境污染、粮食安全等全球性挑战，成为全球治理的生力军。来自金砖国家的联合国维和人员是西方七国的 5 倍，仅此便足以表明它们是世界和平稳定的维护者、繁荣发展的建设者、促进全球治理的"正能量"。

当然，还需要看到，即使金砖国家获得长足发展，并没有颠覆西方国家在世界经济中的主导权。因此，西方不应以零和心态看待金砖国家的崛起，而应视之为促进全球和平与繁荣的合作者，并以更开放包容的方式与金砖国家相处。金砖国家的崛起让 30 亿人过上更好的生活，是对人类发展事业的卓越贡献。而金砖国家也应将巨大的发展潜力转化为现实成就，着力增强开放型经济发展的内生动力，并为世界提供更多的公共产品，只有这样才能让金砖国家自身及其合作走得更稳、更远。

（《人民日报·海外版》2014 年 7 月 15 日）

和中国矿泉水过不去　澳大利亚患上了"焦虑症"

【最近，澳大利亚网球公开赛因现场售卖中国矿泉水而成为众矢之的，被一些澳媒和网民贴上了"不爱国"的标签。回顾近半年，澳大利亚政界、媒体频频抹黑中国，澳大利亚高校出现排华事件，给原本良好的中澳关系蒙上阴影。当前的中澳关系出了什么问题？澳大利亚为什么频频向中国发难？带着这些疑问，新华网近日专访了中国国际问题研究院常务副院长、研究员阮宗泽。】

阮宗泽表示，澳大利亚近来的表现确实很不正常，甚至已经到了"草木皆兵"的状态。这些匪夷所思的现象背后主要有以下原因：

一是，澳大利亚国内存在政治问题。比如不久前澳大利亚炒作"中国渗透""政治献金"，实际上是澳大利亚国内的执政党打击反对党的举动，是党派斗争的结果，而中国成了"替罪羊"。

二是，澳大利亚的"身份认同"出了问题。不管在历史文化，还是在价值观上，澳大利亚都认为自己是欧洲国家。但是，它身处远离西方、接近亚洲的地方，经贸关系又与亚洲国家、亚太国家联系紧密，特别是和中国。中国作为澳大利亚的第一大出口市场，占澳大利亚出口的三成以上。理想与现实的矛盾对澳大利亚的身份定位是一个冲击。

以前，澳大利亚认为只要跟随美国就行了，现在美国出现了很多问题，已不再那么可靠。特朗普政府提出"美国优先"、美国退出 TPP 都对澳大利亚造成了打击。这些情况都加剧了澳大利亚的战略困境。

三是，这一系列事件反映出中国和平发展对西方的影响。澳大利亚近来的对华举动不是孤立的现象，西方国家或多或少会对中国说三道四。澳大利亚一边从中国获取利益，一边对中国指手画脚，就是西方傲慢心态的表现。

比如在中国市场经济地位上，西方对中国搞一些保护主义。此次一些澳大利亚媒体和网民的做法也是一种保护主义。中国每年要从澳大利亚进口多少产品？中国出口一瓶矿泉水，澳大利亚就觉得受不了了。这种心态就是"只能你买我的，不能我买你的"，不符合市场原则。

在阮宗泽看来，中澳在制度、价值观方面的不同增加了澳大利亚对中国发展的焦虑和不安。"澳大利亚无法像以前一样完全倒向美国，同时又缺乏对中国的认同，处在十分迷惘和焦虑的状态，不知如何自处。"

阮宗泽说，澳大利亚和中国的贸易带动了澳过去20多年的经济增长。现在澳大利亚自己出了问题，过去以美国为首的联盟体系也出了问题，却把这些问题归咎到中国身上，反映了澳大利亚在外交上缺乏独立性。

对于澳大利亚有些人近来不断搞事，阮宗泽表示，希望这只是暂时的现象，不要从根本上影响中澳关系。但是如果澳方执迷不悟，不加收敛，肯定会对双边关系造成影响，因为中国不会容忍澳大利亚一直"任性"下去。

（新华网，2018 年 1 月 19 日，栗一星　李雪梅）

澳大利亚想演"东成西就"

笔者近日访问澳大利亚，在与澳方朋友的多方交流中，深刻感受到这个国家正站在抉择的十字路口。它的精英们正在思考：澳大利亚是该张开双臂，热情拥抱蓬勃发展的亚洲，还是继续遥望大洋彼岸的西方？

长期以来，身处大洋洲的澳大利亚游离于亚太地区的边缘，由于传统的文化、政治制度与价值观原因，它素以西方一员自居。而现在澳大利亚政界、学术界、社会舆论开始提出颠覆性的问题：澳大利亚是否需要重新定位？澳大利亚是亚洲国家或者亚洲的一部分，还是置身亚洲的西方国家？

当前亚洲政治安全保持稳定，是当今世界经济最具活力、最具增长潜力的地区。据国际货币基金组织的预测，到 2030 年，亚洲将成为世界上最大的经济体，这一历史性的变化必将重塑国际地缘经济与政治格局，惠及亚洲及周边国家与地区的经济发展。

不争的事实是，澳大利亚在经济上日益依赖亚洲，向中国、印度和印度尼西亚等亚洲国家大量出口矿产资源、教育资源、制成品和零售商品，回报甚丰。"亚洲世纪"的到来显然加剧了澳大利亚的身份认同危机。澳大利亚应该如何迎接亚洲世纪？澳政要、学者、工商以及社会各界无不积极参与这一大讨论。

有识之士呼吁，亚洲世纪不再是遥远的明天，而是正在发生的现实，澳大利亚应搭上亚洲经济增长的快车，如不做出大幅度的政策调整，将错过这一历史机遇。澳大利亚总理吉拉德说："这是我们第一次比竞争者更接近于世界上增长最快、经济动力最强大的地区。"她表示，亚洲新兴中产阶级的发展将强化澳洲经济。为此，吉拉德政府正在撰写一份《亚洲世纪中的澳大利亚》白皮书，现已进入最后修订阶段。

据透露，白皮书的关键点正在于重审亚洲经济、政治和战略变化给澳大利亚带来的机遇，确立澳大利亚在未来 5 年的对策乃至更长远的战略规划。

对澳大利亚来说，经济上靠亚洲、安全上靠美国或许是最理想的状态。然而，这种状况是否可以持续？"熊掌"与"鱼"能否兼得？澳大利亚是否要在亚洲与美国之间做出选择？澳大利亚在安全上紧跟美国，让美国军队驻扎达尔文港。去年 11 月，来访的美国总统奥巴马在澳议会发表演讲，宣布美国将向澳大利亚派驻 2500 名海军陆战队士兵。此举令不少亚洲国家哗然，认为澳大利亚甘愿成为美国"重返"亚洲的小伙伴、马前卒，这种人为强化军事合作的行为，与亚洲地区和平与发展的潮流背道而驰。

今年是中澳建交 40 周年，在此期间，中澳经贸额增长 1000 多倍，各领域交流合作全面发展。中国的稳定市场是澳大利亚经济增长的重要驱动力，使其在应对全球金融危机中有良好表现；中国是其最大的贸易伙伴，占其对外贸易的 1/4；中国在贸易、教育等诸多方面成为澳大利亚最大合作伙伴。

两国关系迅速发展的成功之处，在于尊重相互的发展道路，尊重对方的核心利益，求大同存小异，互利共赢。中国的和平发展是亚洲世纪不可或缺的重要部分。亚洲世纪的到来，必将为中澳关系的发展提供新的历史机遇。

一位澳大利亚朋友说得精辟：就澳大利亚而言，历史属于过去，地理位置属于未来。

（《人民日报·海外版》2012 年 8 月 29 日）

面对日本，中国做好了打持久战准备

40年前的今天，中日发表联合声明正式建交。自此，两国关系虽起起伏伏，但仍旧风雨兼程。中日建交40周年本来很可能成为一个新的起点，然而，眼下中日之间政冷、经凉、外交紧张、民间交流受阻，中日关系已到了一个十字路口。这一切均源于日方的错误行径。从某种意义上说，是几个莽撞政客搅凉了中日40年情谊。

日本在钓鱼岛问题上向中方摊牌，是对中日关系在21世纪第二个10年走向的严峻挑战。

窃取钓鱼岛是日本的百年野心。随着中国的发展壮大，日本自感时间不在它这一边，因而不惜以和平发展了40年的中日关系为赌注，铤而走险，上演了一场步步惊心的"购岛"连续剧。最新剧情是，日本首相野田假扮"受害者"，到联合国诉苦、告状，自欺欺人地妄图把钓鱼岛姓"日"这一弥天大谎在国际上广而告之。

中国的强势发展，使东亚地缘政治格局以及中日力量对比发生结构性变化，动摇了日本自明治维新以来确立的东亚头把交椅的地位。这一发展趋势对其形成战略压力，加剧了其焦虑感。与此同时，日本国内政治生态向右转，民粹主义盛行，石原也好，野田也罢，都在以一己私利绑架国家利益，绑架中日关系大局，且不思悔改。他们抱住"冷战"思维不放，热衷于宣扬"中国威胁论"，鼓噪"牵制"中国，导致了中日关系的紧张。

另一方面，这种"向右转"带有明显的日式风格。日本缺乏正确的历史观，使之难以成为"正常"国家。美国在单独占领日本后，出于"冷战"需要，扶持日本为其东亚的盟友，对其网开一面，这种绥靖政策使日本的战争罪行没有受到彻底清算。第二次世界大战后，日本从未诚实面对历史，从未认真反思过发动侵略战争的罪行，及其给多个国家包括本国人民带来的深重灾难，反而竭力修饰、歪曲历史，甚至还想开历史倒车，修改教科书，否认发动战争的事实，否认南京大屠杀，一些政治领导人屡屡参拜供奉着对人类犯下滔天大罪的甲级战犯牌位的靖国神社，等等。

日本的非法"购岛"行径，不过是其错误历史观的延续，是对联合国及其宪章所秉承的、基于世界反法西斯战争胜利果实的国际秩序和原则的直接挑战。它不仅揭开了被侵略国家人民从未愈合的心理伤疤，也反映出日本整个国家危险的政治发展方向。

站在历史的节点上，我们有必要重新思考中日关系，有必要给日本政客提个醒：要认清现实，放弃幻想。中国过去、现在和将来都绝不接受日本方面对钓鱼岛及相关海域的所谓"实际管控"。由于日方违背两国老一辈领导人的谅解和共识，执意制造"购岛"闹剧，今天的钓鱼岛局势与"购岛"前已经截然不同。日方必须认清形势，深刻反省，立即纠正错误，回头是岸。

日本方面罔顾历史事实，竭力否认在钓鱼岛问题上存在争议，否认中日之间有共识，就等于关闭了和平谈判的大门。当然，对于日本顽固坚持的错误立场，中国也做好了打持久战的准备。中国绝不会退让。小小寰球，有几只苍蝇嗡嗡叫不足为奇，但蚍蜉撼树谈何易？

（《人民日报·海外版》2012 年 9 月 29 日，
原标题为《中国做好了打持久战准备》）

中国在误读新加坡吗

新加坡虽然独立时间不长，但在一个缺乏资源的弹丸之地充分发挥了人才优势，社会经济发展取得了令人瞩目的成就，在东南亚甚至东亚地区都算得上是一个佼佼者。

所以，相当长一段时间里中国人对新加坡充满一种敬意。特别是中国改革开放之初，新加坡对中国的发展做出了贡献。我认为中新关系的独特性是其他关系不能取而代之的。

但是，在看到这些成就的同时，我身边的朋友最近老在问一个问题：新加坡怎么了？到底发生了什么？他们感觉新加坡变得越来越陌生了，过去熟悉的新加坡似乎在慢慢离去。

坦率地讲，影响中新关系一个很重要的因素是双方在南海问题上的分歧。我们听到不少来自新加坡的声音，让人觉得非常不理解。那些关于所谓"南海仲裁案"的表态让中国人很难接受。

在这种情况下，我们看到中新关系的万里晴空出现了一些乌云。

一位新加坡资深官员去年撰写了一篇文章，主题是中国对新加坡有"四大误解"。文章称：第一，新加坡不是华人国家；第二，新加坡坚决支持东盟的团结和中心地位；第三，新加坡跟大国的关系是不结盟的；第四，新加坡和中国有不同的世界观。

对此，我也想谈谈自己的看法。

首先，在中国，有人认为新加坡是华人国家，对新加坡有一种天然的亲近感。去年当"南海仲裁案"结果出来后，我正好在东南亚访问。我问另一东南亚国家的学者："你们的表态怎么比新加坡还要温和？"他回答说："因为新加坡是华人为主的国家，所以要对中国格外狠一些。"这话让我非常惊讶，为了要证明不是华人国家，就要对中国狠一些吗？这个理由恐怕值得商榷。

第二，关于新加坡"坚决支持东盟的团结和中心地位"，我认为新加坡当然要维护东盟的团结。同样，中国一直在支持东盟的团结和中心地位，中国在与东盟发展关系中创造了诸多第一。如第一个签署《东南亚友好合作条约》，第一个和东盟签订自由贸易协定，第一个提出要和东盟国家商讨签署"睦邻友好合作条约"等。恰恰因为中国与东盟关系中的这么多个"第一"，产生了一种良性的示范效应，其他大国也纷纷加强与东盟的关系。

第三，我清楚新加坡在中美之间"游走"的现实考虑，一方面新加坡说不会跟美国结盟，也不可能跟中国结盟；但另一方面，美国在新加坡部署濒海战舰、反潜侦察机等，以便在南海对中国南沙岛礁进行"监视和巡航"，这似乎就难以自圆其说了。

第四，说新加坡是一个法治国家，所以"南海仲裁案"的裁定"必须遵守"，但中国对"仲裁案"不接受、不参与恰恰是在遵守和行使联合国《海洋法公约》赋予中国的权利。正因为中国在遵守国际法，所以我们认为所谓的临时仲裁是非法无效的。

当然，新加坡是有价值的，它的价值在哪里？在过去几十年当中，新加坡展现了与众不同的远见和价值。在西方人看来，新加坡最懂中国，新加坡在西方被待为上宾；在中国看来，新加坡最懂西方，在中国也被待为上宾。

然而，新加坡也出现一些判断失误，如关于"亚太再平衡"问题以及关于TPP问题。2009年1月奥巴马刚刚上台，正在制定美国的亚洲政策。那时有人在内部议论美国"是不是要重返亚洲"。正在这时候，美国和东盟国家的对话会在华盛顿举行，新加坡方面在那次会上有个讲话，让我印象深刻。讲话的大概意思是：美国必须回到亚洲，对中国进行牵制，否则美国将失去全球的霸主地位；反之，美国在亚洲都做不了主，怎么在世界上做主？也许美国本来就想重返亚洲，但仍需要一个冠冕堂皇的借口，新加坡这番话就是送上门来的一个很好借口。同时，新加坡此前还是 TPP 的坚定推动者。但今年初，特朗普上台后立即宣布终结奥巴马的"亚太再平衡"战略，并宣告退出 TPP。

国际形势千变万化，当今世界最大的特征是不确定性，不知道未来世界经济怎么发展，不知道美国、欧洲会怎么样。在这种不确定性遍地开花的情况下，最好的做法是大家相互合作。

我建议中新两国要加强对话，这是至关重要的。只有充分交流，才能认识到问题所在。2018 年新加坡将担任东盟的轮值主席，希望新加坡充分发挥作为轮值主席的核心作用、引领作用，推动中国和东盟国家的关系更上一层楼，对东亚、亚洲一体化做出更大的贡献。

（《环球时报》2017 年 5 月 26 日，原标题为《新加坡的价值该靠合作体现》，以阮宗泽在第 12 届中新论坛会议上的发言为基础）

世界经济换挡　北京方案领跑

初冬的暖阳中，中国今年主场外交的收官之作——亚太经合组织（APEC）第22次领导人非正式会议及相关活动在北京耀眼登场，再次吸引了世界的目光。

时隔13年再当东道主，今非昔比的不仅是世界经济形势，更有中国的经济体量。世界看亚太，亚太看中国。如何为"后危机时代"的世界经济增长注入新动力？如何整合亚太地区名目繁多的经贸机制，趋利避害？如何通过合作来塑造亚太地区的伙伴关系，从而减少或消除本地区地缘政治的紧张与摩擦？诸多问题扑面而来，期待在北京得到答案。

习近平在APEC工商领导人峰会上发表主旨演讲，描绘了亚太梦想，传递了中国信心。习近平强调：坚持亚太大家庭精神和命运共同体意识，顺应和平、发展、合作、共赢的时代潮流，共同致力于亚太繁荣进步。而中国经济新常态，表明中国正爬坡过坎，正在协同推进新型工业化、城镇化、信息化、农业现代化，将为亚太和世界经济带来新机遇，给工商领导人们吃了定心丸。

今年APEC会议期间，中国专门举办了一个与本地区其他国家和组织的对话会，旨在加强互联互通伙伴的关系。孟加拉国、巴基斯坦、缅甸、柬埔寨、老挝、塔吉克斯坦、蒙古国均派国家元首或政府首脑与会，联合国亚太经社会和上海合作组织也派代表参加。习近平主持了会议并发表重要讲话："我们要实现亚洲国家联动发展。""亚洲各国就像一盏盏明灯，只有串联并联起来，才能让亚洲的夜空灯火辉煌。"习近平宣布，中国将出资400亿美元成立丝路基金，为"一带一路"沿线国家基础设施、资源开发、产业合作和金融合作等与互联互通有关的项目提供融资支持。这有助于将非 APEC 成员的亚太国家的积极性调动起来，共同发展，一个也不能少。

北京又一次化身为精彩的外交大舞台。此轮 APEC 还交织着密集的高访与"会中会"，上演着多场双边大戏。而中俄、中美、中韩领导人双边会晤格外引人注目。中俄元首频繁会晤，推高两国务实合作水平。奥巴马在时隔 5 年后对中国进行国事访问，从形式与内容上都有所突破，将开启中美元首会晤的"北京模式"：国事访问中穿插中国版庄园会，以便让两国领导人在小范围、轻松的环境下深度交流。两国领导人将推动构建中美新型大国关系这一倡议从概念到实践的转变，使之开花结果，惠及两国社会及民众。

随着中国国际地位的跃升，国际社会日益希冀中国发挥更大作用，承担更多责任，而中国正以实际行动来回应这一呼声。作为 APEC 东道主，中国展现了担当，贡献了方案和智慧。在世界经济换挡的时刻，APEC 成员经济体一共提出超过 100 项合作倡议，其中 50 多项是由中方提出的，涉及区域经济一体化、经济创新发展与改革、互联互通等。中国扮演了领舞者角色，重新校准了 APEC 的焦距，展现了中国气派。

（《人民日报·海外版》2014 年 11 月 10 日）

中国方案助推全球治理转型

中国正在从全球治理的参与者向引领者的角色转变，并努力为促进世界经济增长和完善全球治理贡献中国智慧、中国力量。

当今世界，全球性挑战层出不穷，全球治理遭遇瓶颈，制度供给严重不足，体系需要完善。在这场大变革中，中国站到了世界舞台的中央，积极参与全球治理并提供公共产品，有力地提升了中国的国际话语权。

首先，中国站在新的历史起点上，与世界深度互动，积极参与并引领全球治理，是中国新时期维护自身利益的有效路径。中国正在从全球治理的参与者向引领者的角色转变，并努力为促进世界经济增长和完善全球治理贡献中国智慧、中国力量。

近年来，中国在联合国等国际组织和多边机制框架场合，越来越主动地建言献策，发出中国声音，提供中国方案，成为推动全球治理的重要力量。中国重视在可持续发展、气候变化、能源安全、网络安全等重大议题上加强与国际社会的协调和配合。习近平主席指出："中国的发展得益于国际社会，也必将回馈国际大家庭。"不仅如此，中国还是脚踏实地、身体力行的实践者，比如，提出"一带一路"倡议，倡导建立亚洲基础设施投资银行，主办亚信、亚太经合组织、G20峰会等国际会议，创造了多个"第一"，成功地将中国方案国际化，转化成为国际共识。

其次，中国特色的全球治理观特点鲜明，国际认同与日俱增。习近平主席曾指出，要推动全球治理理念创新发展，积极发掘中华文化中积极的处世之道和治理理念同当今时代的共鸣点，继续丰富、打造人类命运共同体等主张，弘扬共商共建共享的全球治理理念。

　　自党的十八大以来，中国日益形成了具有中国特色的全球治理观，即坚持共商共建共享原则。正如习近平主席在接受美国《华尔街日报》书面采访时所说，全球治理体系是由全球共建共享的，不可能由哪一个国家独自掌握。同时，要完善世界经济治理，就必须更多地调动发展中国家的积极性，才能为世界经济强劲、可持续、平衡、包容增长做出更大贡献。因此，如何提高发展中国家在全球治理体系中的地位和作用至关重要。在 G20 杭州峰会上，中国广泛邀请了发展中国家的代表出席，既弥补了 G20 代表性不足的问题，又提升了发展中国家对全球治理的参与度，这就是一个多赢的成功实践。

　　最后，中国参与全球治理面临难得的契机。改革开放以来，中国已经深度融入国际体系，具备为世界做更多贡献的能力。一方面，中国靠推动全球经济治理体系的改革，获得更大的制度性权利。比如在 2016 年 1 月生效的新一轮国际货币基金组织投票权份额中，中国占比从之前的 3.996% 上升至现在的 6.394%，排名从第六位跃居第三位，仅次于美国和日本。这增强了中国在全球治理体系中的话语权，又推动全球治理向公平合理的方式转变。另一方面，面对当前保护主义、反全球化、民粹主义思潮泛起等多重风险，中国激流勇进，积极推动全球治理与区域一体化，提振了国际社会的信心。这为中国更深更广地参与全球治理提供了良机。

　　总的看，中国特色的全球治理观与国内治国理政的理念一脉相承，如重视创新驱动发展战略、五大发展理念等。在国际秩序加速转型的关口，中国主动参与全球治理，有助于推动中国治国理政理念的国际化表达，增强国际社会的认同，让中国方案更好地服务于全球治理。

（《人民日报》2016 年 12 月 29 日）

中国是世界稳定锚

自中共十八大以来，中国外交革故鼎新、厚积薄发、攻坚克难、开拓进取，书写了中国特色大国外交的新篇章。正如外交部部长王毅所指出的，今天的中国已成为"国际形势的稳定锚，世界增长的发动机，和平发展的正能量，全球治理的新动力"。

毋庸置疑，世界正经历一场复合型危机，乱象纷呈。传统与非传统威胁此起彼伏，战争与冲突连绵不断，恐怖袭击接二连三，少数国家的人民甚至家园破碎，背井离乡，沦为难民。金融危机后遗症不断出现，反全球化、民粹主义、保护主义思潮野蛮生长，"黑天鹅"成双成对从天而降，不确定性有增无减，不少国家对未来缺乏信心，令人不得不思考这样一个问题：世界究竟怎么了？

近年来，西方经历了从"历史的终结"到"后西方"时代的过山车，感叹前者昙花一现，后者却由远而近。实际上，"后西方"的根源在于西方内部政治、经济、安全及社会等方面均出了问题，落入了唯我独尊、故步自封、零和思维的陷阱。

与此形成鲜明对比的是，中国的发展成绩斐然，从容而淡定，归根结底来源于"四个自信"；来源于对国际形势的准确判断；来源于对自身面临的机遇与挑战的辩证分析；来源于致力把自己的事情做好，撸起袖子加油干，探索出了一条符合中国国情的发展道路。习近平主席提出构建人类命运共同体的新倡议，直击当今世界乱象丛生的痛点，同时给出了人类发展的中国方案。

2016 年中国经济增长 6.7%，在全球主要经济体中排名第一，继续领跑。这一增量对世界经济增长的贡献率超过 30%。

中国是维护和平的坚定力量。中国派出维和部队守护和平，帮助战乱国家重建家园。在联合国安理会 5 个常任理事国中，中国是派出人数最多的国家。中国加入新的联合国维和能力待命机制，率先组建常备成建制维和警队，并建设 8000 人规模的维和待命部队。中国军队积极参与国际维和、反恐和人道主义救援，参与管控热点敏感问题等，而中国军力的现代化也有助于更好地维护地区和世界和平。

中国在全球治理中积极贡献国际公共产品。今年 5 月，"一带一路"国际合作高峰论坛将在北京举办。在当前保护主义、单边主义卷土重来的情况下，"一带一路"的建设更加引人注目。它有助于推动经济全球化朝着更加普惠、包容的方向发展，以实现再平衡，也将成为共建人类命运共同体的重要实践。

中国外交的先进性充分呈现在外交思想的创新上，如倡导结伴不结盟、扩大朋友圈、塑造以合作共赢为核心的新型国际关系、共同构建人类命运共同体等。这既有中国特色，又符合时代的潮流。

综上，面对纷繁复杂的国际挑战，面对国际社会的期待，中国没有缺席，而且勇担责任，在全球治理中烙下深深的中国印记。中国名副其实发挥了稳定锚作用。

（《人民日报·海外版》2017 年 3 月 9 日）

共襄构建人类命运共同体伟业

12月1日，中共中央总书记、国家主席习近平出席中国共产党与世界政党高层对话会开幕式，发表题为"携手建设更加美好的世界"的主旨讲话，呼吁各国政党顺应时代发展潮流、把握人类进步大势、顺应人民共同期待，共襄构建人类命运共同体的伟业。

当今世界正处于大发展大变革大调整时期，纷至沓来的急剧变化将世界推到"历史转折点"，也引发了"人类向何处去"的时代之问。中共领导人直面时代之问，把握世界大势，提出构建人类命运共同体的倡议。

自2013年首次提出该倡议以来，习近平主席放眼世界、高屋建瓴，在多个场合深刻阐释这一理念及其内涵，使其日益深入人心，成为一张亮丽的中国名片。习近平主席洞察世界风云，深刻思考人类前途命运以及中国和世界发展大势，积极推进中国特色大国外交理论和实践创新，提出了一系列新理念新思想新战略。从高举和平、发展、合作、共赢旗帜，到积极推动构建人类命运共同体，再到"共商、共建、共享""一带一路"等被写入联合国决议，一系列中国方案、中国倡议引领人类在和平与发展的大道上迈进。

习近平主席在讲话中对人类命运共同体做出明确定义，并绘制了路线图。首先，人类命运共同体就是每个民族、每个国家的前途命运都紧紧联系在一起，应该风雨同舟，荣辱与共，努力把我们生于斯、长于斯的这个星球建成一个和睦的大家庭，把世界各国人民对美好生活的向往变成现实。其次，为实现这样一个世界共同的梦想，需要在四个方面进行努力：努力建设一个远离恐惧、普遍安全的世界；努力建设一个远离贫困、共同繁荣的世界；努力建设一个远离封闭、开放包容的世界；努力建设一个山清水秀、清洁美丽的世界。这同时也是向世界各国、各政党发出的中国倡议，邀约大家携手合作，共同打造人类命运共同体。

中国致力于实现中华民族伟大复兴的中国梦，并昂首挺胸走在实现这一梦想的康庄大道上。中共十九大报告提出，在全面建成小康社会的基础上，分两步走，在 21 世纪中叶建成富强民主文明和谐美丽的社会主义现代化强国。

中国坚持把自己的事情做好，这本身就是对构建人类命运共同体的贡献。不仅如此，中国还通过推动自身发展给世界创造更多机遇，通过深化自身实践探索人类社会发展规律并同世界各国分享。中国主张构建相互尊重、公平正义、合作共赢的新型国际关系，这包含着中华传统文化尚和合、求大同的深邃智慧，超越了以零和博弈、强权政治为基础的传统国际关系理念。我们不"输入"外国模式，也不"输出"中国模式，不会要求别国"复制"中国的做法。

世界好，中国才能好；中国好，世界才更好。习近平主席强调，中国共产党所做的一切，就是为中国人民谋幸福、为中华民族谋复兴、为人类谋和平与发展。在新时代，中国不仅是构建人类命运共同体的倡导者，而且是践行者。

（《解放军报》2017 年 12 月 6 日）

构建人类命运共同体　助力中国战略机遇期

2018 年是全面贯彻中共十九大精神的开局之年，中国将迎来改革开放 40 周年。中共十九大举旗定向，描绘了中国今后 30 多年发展的美好蓝图，将在 21 世纪中叶把我国建设成为富强、民主、和谐、文明、美丽的社会主义现代化强国。当前中国国内生产总值迈上 80 万亿元的新台阶，经济发展势头良好，前景光明。在中国共产党的坚强领导下，中国经济有能力、有潜力、有信心保持超长时段的高速高质增长，换言之，作为超大型经济体，中国有望从 1978 年到 2050 年连续 72 年保持较快较好增长，从而创造人类历史上从未有过先例的奇迹。如何确保并拓展未来几十年中国发展的战略机遇期，是能否创造此奇迹的关键。

习近平总书记总揽全局，运筹帷幄，对进入新时代的中国外交做出顶层设计，深刻总结党的十八大以来外交工作取得的辉煌成就，全面规划部署未来的外交目标，指出中国将"推动构建人类命运共同体"，并把这一思想写入党章。这是中国在风云激荡的 21 世纪对国际关系理论做出的卓越贡献，是中国引领时代潮流和人类文明进步的鲜明旗帜，是中国国力持续稳定增强的有力保障，是新时代中国外交工作的行动指南。它表明中国共产党人和中国人民完全有信心、有实力为人类探索更好的社会制度提供新的选择。

自 2013 年首次提出构建人类命运共同体以来，习近平总书记多次对这一理念进行了精辟阐述，形成了科学完整、内涵丰富、宏大深邃的思想体系。这一思想是当代中国外交的重大创新成果，已写入联合国文件，获得了越来越多的国际认同，受到国际社会的高度评价和热烈响应。本文将从构建人类命运共同体的内涵、提出的时代背景、构建的必要条件、中国特色大国外交的理论与实践等方面，对新时代中国外交的征程与走向进行初步的探讨和分析。

一、构建人类命运共同体是习近平新时代中国特色社会主义外交思想的核心

何谓人类命运共同体，如何构建人类命运共同体，为什么要构建人类命运共同体？党的十九大报告开宗明义："中国特色社会主义进入了新时代，这是我国发展新的历史方位。"新时代是中国日益走近世界舞台中央、不断为人类做出更大贡献的时代。新时代呼唤新思想、呼唤大外交。构建人类命运共同体概念一提出，便引起国内外的强烈反响，成为习近平新时代中国特色社会主义外交思想的标识。

党的十九大报告指出，中国将坚持和平发展道路，推动构建人类命运共同体，并呼吁各国人民齐心协力，共同为此目标而努力。具体而言，这一思想包括"五要"：（一）要相互尊重、平等协商，坚决摒弃"冷战"思维和强权政治，走对话而不对抗、结伴而不结盟的国与国交往新路；（二）要坚持以对话解决争端、以协商化解分歧，统筹应对传统和非传统安全威胁，反对一切形式的恐怖主义；（三）要同舟共济，促进贸易和投资自由化便利化，推动经济全球化朝着更加开放、包容、普惠、平衡、共赢的方向发展；（四）要尊重世界文明多样性，以文明交流超越文明隔阂、文明互鉴超越文明冲突、文明共存超越文明优越；（五）要坚持环境友好，合作应对气候变化，保护好人类赖以生存的地球家园。

习近平在党的十九大之后出席亚太经合组织工商领导人峰会时发表主旨演讲，首次在国际多边场合阐述了新时代中国特色大国外交目标，描绘了新时代中国与世界互动的美好前景，宣告中国将开启推动构建新型国际关系、推动构建人类命运共同体的新征程："当今世界充满挑战，前面的道路不会平坦，但我们不会放弃理想追求，将以更大的作

为，同各方携手建设持久和平、普遍安全、共同繁荣、开放包容、清洁美丽的世界。"①

在中国共产党与世界政党高层对话会上，习近平总书记进一步论述了人类命运共同体的丰富内涵以及如何建构等问题。首先，人类命运共同体就是每个民族、每个国家的前途命运都紧紧联系在一起，应该风雨同舟，荣辱与共，努力把我们生于斯、长于斯的这个星球建成一个和睦的大家庭，把世界各国人民对美好生活的向往变成现实。其次，为实现这样一个共同梦想，需要坚持四个"努力建设"：努力建设一个远离恐惧、普遍安全的世界；努力建设一个远离贫困、共同繁荣的世界；努力建设一个远离封闭、开放包容的世界；努力建设一个山清水秀、清洁美丽的世界。

2017 年 1 月，习近平访问瑞士。面对国际社会"世界到底怎么了"的疑问，习近平分别在两个重要场合发表重磅演讲，引起了国际社会的强烈共鸣。1 月 17 日，习近平出席世界经济论坛 2017 年年会开幕式并发表了题为"共担时代责任，共促全球发展"的主旨演讲，针对世界经济增长、治理、发展模式存在的问题，提出：坚持创新驱动，打造富有活力的增长模式；坚持协同联动，打造开放共赢的合作模式；坚持与时俱进，打造公正合理的治理模式；坚持公平包容，打造平衡普惠的发展模式。紧接着，习近平第二天出席"共商共筑人类命运共同体"高级别会议，发表题为"共同构建人类命运共同体"的主旨演讲，提出构建人类命运共同体，建设一个持久和平、普遍安全、共同繁荣、开放包容、绿色低碳的世界。这两次演讲浑然一体，环环相扣，给出了"怎么办"的中国思考。

构建人类命运共同体是对"中国想要一个什么样的世界"的有力回答。国际社会对中国的期待前所未有，中国的责任也前所未有。中国

---

① 习近平：《抓住世界经济转型机遇　谋求亚太更大发展——在亚太经合组织工商领导人峰会上的主旨演讲》，外交部网站，2017 年 11 月 10 日。

方案就是构建人类命运共同体，实现共赢共享。习近平在 2018 年新年贺词中指出："当前，各方对人类和平与发展的前景既有期待，也有忧虑，期待中国表明立场和态度。天下一家。中国作为一个负责任大国，也有话要说。中国坚定维护联合国权威和地位，积极履行应尽的国际义务和责任，信守应对全球气候变化的承诺，积极推动共建'一带一路'，始终做世界和平的建设者、全球发展的贡献者、国际秩序的维护者。"① 今天的中国与世界的关系空前紧密，你中有我，我中有你。中国实现了从站起来到富起来的阶段，如今正走在强起来的路上。中国人民既追求美好生活，也向往更加美好的世界；中国不仅要做好自己的事情，还要兼济天下，与世界分享发展机遇。

构建人类命运共同体的思想植根于中华民族血脉深处的文化基因。对美好世界的共同追求是中国与世界的最大公约数。构建人类命运共同体本质上是中国梦的国际表达和延展。5000 多年的中华文明，就是一部追求美好世界的厚重史诗。中华民族推崇"天下一家"，主张民胞物与、协和万邦、天下大同，憧憬"大道之行，天下为公"的美好世界。中华文化在 21 世纪焕发新的活力，并以"合作共赢"来定义中国与世界的关系。构建人类命运共同体既是中国走近世界舞台中央的实践，也是世界走近新时代中国的最佳路径。这既是中国对自身文化历史经验的有益总结，也是向国际社会做出的庄严承诺，体现了中国为人类做出新的更大贡献的大国担当。

能否构建相互尊重、公平正义、合作共赢的新型国际关系，走出一条国与国友好相处的新路，是如何构建人类命运共同体的重要路径。其中，"一带一路"扮演着关键角色，架起从现在通向未来的桥梁。共建"一带一路"包括的政策沟通、设施联通、贸易畅通、资金融通、民心相通，有助于打造国际合作新平台，增添共同发展的新动力。习近平指出："我提出'一带一路'倡议，就是要实践人类命运共同体理念。4

① 《国家主席习近平发表 2018 年新年贺词》，新华网，2017 年 12 月 31 日。

年来，共建'一带一路'已成为有关各国实现共同发展的巨大合作平台。"① 可见，"构建人类命运共同体既是中国外交的崇高目标，也是世界各国的共同责任和历史使命。我们要深入贯彻落实构建人类命运共同体思想，不断开创中国外交新局面，同世界各国携手合作，共同努力建设一个更加美好的世界"②。

二、推动构建人类命运共同体将为中国创造更大战略机遇期

"放眼世界，我们面对的是百年未有之大变局。"③ 世界多极化、经济全球化、社会信息化、文化多样化深入发展，而和平赤字、发展赤字、治理赤字交织，人类面临各种矛盾与冲突，地区热点持续动荡，恐怖主义蔓延肆虐，保护主义、反全球化、民粹主义思潮泛起，全球治理遭遇瓶颈，制度供给严重不足。面对上述多重风险，任何一个国家，无论多么强大，既不可能独善其身，也成不了救世主，大家必须携手合作，共同应对。如何更新全球治理理念，构建新的更加公正合理的国际秩序，开辟人类更加美好的发展前景，创造一个更美好的世界，成为国际社会的必答题。正是在这个国际秩序加速转型的当口，推动共同构建人类命运共同体将为中国创造更佳战略机遇期。

党的十九大报告指出，国内外形势正在发生重大而深刻的变化，我国发展仍处于重要战略机遇期，前景十分光明，挑战也十分严峻。世界的大发展大变革大调整、国际格局日趋均衡，国际潮流大势不可逆转。一方面，第二次世界大战以来占据主导的西方的治理理念、体系和模式失灵，西方弊端重重、积重难返、自顾不暇。"冷战"后的"历史终结论"宣告终结，不断滑向"后西方"。另一方面，新兴市场国家和广大

---

① 习近平：《携手建设更加美好的世界——在中国共产党与世界政党高层对话会上的主旨讲话》，人民出版社2017年版，第4页。
② 杨洁篪：《推动构建人类命运共同体》，《人民日报》2017年11月19日。
③ 《习近平接见驻外使节工作会议与会使节并发表重要讲话》，新华网，2017年12月28日。

发展中国家迅猛崛起，日益改变国际力量对比，重塑国际关系理论和实践，推动国际秩序朝更加公正合理、包容均衡的方向演进。

与以往不同，此轮国际体系转型的显著特点是"非战争"形态。历史上，国际体系的转型大多是依靠发动大规模的战争，尤其是通过大国间的战争来实现的。战争结束后大国之间对权力与利益分配进行重新洗牌，很快就形成新的秩序。第一次世界大战后出现的凡尔赛-华盛顿体系，第二次世界大战后出现的雅尔塔体系均是如此。自"冷战"结束以来，国际格局加速向多极化转变，大国之间尽管有竞争，有时还很激烈，但发生体系性对抗或战争的风险降低，总体处于和平状态。这意味着国际秩序的转型将是一个漫长、曲折的过程，比拼的将是大国的耐力与耐心。

构建人类命运共同体需要树立共商共建共享的全球治理观。中国积极主动参与全球治理体系改革和建设，不断贡献中国智慧和力量，从全球治理的参与者向引领者转变。而中国与世界深度互动，积极参与并引领全球治理，也是中国新时期维护和扩大自身利益的有效路径。中国的发展是在"体系内"实现的，中国特色社会主义取得的伟大成就举世瞩目，13亿多中国人书写了前所未有的成功故事，表明中国已经深度融入国际体系，具备为世界做更多贡献的条件与能力。中国积极推动全球经济治理体系的改革，以便获得更大的制度性权力。中国在2016年1月生效的新一轮国际货币基金组织投票权份额中的占比从3.996%上升至6.394%，排名从第六位跃居第三位，居美国和日本之后，这既增强了中国在全球经济治理体系中的权重，又使全球治理体系更加公平合理。

中国特色的全球治理观与国内治国理政的理念一脉相承，参与全球治理将推动中国治国理政理念的国际化延伸，增强国际社会的认同，也让中国方案更好地服务于全球治理。中国重视创新驱动发展战略、五大发展理念等，重视在可持续发展、气候变化、能源安全、网络安全等重大议题上加强与国际社会的协调和配合。中国提出"一带一路"倡议、创建亚洲基础设施投资银行，主办亚信、亚太经合组织、G20 杭州峰会等国际会议及"一带一路"国际合作高峰论坛、金砖峰会等，成功地将中国方案国际化，转化成为国际共识，让中国的发展之路越走越宽。

中国坚持走和平发展道路，维护世界和平，是构建人类命运共同体的应有之义。让历史告诉未来：中国从一个积贫积弱的国家一跃成为世界第二大经济体，靠的不是对外军事扩张和殖民掠夺，而是人民勤劳、维护和平。中国是维护世界和平的力量，中国的发展壮大就是世界和平力量的增强。自"冷战"结束以来，联合国安理会 5 个常任理事国里，美国、英国、法国、俄罗斯 4 个国家都卷入了冲突或战争，只有中国一直聚精会神地搞建设谋发展，坚持走和平发展道路。事实证明，这是一条行之有效的道路，促使中国以互利共赢的理念推动世界发展。从国际层面看，中国的和平发展增强了广大发展中国家的信心，为广大发展中国家走向现代化提供新的参照。综上所述，中国越发展，对世界越有利。确保世界和平稳定将为中国进一步发展创造更良好的外部环境，拓展更大的战略机遇。因此，建设更加美好的世界、构建人类命运共同体，就是中国着眼于塑造更加和平稳定、更加繁荣进步的国际新秩序所交出的答卷。

三、构建人类命运共同体需要中国形成全面开放新格局

中国全面开放的新格局与构建人类命运共同体相辅相成，相得益彰，相互促进，前者能为后者创造必要条件，后者也能让中国与国际社会的互利合作更加深入。因此，中国的发展得益于中国的开放，中国梦的实现同样离不开开放。

中国大门的或开或关，能否深化同国际社会的互利合作，将影响着人类命运共同体建设的成效。党的十九大报告做出的一个重要判断是，我国仍处于并将长期处于社会主义初级阶段的基本国情没有变，我国是世界最大发展中国家的国际地位没有变，并指出"我国社会主要矛盾

已经转化为人民日益增长的美好生活需要和不平衡不充分的发展之间的矛盾"。我国社会主要矛盾的变化是关系全局的历史性变化，对党和国家工作提出了许多新要求。这表明中国是一个实事求是的大国，尽管经济总量跃升世界第二，但清醒地认识到自身仍是发展中国家，仍处于社会主义的初级阶段，仍然需要尽最大努力做好"改革开放"这篇大文章。

从历史上看，中国改革开放则兴，闭关自守则衰。从现实看，中国的命运与世界的命运紧密相连，中国的利益已经深度嵌入国际体系。中国对外开放40年来成功实现跨越式发展，在国际体系中的议事权也在由弱变强，对世界的贡献与日俱增。中国相信世界好，中国才能好；中国好，世界才更好。2008年国际金融危机以来，中国对世界经济恢复增长的贡献超过1/3即是对此的生动诠注。

习近平在十九届中共中央政治局常委同中外记者见面时强调："2018年，我们将迎来改革开放40周年。改革开放是决定当代中国命运的关键一招，40年的改革开放使中国人民生活实现了小康，逐步富裕起来了。我们将总结经验、乘势而上，继续推进国家治理体系和治理能力现代化，坚定不移深化各方面改革，坚定不移扩大开放，使改革和开放相互促进、相得益彰。我坚信，中华民族伟大复兴必将在改革开放的进程中得以实现。"①

中国是全球第二大经济体和最大货物贸易国，是经济全球化的坚定维护者，是自由贸易的坚定捍卫者。自党的十八大以来，中国高举和平、发展、合作、共赢的旗帜，推进中国同各国的友好合作，促进全球治理体系变革，为世界发展注入信心与动能。"今天的中国，已经站在新的历史起点上。这个新起点，就是中国全面深化改革、增加经济社会发展新动力的新起点，就是中国适应经济发展新常态、转变经济发展方

---

① 《习近平总书记在十九届中共中央政治局常委同中外记者见面时的讲话》，新华网，2017年10月25日。

式的新起点，就是中国同世界深度互动、向世界深度开放的新起点。"①

党的十九大报告强调，要"推动形成全面开放的新格局"，"中国开放的大门不会关闭，只会越开越大"。"开放"一词在党的十九大报告中出现27次。2017年12月召开的中央经济工作会议明确指出：要在开放的范围和层次上进一步拓展，更要在开放的思想观念、结构布局、体制机制上进一步拓展。

针对一些国际舆论对中国是否坚持开放的疑问，在亚太经合组织工商领导人峰会上，习近平有的放矢，表达了坚持对外开放的决心，描绘了中国对外开放的新方向，让世界吃了"定心丸"。习近平强调说："中国对外开放的脚步不会停滞。我们将同各国一道，深入推进'一带一路'建设，增添共同发展新动力。我们将实行高水平的贸易和投资自由化便利化政策，全面实行准入前国民待遇加负面清单管理制度，大幅度放宽市场准入，扩大服务业对外开放，保护外商投资合法权益。凡是在中国境内注册的企业，我们都会一视同仁、平等对待。我们将赋予自由贸易试验区更大改革自主权，探索建设自由贸易港。我们将加快同有关国家商签自由贸易协定和投资协定，推动建设亚太自由贸易区，推动区域全面经济伙伴关系协定谈判尽早结束，构建面向全球的自由贸易区网络。"② 作为新时代中国保持更大开放的象征，"一带一路"倡议已经从中国方案上升为国际共识，务实合作日益深化，不断推动建设中国与世界互联互通的超级工程。

构建开放型世界经济符合中国的利益，中国对外开放的大门只能越开越大。习近平指出："中国的大门对世界始终是打开的，不会关上。开着门，世界能够进入中国，中国也才能走向世界。我们希望，各国的

---

① 习近平：《中国发展新起点 全球增长新蓝图——在二十国集团工商峰会开幕式上的主旨演讲》，新华网，2016年9月3日。
② 《习近平主席在亚太经合组织工商领导人峰会上的主旨演讲》，外交部网站，2017年11月11日。

大门也对中国投资者公平敞开。"① 未来 15 年，中国市场将进一步扩大，预计将进口 24 万亿美元商品，吸收 2 万亿美元境外直接投资，对外投资总额将达到 2 万亿美元。2018 年 11 月，中国将在上海举办首届中国国际进口博览会，这将为各方进一步开辟中国市场搭建新平台。这是中国主动向世界开放市场之举，体现了中国的自信和开放的决心，必将为世界开放发展创造新的机遇。

四、构建人类命运共同体丰富发展了中国特色大国外交理论与实践

推动构建人类命运共同体全面丰富发展了中国特色大国外交理论体系，成为新时代中国外交的总目标。党的十九大之后立刻迎来密集的外交活动，展现了新气象和新作为，翻开新时代中国特色大国外交的新篇章。

首先，推进大国协调和合作，构建总体稳定、均衡发展的大国关系框架。中俄关系继续保持在高水平上行稳致远。2017 年 11 月 10 日，习近平在越南岘港会见俄罗斯总统普京，这是两国领导人一年中的第五次会面。中俄坚定支持对方维护本国核心利益，政治互信进一步巩固，是真正相互信赖的战略伙伴。中俄建立和发展的全面战略协作伙伴关系树立了相互尊重、公平正义、合作共赢的新型国际关系的典范。习近平强调，当前，中国特色社会主义进入新时代，俄罗斯在强国富民的发展道路上稳步前进。在我们两国各自发展的关键时期，中俄关系也迎来新的发展机遇。双方要继续加大相互支持，加强全方位合作。要同步提升双边贸易规模和质量，落实好能源、投资、高技术、航空航天、基础设施建设等领域大项目，推动"一带一路"建设和欧亚经济联盟对接取得实质成果，规划和实施好新的国家主题年活动。要加强在国际和地区热

---

① 《习近平主席在出席世界经济论坛 2017 年年会和访问联合国日内瓦总部时的演讲》，人民出版社 2017 年版，第 16 页。

点问题上的沟通，密切在联合国、上海合作组织、金砖国家等多边框架内的协调和配合。此前，俄罗斯总理梅德韦杰夫作为党的十九大胜利闭幕后到访的第一个外国领导人，于 10 月 31 日至 11 月 2 日成功访华，并与李克强总理举行中俄总理第 22 次定期会晤。中俄签署了 16 项合作协议和多份合作文件，有力地夯实了中俄全面战略协作伙伴关系。

中美元首北京会晤为新时代中美关系发展指明了方向。11 月 8 日至 10 日，美国总统特朗普应邀对中国进行国事访问，受到"国事访问 +"的接待。这是习近平与特朗普的第三次会晤。自 2017 年 1 月特朗普就任美国总统以来，中美关系取得重要进展。习近平和特朗普通过多种方式保持密切联系。4 月，习近平与特朗普成功进行了海湖庄园会晤，7 月在汉堡进行第二次会晤。习近平主席和特朗普总统会晤就新时代中美关系发展达成了多方面重要共识，双方认为中美关系事关两国人民福祉，也关乎世界的和平、稳定、繁荣。合作是中美两国唯一正确选择，共赢才能通向更好未来。双方同意继续发挥元首外交对两国关系的战略引领作用，加强两国高层及各级别交往，充分发挥 4 个高级别对话机制作用，拓展经贸、两军、执法、人文等领域交流合作，加强在重大国际和地区问题上的沟通和协调，推动中美关系得到更大发展。

习近平同特朗普共同会见记者时指出，"中美两国的发展相辅相成、并行不悖，中美各自的成功符合双方共同利益。面对复杂多变的国际形势，中美两个大国在维护世界和平稳定、促进全球发展繁荣方面共同利益更多了，肩负责任更大了，合作空间更广了。一个健康稳定发展的中美关系不仅符合两国人民根本利益，也是国际社会的共同期待。对中美两国来说，合作是唯一的正确选择，共赢才能通向更好的未来"①。双方还共同探讨如何实现半岛和东北亚长治久安的途径。中美签署了 2535 亿美元的"超级大单"，有力地说明中美经贸关系是互利共赢的，合作是双方唯一正确的选择，而且合作的空间巨大，将给两国人民带来

① 《习近平同美国总统特朗普共同会见记者》，外交部网站，2017 年 11 月 9 日。

巨大实惠。

其次，周边是构建人类命运共同体的起点，中国将按亲诚惠容和与邻为善、以邻为伴方针深化同周边国家关系。2017 年 11 月 12 日至 14 日，党的十九大闭幕后，中共中央总书记、国家主席习近平首次出访选择了社会主义邻邦越南、老挝，谱写敦亲睦邻新篇章，为新时期中越、中老关系发展，以及中国同周边国家的合作共赢带来新的机遇。越南和老挝与中国政治理念相通、发展道路相似。这两个国家对中共十九大提出的治国理政方针理念都有浓厚兴趣。中国与其积极开展执政兴国经验交流，加强党际交往，共同丰富和发展社会主义建设理论和实践，打造具有战略意义的命运共同体，向国际社会传递出中国推动构建周边命运共同体、支持社会主义事业发展的明确信号。

中越加强"一带一路"和"两廊一圈"的战略合作。中越 2016 年贸易额接近 1000 亿美元，在东盟国家当中名列前茅。习近平主席和老挝国家主席本扬共同见证中老签署合作文件，共建中老经济走廊。中老铁路将提升老挝在东盟地区互联互通格局中的战略地位，有助于推动老挝的经济发展。2017 年 12 月 21 日，中泰铁路合作项目一期工程开工，将有效提升泰国和本地区的基础设施建设和互联互通水平，促进泰国经济可持续发展。未来中泰铁路和中老铁路将实现互联互通，促进沿线国家经贸交流和人员往来，互利多赢，带动地区发展和民生改善。中越还同意加强海上的分歧管控，通过友好协商解决了陆地和北部湾划界问题，为两国共同发展和地区和平稳定创造了有利条件。

李克强总理于 2017 年 11 月对菲律宾进行正式访问，有力地促进了中国与菲律宾关系的发展。李克强表示，中菲交往源远流长，友好合作始终是主流。当前两国关系已经克服困难，实现转圜。实践证明，坚持睦邻友好符合中菲双方根本利益，是主流民意所向，是地区大势所趋，是共同发展基石。双方同意把握正确方向，巩固友好，深化合作，管控分歧，把失去的时间找回来，推动中菲关系健康稳步前行。

2017 年 12 月 13 日至 16 日，韩国总统文在寅应邀对中国进行国事访问并取得成功。中韩是友好近邻和战略合作伙伴，建交 25 年来，两国各领域交流合作取得显著发展，给双方带来巨大利益。但自 2016 年 7 月以来，中韩关系因韩国执意部署"萨德"反导系统，威胁中国战略安全而遭受重创，教训深刻。文在寅此访显示中韩关系因为"萨德"问题遭受挫败后进入了修复模式。习近平指出，中方重视同韩方关系，愿同韩方一道，牢记两国建交的初心，以两国人民福祉为念，秉持尊重彼此核心利益和重大关切的基本原则，坚持以诚相待的为邻之道，把握互利共赢的合作宗旨，推动中韩战略合作伙伴关系始终健康稳定地走在正确发展轨道上。中韩关系的正常化有助于维护东北亚地区的和平与稳定。

最后，积极发展全球伙伴关系，扩大利益交汇点，并秉持正确义利观和真实亲诚，加强同发展中国家团结合作。2017 年 5 月，举世瞩目的"一带一路"国际合作高峰论坛在北京召开，成功地将中国方案转化为国际共识。9 月，金砖国家领导人举行厦门会晤，着眼于打造下一个"金色十年"。2017 年 11 月 10 日，习近平在越南岘港出席亚太经合组织工商领导人峰会并发表演讲，首次用"五个新征程"阐释新时代中国特色社会主义的历史方位、基本方略、发展蓝图，有助于世界对新时代中国发展方向与战略意图的客观认识。

李克强出席于菲律宾马尼拉举行的第 20 次中国-东盟（10 + 1）领导人会议、第 20 次东盟与中日韩（10 + 3）领导人会议和第 12 届东亚峰会。李克强强调，中国共产党十九大明确提出中国将坚持和平发展道路，推动构建新型国际关系，推动构建人类命运共同体。中国的发展只会给东亚乃至世界发展繁荣带来机遇，不会对任何国家构成威胁。中方愿与峰会各方齐心协力，维护地区和平发展合作的良好势头，积极推进东亚经济共同体建设，共同谱写东亚合作新篇章、开创东亚发展新愿景。在马尼拉召开的中国-东盟领导人会议，宣布正式启动"南海行为准则"（以下简称"准则"）磋商。这标志着南海问题已从一度"高热不退"转向对话协商轨道，争取在协商一致基础上早日达成"准则"

将有力维护南海和平稳定。随后，李克强马不停蹄于 11 月 26 日至 12 月 2 日出席在匈牙利布达佩斯举行的第六次中国–中东欧国家领导人会晤并对匈牙利进行正式访问，出席在俄罗斯索契举行的上海合作组织成员国政府首脑（总理）理事会第 16 次会议。

在共建人类命运共同体这面旗帜的引领下，中国特色大国外交的理论与实践焕发出澎湃活力。瑞士、芬兰、美国、哈萨克斯坦、俄罗斯、德国、越南、老挝、菲律宾、匈牙利，等等，中国领导人穿梭于各个外交舞台，一次又一次掷地有声的演讲、一份份政策文件、一个个合作项目，一步一个脚印，努力为实现中华民族伟大复兴的中国梦营造更大的战略机遇，为推动人类社会发展进步做出重大贡献。

结　语

中国和平发展之路并非坦途，未来中国"两个一百年"奋斗目标的实现同样会遭遇暗礁险滩。中国的国际环境必将更趋复杂，会有越来越多的人看到中国确实带来机会，希望扩大跟中国合作，获取好处；也不排除有人可能制造障碍或事端，企图干扰中国的发展进程。对此，中国必须安不忘虞、未雨绸缪。

中国坚持走和平发展道路，中国的发展不对任何国家构成威胁。中国不"输入"外国模式，也不"输出"中国模式，不会要求别国"复制"中国的做法。中国决不会以牺牲别国利益为代价来发展自己，也决不放弃自己的正当权益，任何人不要幻想让中国吞下损害自身利益的苦果。只有相向而行，才能合作共赢。中国"将坚定不移地走独立自主的和平发展道路，坚定不移地维护国家主权安全发展利益，坚定不移地通过对话谈判妥善解决有关争端。旗帜鲜明地坚持一个中国原则，反对和遏制'台独'分裂图谋，反对任何外部势力干涉中国内政。'外交为民'是我们不变的宗旨，积极维护中国在海外的正当利益，是新时代中国外交的应有之义和应尽职责"①。

新时代中国特色大国外交将迎来新机遇，必然展现新作为，开启新征程，为世界和平与发展大业做出新贡献。源于忧患意识，源于自觉承担更多国际责任的大国担当，源于对中国发展道路成功探索的自信，中国在 21 世纪历史关口，主动倡导构建人类命运共同体，旨在超越零和历史，赢得美好未来。

（《国际问题研究》2018 年第 1 期）

---

① 王毅：《以习近平新时代中国特色社会主义思想引领中国外交开辟新境界》，《人民日报》2017年 12 月 19 日。

中国有话要说

百年新变局　中国新时代

　　2018 年是落实党的十九大精神的开局之年，是中国改革开放 40 周年。"放眼世界，我们面对的是百年未有之大变局。"习近平主席近日在接见 2017 年度驻外使节工作会议代表时如是说。在这场大变局中，中国不是旁观者，而是时不我待的建构者。时代的呼唤和国家的发展要求我们敏锐捕捉时代潮流和国际大势，深入推进中国特色大国外交，不忘初心，激流勇进，确保迎来新的中国时刻。

　　当今国际格局之演变体现于世界多极化加速发展，国际格局日趋均衡，国际潮流大势不可逆转。这是时代进步，是历史必然，也是战略机遇。多极化不断推进，更加均衡协调的国际格局有利于国际关系的民主化，有利于维护世界的和平稳定，有利于促进全球的繁荣发展。

　　西方的平庸让"后西方"秩序不再遥远。西方内生危机加重，国内政治、经济、社会、文化等严重撕裂，抱残守缺，故步自封，积重难返，制度创新遭遇瓶颈。"冷战"结束一度让西方欣喜若狂，"历史终结"的喧嚣不绝于耳，醉心于"不战而胜"。山姆大叔如释重负，尽情享受"历史的假期"，并接连发动战争，热衷对外干涉，搞政权更迭。然而，2008 年金融海啸呼啸而来，摧枯拉朽，满目疮痍直至今日。欧洲一体化的气泡被戳破，多重危机叠加，内外交困，跌入"过度扩张"的陷阱，英国式的"娜拉出走"再添新愁；日本挣扎徘徊，迷失方向。于是有人打出"自我优先"、民粹主义、保护主义旗号，大搞双重标准，对国际多边机制说"不"。今后不排除一些国家为转移国内矛盾而在外寻找替罪羊，制造紧张，挑起冲突。

　　与此形成鲜明对照的是，21 世纪以来一大批新兴市场国家和发展中国家快速发展。新兴经济体群体性崛起为全球治理提供新的选择。面对百年一遇的金融危机，不可一世的"七国集团"自顾不暇，对自己闯的祸无所作为。拯救世界经济的重任落到了有众多新兴经济体参与的二十国集团肩上。它也不负众望，已经崛起为全球经济治理的主要平台。国际金融危机爆发以来，以金砖国家为代表的新兴经济体表现卓著，成为世界经济复苏的重要引擎，贡献率远超发达国家。新兴经济体和发展中国家为全球治理献计献策，积极作为，加强互利合作，奋力推动全球经济联动、包容发展，创新区域合作与多边合作模式，为世界提供新的动力，牵引全球经济迈向更加开放的发展阶段。

新时代中国的表现格外抢眼，成为一个崭新的坐标。一系列中国方案应运而生并化身为国际共识，"一带一路"建设取得了前所未有的重大成就，成为广受欢迎的国际公共产品。中华民族迎来了从站起来、富起来到强起来的伟大飞跃，中华民族伟大复兴的巨轮正乘风破浪，到21世纪中叶中国将成为社会主义现代化强国。作为占世界人口1/5的超大型经济体，中国有智慧、有能力、有信心持续实现高质量发展，创造人类发展史上的奇迹。这是中国的机遇，同样是世界的机遇。

（《人民日报·海外版》2018年1月1日）

中国在下一盘怎样的大棋

中国外交没有彩排，每天都是直播。面对千变万化的国际局势，我们开拓创新、攻坚克难，全面推进中国特色大国外交，贡献新倡议、搭建新平台、扩大朋友圈、斩获新成果，将中国方案巧妙地转化为国际共识，成为"游戏规则"的制定者。世界从未如此专注地倾听中国的声音、关注中国的行动、受惠于中国的付出。

中国方案惊艳世界

今年 5 月在北京举行的"一带一路"国际合作高峰论坛取得巨大成功。论坛发表《联合公报》和《成果清单》，标志着"中国方案"已晋升为"国际共识"，"一带一路"成为国际社会共同的事业。与中国近年来主办的多项国际重大活动不同，"一带一路"完全是中国的"自选动作"，是中国在地球上画出的两道靓丽弧线。

"一带一路"高歌猛进，在国际上引起强烈反响与共鸣，根本原因在于思想理念的先进性与进步性。中国秉持"三共"（共商、共建、共享）、"五通"（政策沟通、设施联通、贸易畅通、资金融通、民心相通）、"五路"（和平、繁荣、开放、创新、文明之路），承载着中国与世界和平发展的共同梦想，精准回应了沿线各国渴望发展、互利合作的迫切愿望。中国要组建的是国际社会的"大家庭"，而不是搞"小圈子"；中国要建设的是各国共享的"百花园"，而不是要营造自己的"后花园"。

中国行动掷地有声

站在新的历史起点上，中国与世界深度互动。国际社会前所未有地期待中国发挥更大作用，中国当然不能缺席。中国积极参与并引领全球治理，这是新形势下维护自身利益的有效路径。近年来，中国在联合国等国际组织和多边场合，越来越主动地建言献策，不仅敢于发声，而且善于发声，成为维护世界和平、促进经济增长、完善全球治理的重要推力。

不仅如此，中国还是脚踏实地、身体力行的实践者。中国提出"一带一路"倡议，建立亚洲基础设施投资银行，创建上海合作组织，主办亚洲相互协作与信任措施会议、亚太经合组织领导人非正式会议、二十国集团峰会等国际会议，创造了多个"第一"，并在其发展历程中留下深深的中国印记。

中国还通过主场外交进行大胆创新尝试。比如，在2016年举办的杭州峰会上，中国开出了让世界经济走上强劲、可持续、平衡、包容增长之路的"中国药方"。为了体现更大的代表性，更多的包容性，中国邀请了历史上最多的发展中国家参与，使发达国家和发展中国家作为平等伙伴同坐在一张桌子上，共同谋划世界经济长远健康发展的大计。这既弥补了二十国集团代表性不足的问题，又有效提升了发展中国家对全球治理的参与度，为二十国集团峰会树立了新的标杆。事实证明这是一个双赢的成功实践，折射了世界经济格局的演变，符合时代发展的潮流，是历史的进步。

"金砖+"模式增光添彩

今年，金砖国家会晤机制进入了中国时间。作为轮值主席国，中国将和各国共同总结经验，规划未来，打造第二个"金色十年"，为促进世界和平与发展贡献"金砖方案"。2017年6月19日，习近平主席会见金砖国家外长时，用"三个超越"指出金砖合作的优势所在：超越了政治和军事结盟的老套路，建立了结伴不结盟的新关系；超越了以意识形态画线的老思维，走出了相互尊重、共同进步的新道路；超越了你输我赢、赢者通吃的老观念，实践了互惠互利、合作共赢的新理念。鉴于此，如何让这次金砖峰会更加出彩，仍需要创新思维，尤其是增强广大发展中国家对金砖机制的认同感。

中国将以"金砖＋"模式为切入点，特别是要在"＋"号上做文章，创造性地搭建与其他发展中国家和国际组织对话协商合作的新机制，为金砖峰会增光添彩。外交部部长王毅强调将探索"金砖＋"的拓展模式，通过金砖国家同其他发展中大国和发展中国家组织进行对话，建立更广泛的伙伴关系，扩大金砖的"朋友圈"，把金砖合作打造成当今世界最有影响力的南南合作平台。

"弄潮儿向涛头立，手把红旗旗不湿"。自改革开放以来，中国与世界的关系经历了"世界走进中国"的进程，今天则到了"中国走进世界"的时刻。中国外交正在从"刺激—反应"型，向主动塑造型转变。尽管世界动荡不安，不确定性比比皆是，但和平仍然可期，这有利于中国的长远发展，而中国的发展则有助于更好地维护世界的和平与稳定。中国倡议的国际化，其生命力在于将自身理念与利益嵌入国际体系之中，形成国际共识。这不仅有利于中国获得更大的制度性权力，增强中国在全球治理体系中的话语权，还有利于推动全球治理向公平合理的方式转变，共建开放、包容、普惠、平衡、共赢的经济全球化。

环顾全球，沧海横流，反全球化、保护主义、以邻为壑、民粹思潮滋生蔓延，无不挑战人们的神经。当有人做减法的时候，中国在做加法。在国际体系深度嬗变的紧要关头，中国没有随波逐流，而是挺身而出，着手推动建立以合作共赢为核心的新型国际关系，构建人类命运共同体，为促进世界经济增长和完善全球治理贡献中国智慧与力量。这不是另起炉灶，也不是要"填补真空"，恰恰是中国的大国担当。

（《环球时报》2017 年 7 月 11 日）

中国特色大国外交激荡世界

党的十八大以来，以习近平同志为核心的党中央站在新的历史起点上，抓住机遇、励精图治、奋发有为，着力推进中国特色大国外交，为实现中国梦营造更加有利的国际环境。5 年来，中国特色大国外交成为当下宏大澎湃的中国叙事，是对世界的激励。

这是一个大发展、大变革、大调整时代，也是一个冲突频仍、动荡不断、恐袭肆虐的时代。国际秩序艰难转型，和平赤字、发展赤字、治理赤字交织，制度供给和创新严重不足，全球治理滞后。面对怒气冲冲的美国、步履蹒跚的欧洲，国际社会对中国的期待达到前所未有的程度，越来越多的人将目光投向中国，期待中国发挥更大作用，提供中国方案。因此，中国不能缺席。

这场大变革为中国深度参与全球治理提供了新的契机，也让中国成为不可或缺的重要力量，让中国的国际地位上升至前所未有的新高度。代表着时代先进性的中国方案，投射出的是中国外交理论和实践的不断创新，是中国国际话语权的底气。

5 年来，中国提出"一带一路"倡议，发起成立亚洲基础设施投资银行、金砖新开发银行，践行正确义利观，推动构建以合作共赢为核心的新型国际关系、打造人类命运共同体，构建遍布全球的伙伴关系网络，倡导共同、综合、合作、可持续的安全观，并积极参与制定海洋、极地、网络、外空、核安全、反腐败、气候变化等新兴领域治理规则。其中，"一带一路"倡议堪称 21 世纪的"凿空之旅"，将中国与世界日益紧密地联系在一起，开辟了合作共赢的新天地。

让人耳目一新的"中国方案"之所以能打动人、引起共鸣，是因为其蕴含超越历史、赢得未来的进步意义。其本质是要合作而非对抗，要共赢而非零和，要伙伴而非结盟，要建"大家庭"而非"小圈子"，要造"百花园"而非"后花园"。

中国以中国方案为引领，以主场外交为抓手，以创新为驱动，通过G20杭州峰会、"一带一路"国际合作高峰论坛等，成功地把中国方案转化为"国际行动"。中国积极运用议题和议程设置的主动权，打造亮点，突出特色，引导峰会形成一系列具有开创性、机制性的成果。上述成果就是中国提供的全球公共产品，为世界经济指明方向、为全球增长注入动力、为国际合作搭建平台。

中国特色大国外交源于对自身道路、理论、制度、文化的自信坚如磐石。中国之所以从容不迫、披荆斩棘，成就辉煌，正是因为这一制度蕴藏的勃勃生机与活力。新中国的成立，让中国人民站起来；改革开放近40年的巨大成就，让中国人民富起来；如今中国正昂首挺胸，阔步走在强起来的大路上。面对风云变幻的国际形势，作为现行国际秩序的维护者、建设者和贡献者，中国将谋局、谋势、谋发展，增强在国际上说话办事的实力。

历史像一面镜子，映照出国际棋局的变迁。"冷战"结束至今，西方从欢呼"历史的终结"滑向如今郁闷不已的"后西方""后秩序"，"黑天鹅"接连不断地出现，又被自以为是的西方中心主义的傲慢遮蔽了双眼，削弱了其自我反省和批判的能力。事实上，西方遭遇制度困境，落入了唯我独尊、故步自封、零和思维的陷阱。不仅如此，近些年来，西方还热衷于向其他国家和地区输出民主制度，但由于水土不服，开出的却是社会分裂、国家衰败乃至地区动荡的恶之花。这使西方曾经坚不可摧的信念不可避免地出现裂痕，引发信仰危机。

今天中国的外交舞台从未如此广阔。诚如习近平总书记指出，中国共产党人和中国人民完全有信心，为人类对更好社会制度的探索提供中国方案，为人类不断做出新的更大的贡献。

（新华网评"不平凡的九件大事"系列

评论之八，2017 年 8 月 14 日）

党的十九大后中国外交的"四新"何在

　　2017 年的国际形势，似乎可以用欧阳修的一句话来形容："聚散苦匆匆，此恨无穷。"有聚有散是今年国际形势最大的特点，而且两者总是相互依存和交叉着的。特朗普上台后做的第一件事就是"散"，从多边协议或机构抽身，被称为"退出主义"。与此同时，面对复杂多变的全球性挑战，全球治理呼唤新的方案，以便更能反映当前国际权势的对比变化，以及更有效地趋利避害，因此"聚"和"散"这两种力量在撕扯、在博弈，对国际形势带来了复杂影响。

　　在这种背景下，中共十九大以后，中国外交将显示以下四个鲜明的特点：

　　第一，进入新时代。"新时代"是党的十九大的重要表述，随着中国特色社会主义进入新时代，中国外交也必将进入新时代。新时代外交"新"在何处？要适应的是什么新变化？一是适应中国从"站起来""富起来"到"强起来"的历史演进。这指的是"中国日益走近世界舞台中央，不断为人类做出更大贡献的时代"。中国外交必须体现这一更高的新要求，这需要中国进一步向国际社会提供更多的公共产品。二是在今后 5 年，中国将进入"两个一百年"的历史交汇期，而中国外交也将经历一个承上启下的大转型。这种转型将从应对型向塑造型转变，这一转型又恰逢中国正处在一种极其独特的历史方位。2018 年，中国将要隆重纪念改革开放 40 周年，在改革和开放两方面都将有大的动作，中国外交需要适应并充分反映这样一种中国历史新方位，必将有一个新发展。

　　第二，面临新机遇。党的十九大报告指出我国发展仍处于重要战略机遇期。此前，我们说 21 世纪头 20 年是必须紧紧抓住而且可以大有作为的战略机遇期，2020 年转瞬即至，那么，2020 年之后是否仍然存在战略机遇期呢？如果存在，它与过去是不是一回事？对此党的十九大给出了答案。

我相信这个战略机遇期确实存在。换言之，国际总体形势的变化发展对中国是利大于弊。一是国际秩序在和平转型，或者说国际秩序的转型给中国的更大发展提供了非常难得的空间。二是大国之间保持了一种大致的战略稳定，没有爆发冲突的可能。三是宏观经济环境逐渐趋好，互利合作是大势所趋。但是今后的战略机遇期和以前不同的地方，在于要更多地靠我们自己去创造、去争取，而非守株待兔。

第三，强化新自觉。今天我们看国际大势时，发现西方落入平庸的陷阱，缺乏理论创新、制度创新的动力甚至灵感。过去西方主导世界，靠的是垄断性的话语权和议程设定权，靠的是它们源源不断提出新的倡议，主导国际事务的议程的设置，固化它们的话语权。过去西方经常称国际事务问题"都是你们制造的"，它们才是"问题的解决者"，但是今天世界上面临这么多且与过去不一样的新问题，很多问题本身就是西方自己制造的，例如金融危机就是美国制造的，怪不了别人，但是它们又拿不出好的办法，必须依靠包括中国在内的广大发展中国家挺身而出才能有效应对，这就是二十国集团诞生的原因。当然这种情况给了中国等广大发展中国家一种新的成长机会。

还有美国，正在上演"美国反对美国"的战争，这场战争是美国自己在反对自己，今天特朗普的美国在反对过去的美国。我一直在好奇：特朗普对美国的改变是长久性的，还是暂时性的？换句话说，是不是过 4 年或 8 年，新人上台，又会扭转这种状态？我最近与一些美国人交流时，不少人认为美国的变化将是长久性的。即使 4 年或 8 年以后再上来一个新人，恐怕也很难回到从前。特朗普上台之后，确实带来了很多变化，美国人自身都很难适应。我觉得"美国反对美国"带来的更大震动恐怕还不在美国本身，而是对世界，特别是对它的盟友和联盟体系带来的是一场巨大的震动。

在这种情形下，国际社会对中国的期待在增加，希望中国能够承担更大的责任，做得更多一些。所以中国要有一种新的历史自觉，考虑今天的中国已经和世界空前紧密地联系在一起，承担更大的责任不只是满足别人的要求，更重要的是，这样做才能更好地维护和推进中国的利益，是两全其美的事情，所以中国将进一步展现这种新的历史自觉。

第四，踏上新征程。紧接着党的十九大胜利闭幕之后，中国外交有两大动作，一是成功接待了特朗普的来访，二是习近平总书记的成功出访。这两大动作发出了非常明显的信号。首先，中国追求大国的协调和合作。在特朗普访华之前，中国接待了俄罗斯总理梅德韦杰夫，他来华参加中俄总理定期会晤。中俄关系确实太重要，俄罗斯是中国的最大邻国，这样的安排实际上就是表明中国同样重视俄罗斯的感受以及中俄关系的长远发展。特朗普到中国短短两三天里，发了不少"感谢中国"的推文。在中美关系一度不被看好的情况下，特朗普成功访华实际上是一个惊喜。我不能说中美关系今后就一帆风顺，但迄今为止，我们能把这一关系稳住，采取这样大手笔的利益捆绑，把中美关系大船的基本航向稳住，这的确是一个巨大的成果。

其次，提升中国与周边的密切合作关系。中国将继续按照与邻为善、以邻为伴的方针深化同周边国家的合作关系。党的十九大后，习近平总书记访问了周边两个国家越南和老挝，进一步夯实同两国的战略合作，推进构建具有战略意义的共同体。在过去的基础上，现在我们把打造周边关系的努力与推动构建人类命运共同体结合在一起。如果同周边国家的命运共同体都建立不起来，怎么能构建人类的命运共同体呢？这就是眼下中国大力推进周边外交的逻辑链条。

由此可见，我觉得党的十九大以后，中国外交将以"四个新"为标志，迈进了新时代、迎来了新机遇、增添了新的自觉、踏上了新的征程。

（《世界知识》2017 年第 24 期，原标题为
《"四新"点亮十九大后的中国外交》）

解读成功密码　讲好中国共产党故事

2017 年 11 月 30 日至 12 月 3 日，中国共产党与世界政党高层对话会在北京举行，来自 120 多个国家近 300 个政党和政治组织的领导人相聚北京，围绕"构建人类命运共同体、共同建设美好世界：政党的责任"这一主题，共商合作发展大计，分享治党治国经验。中共中央总书记、国家主席习近平在开幕式上发表《携手建设更加美好的世界》的主旨讲话，立意高远，引起强烈反响。此次对话会，中国共产党以"请进来"的方式与世界各政党进行交流对话，全面介绍中共十九大精神，体现了中国共产党开放包容的胸襟，旨在向世界讲好中国共产党的故事。

国际格局正在发生深刻复杂变化，国际思潮波涛翻滚，特别是"冷战"结束 20 多年来，世界目睹了"历史终结论"的终结、"中国崩溃论"的崩溃。中国特色社会主义取得的伟大成就举世瞩目，13 亿多中国人民书写了前所未有的成功故事，中国人民实现了从站起来到富起来，如今正大踏步走在强起来的路上。世界将因此而改变。错过中国，就将错过未来。如此多的政党和政治组织领导人齐聚北京，为的是寻求解开"中国为什么能"的谜底。显然，要认识日新月异的中国、破解中国成功的密码，就必须认识和了解中国共产党。

中国是世界上最大的发展中国家，在短短 30 多年里成为世界第二大经济体，创造了人类社会发展史上惊天动地的发展奇迹，中华民族焕发出新的蓬勃生机。中国共产党领导中国人民取得的伟大胜利，必须放到 5000 多年的中华文明、500 年的社会主义主张、60 多年的新中国建设这样的历史维度上来观察。

2016 年 7 月 1 日，习近平总书记在庆祝中国共产党成立 95 周年大会上发表重要讲话强调，中国产生了共产党，这是开天辟地的大事变。

中国共产党自创立起，其初心和使命一直没改变，就是为中国人民谋幸福，为中华民族谋复兴，同时还要为人类社会的进步事业而奋斗。可见，实现中华民族伟大复兴、实现"两个一百年"奋斗目标，与世界、人类命运密切相关，中国的和平发展是世界和平发展必不可少的组成部分，又将受惠于世界和平发展的红利。中国共产党实力"圈粉"，但中国不"输入"外国模式，也不"输出"中国模式，不会要求别国"复制"中国的做法。这体现了中国共产党坚定的道路自信、理论自信、制度自信和文化自信。

此外，习近平提出构建人类命运共同体的倡议，交出了人类和平发展的中国答卷。中国共产党把推动构建人类命运共同体写入党章，中国共产党人和中国人民完全有信心、有实力为人类探索更好的社会制度提供自己的成功实践。习近平在主旨讲话中表示，我们倡议世界各国政党同我们一道，做世界和平的建设者、全球发展的贡献者、国际秩序的维护者。这包括要努力建设一个远离恐惧、普遍安全的世界；努力建设一个远离贫困、共同繁荣的世界；努力建设一个远离封闭、开放包容的世界；努力建设一个山清水秀、清洁美丽的世界。这显示了中国共产党先天下之忧而忧、后天下之乐而乐的宽广胸怀。

总之，中国共产党与世界政党高层对话会开创了新时代政党对话的新平台，将调动世界各国政党积极性，共商共议、平等交流，求同存异，凝聚智慧，共同应对人类面临的难题和挑战，携手构建人类命运共同体，建设一个更加美好的世界。

（《人民日报·海外版》2017 年 12 月 4 日）

2013 年中国转型外交：全球着眼、周边着力

　　2013 年中国外交经历重要的转型。继党的十八大之后，"两会"成功召开，确立了以习近平同志为核心的新一届中央领导集体，党的十八届三中全会为深化改革画出了蓝图。新一届中央领导集体在保持外交大政方针延续性和稳定性的基础上，加强了顶层设计，呈现全球视野、锐意进取、创新开拓的清晰轮廓。中央召开了周边外交工作会议，尤其突出了经略周边在我国发展大局和外交全局中的关键作用。

　　一年来，中央新一届领导集体通过"走出去""请进来"和"多双边结合"，奋力开创新局面。"在全国'两会'之后短短 8 个多月来，习近平主席、李克强总理出访亚非欧美四大洲 22 个国家，接待 64 位外国元首和政府首脑来华，同 300 多位外国政要会见交流，我国与各国达成近 800 项合作协议，有力推动了中国同世界各国关系的发展。"[①] 这充分体现了中国自信、务实、开放、合作，标志着中国外交已进入了一个新的历史阶段。

一、新视野新理念

　　习近平主席倡导的中国梦，凝聚为实现"两个一百年"的阶段性目标，体现了与时俱进的中国观和中国的世界观。这基于对两个大势的判断，即和平、发展、合作、共赢的国际大势与富强、民主、文明、和谐的国内大势。

---

① 《开启中国外交新征程——王毅外长在"新起点、新理念、新实践——2013 中国与世界"研讨会上的演讲》，外交部网站，2013 年 12 月 16 日。

习近平主席和李克强总理多次出访，足迹遍及亚非拉欧美各大洲，可谓新一届中国领导人外交的开篇之作，展现了中国的国际视野与全球胸怀，其起承转合寓意高远。其出访路线图着眼为中国梦编织更加广阔的国际空间，起于中国周边，远至辽阔的非洲、美洲大陆，跨越中国与大国、周边、发展中国家以及多边外交的经纬。中国新一届最高领导人在国际舞台甫一亮相，便成舆论关注的焦点，各方均试图从中探寻出中国大外交的"密码"。

10月24日至25日，周边外交工作座谈会在北京召开，这是党中央为做好新形势下周边外交工作召开的一次重要会议。中共中央总书记、国家主席、中央军委主席习近平在会上发表重要讲话。他强调，做好周边外交工作，是实现"两个一百年"奋斗目标、实现中华民族伟大复兴的中国梦的需要，要更加奋发有为地推进周边外交，为我国发展争取良好的周边环境，使我国发展更多惠及周边国家，实现共同发展。准确把握周边外交工作面临的新形势、新目标、新任务，不断增强工作的积极性、主动性、创造性，齐心协力、真抓实干，切实把中央对周边外交工作的大政方针和各项部署落到实处。

早在2012年12月5日，习近平当选中共中央总书记后首场外事活动中，就对在华工作的外国专家代表强调，中国走的是和平发展道路，中国的发展不是自私自利、损人利己、我赢你输的发展，对他国、对世界绝不是挑战和威胁。中国绝不会称霸，绝不搞扩张。这本身就是对世界和平的有力维护。这说明，中国梦的实现需要坚定地走和平发展道路，需要和平稳定的国际环境。

中国梦并非"超级大国"梦。中国30多年改革开放的进程，就是融入当前的国际体系的进程；中国要成为现有体系的建设者，而非颠覆者。尽管现有体系并不完美，还有不少需要改进的地方，特别是发展中国家的发言权有待进一步增大，但中国一直在努力融入这一国际体系，这既是对现存体系的肯定与接受，也受益于此。当然，中国的加入也大大增强了该体系的合法性和完整性。总的看，这个体系的稳定对中国的发展利大于弊，而且还预留了可供中国进一步发展成长的空间。

中国自身的变化就是推动国际体系转型的重要力量。中国已是世界第二大经济体，在许多问题上必须清晰地发出中国声音；预计中国十年之后的整体实力，会比现在有一个明显的提升，将有助于推动全球力量对比的均衡化；中国必将承担并发挥更多的国际责任。中国在坚持奉行独立自主的和平外交政策的同时，将更主动地参与国际及地区热点问题的解决，这符合中国人民和世界人民的根本利益，顺应时代发展的潮流。

中国的发展呼唤新的更大开放。对中国而言，还面临如何让中国经济实力凝成外交力量、让中国实力转化为制度性力量的任务，同时这种转型又不能被误读为挑战国际体系。世界需要时间适应一个不断成长的中国，中国需要让国际社会更均衡地理解中国的发展。中国将继续做当代国际秩序和公认国际关系准则的维护者，同时更积极有为地参与国际体系的变革与完善。

二、大国关系重引导

全球力量分散化趋势加快，其特点是由霸权力量向多个力量中心分散，这一演变趋势愈益明显。全球政治、经济版图正在进行历史性重组，而全球治理机制却明显滞后，跟不上现实变化与时代要求。换言之，这为大国提供了更大的合作平台，而合作也更能有效地实现自身利益。

中国正在构建有中国特色的大国外交。中国将积极构建新型大国关系，为实现世界持久和平不懈努力。中国提出建立不冲突、不对抗，相互尊重，合作共赢的新型大国关系，这本身就具有鲜明的时代特征和历史的针对性。这种对大国关系兼具主动塑造未来与管控分歧的内涵，为的是致力于建立可持续发展的国际安全与新秩序，优化全球治理模式。

先俄欧印再美国，庄园会晤开先河。俄罗斯兼具大国与周边国家的双重属性，在中国外交布局中地位独特。由于互为最大邻国，互为战略依托，中俄走近的动力主要源于两国的自身发展需要，合作潜力巨大，在投资、能源、高科技创新等领域尤其突出。习近平主席首访即选择俄罗斯。一年中，中俄元首五次会面，有力地强化了中国与俄罗斯的全面战略协作伙伴关系。中国目前正以俄罗斯为主要供应方，打造东北方向的能源进口战略要道。双方均把对方的发展视作机遇，中俄战略协作伙伴关系的内涵不断丰富，水平不断提升。李克强总理的第一次外访选择了印度与欧洲。中印关系在 2013 年实现了两国总理互访，这是自 1954 年以来的首次。李总理还访问了德国，并与瑞士签署了自由贸易协定。

在上述外交行动的铺垫之下，中美元首"不打领带的会晤"登场，则倍加引人注目。6 月 7 日至 8 日，美国加利福尼亚州安纳伯格庄园吸引了全球的目光，因为中国国家主席习近平同美国总统奥巴马，在这里举行了一场别开生面的首脑会晤。中美双方领导人在两天的充足时间里，在自然放松的环境下，寒暄、交谈，让沟通更深入、更透彻、更坦诚。两国领导人会谈时间超过八小时，所谈内容广泛，从各自的国内情况到地区及全球问题。这种会晤形式是中美建交 30 多年来的头一次，是两国元首加强交流的一次创举，是中美关系逐渐走向务实的体现。习近平主席同奥巴马总统两次会晤，拜登副总统访华，两国第五轮战略与经济对话、第四轮人文交流高层磋商成功举行，中美双边投资协定谈判进入实质性阶段，反映了双方对建立新型大国关系的期待。

中美关系毫无疑问是当今世界最重要的双边关系之一，双方面临前所未有的机遇，同时也需要克服前所未有的困难。习近平主席就建立新型大国关系，与美国总统奥巴马进行深入探讨。此举旨在加强对两国关系未来的引领与塑造。而两国元首通过面对面的直接交流与对话，共同规划中美关系的路线图，对两国关系下一个十年的发展具有定调的作用，其意义将随着时间的推移更加清晰地展现于世。

中欧领导人会晤顺利举行，并达成面向 2020 年的合作方案。欧洲理事会主席范龙佩和欧盟委员会主席巴罗佐于 11 月 20 日至 21 日来华出席第 16 次中国欧盟领导人会晤。双方就战略伙伴关系、各自国内发展和经济形势、贸易和投资关系、双边合作、国际和全球性问题坦诚交流，并取得积极成果。双方共同宣布启动中欧投资协定谈判，共同制定《中欧合作 2020 战略规划》，确定了中欧在和平与安全、繁荣、可持续发展、人文交流等领域加强合作的共同目标，这必将促进中欧全面战略伙伴关系在未来数年的进一步发展。中国-中东欧国家领导人会晤于 11 月 26 日在罗马尼亚首都布加勒斯特举行，李克强总理率团出席，围绕"合作共赢，共同发展"的主题，共商合作发展大计。这既是新兴力量之间的合作，也是增强中欧合作的一个重要组成部分。

三、周边外交重经略

中国将拓展周边关系作为新时期中国对外政策的优先方向，为我国的发展塑造更加和平、稳定、繁荣的周边环境，也推动我国的发展更多惠及周边国家。2013 年 10 月，中国召开了新中国成立以来首次周边外交工作座谈会，确立了今后 5 至 10 年中国周边外交的战略目标、基本方针和总体布局，统合思想认识，为周边外交开辟了更加广阔的前景。习近平在周边工作会议上指出，我国周边外交的基本方针，就是坚持与邻为善、以邻为伴，坚持睦邻、安邻、富邻，突出体现亲、诚、惠、容的理念。他还强调，要着力维护周边和平稳定大局。走和平发展道路，是我们党根据时代发展潮流和我国根本利益做出的战略抉择，维护周边和平稳定是周边外交的重要目标。

从外交实践看，无论是习近平，还是李克强的第一次出访，都不约而同地选择周边国家为第一站。2013 年，中国同周边 20 多个国家开展国家元首和政府首脑级别交往，基本实现了高层交往全覆盖。这并非巧合，说明新一届中央领导集体对中国周边外交的格外重视。围绕周边，中国领导人的出访，以及外国领导人的来访，均高潮迭起，精彩纷呈。

亚洲已成为促进世界经济复苏的重要引擎，而中国是亚洲发展的重要动力。习近平主席访问了印尼、出席亚太经济合作领导人会议，李克强总理出席第 16 次中国–东盟领导人会议、第 16 次东盟与中日韩领导人会议和第八届东亚峰会，并对文莱、泰国、越南进行正式访问。

中国领导人分别提出多项倡议，释放善意，体现了中国的负责任意识。如愿意同东盟国家"商谈缔结睦邻友好合作条约"，打造中印缅孟经济走廊、中巴经济走廊，并提议在东盟建立 21 世纪"海上丝绸之路"，等等；针对中亚，另提出"丝绸之路经济带"构想。

陆海两条"丝绸之路"成功构建的保证是互联互通。在这一背景下，中国倡议筹建"亚洲基础设施投资银行"，向本地区发展中国家基础设施建设提供资金支持。这是在以实际行动表明，中国将以自身的发展带动地区的发展，促进本地区互联互通建设和经济一体化进程。

中国领导人每一次出访，都是一次对中国和平发展外交的宣介，传递中国和平发展理念，不回避问题，努力打消周边国家的疑虑。李克强接受采访时曾说，理解周边国家的担心，但中国不会重蹈"强国必霸"的历史。他说："时代不同了，世界进入 21 世纪，和平与发展的大势更加稳固。中国正是在一个和平大环境中成长起来的，也是以和平方式走向复兴，我们没有理由改变自己和平发展的轨迹。"[1] "中华民族没有扩张称霸的传统，几千年来形成了亲仁善邻、以和为贵、和而不同的理念，这也是中国与邻为善、以邻为伴周边外交方针的历史根基。"[2]

一段时间以来，个别国家试图改变南海的现状，挑起争端。南海问题的核心是围绕南沙群岛部分岛礁的主权争议和南海部分海域的划界争议，这是多年积累下来的一道难题，涉及中国和部分东盟国家之间的双边分歧。中国政府走和平发展道路的决心坚定不移，维护国家主权和领土完整的意志不可动摇。李克强说："中国坚持不懈地同相关国家和东

---

[1][2] 《中国国务院总理李克强接受东盟国家媒体联合采访》，新华社，2013 年 10 月 8 日。

盟对话，寻求维护地区稳定的有效途径。"① "中方对南海航行自由高度重视，对其安全保障十分关心，实事求是地看，南海存在的领土争议对国际航路没有构成什么影响。中国将继续积极倡导和参与地区海上合作，包括海上安全合作，维护这里的和平与安宁。"② 为体现务实灵活，中国与东盟国家就南海各方行为准则进行了磋商。中国主张在充分尊重历史事实和国际法的基础上，通过对话和谈判寻找妥善解决办法。中方同东盟国家在落实《南海各方行为宣言》框架下启动"南海行为准则"磋商，同文莱、越南就推进共同开发与海上合作达成一致，维护了南海的和平稳定。

随着自身的发展，中国除贡献经济增长和繁荣之外，还要贡献思想与方案，以赢得国际社会的理解与认同。中国领导人近期的东南亚之行及不懈的宣讲、一系列预防性外交，争取了主动，再次向亚洲乃至世界传递了中国信心，也推动着亚洲的合作和发展进入新局面。同时，与东盟国家讲信修睦，坚持与邻为善、以邻为伴的外交方针，将继续并主动地与周边国家分享中国发展的红利，消除东盟国家对中国的疑虑；以实际行动表明，中国愿与东盟成为兴衰相伴、安危与共、同舟共济的好邻居、好朋友、好伙伴。

2013 年 11 月 23 日，中国政府根据 1997 年 3 月 14 日《中华人民共和国国防法》、1995 年 10 月 30 日《中华人民共和国民用航空法》、2001 年 7 月 27 日《中华人民共和国飞行基本规则》，宣布划设东海防空识别区。此举有利于中国更有效地维护领空安全和海洋权益，并为中国在钓鱼岛及其附属岛屿进行海空常态化监视、监测及宣示主权提供法理依据。

四、坚持正确的义利观

中国深化同发展中国家的合作格外引人注目。习近平主席与李克强

---

①② 《中国国务院总理李克强接受东盟国家媒体联合采访》，新华社，2013 年 10 月 8 日。

总理的出访都将非洲、拉美、亚洲等发展中国家放在相当重要的位置。中国与亚非拉的发展中国家在政治、经济、人文交流等方面都有了新的突破。

习近平主席访问坦桑尼亚等非洲三国,会见十多位非洲国家领导人。习近平主席分别在多场演讲中充分阐述了中国对非洲、拉美、东盟的关系,宣布了一系列支持非洲的新措施,签署了40多个合作文件,包含了一批有利非洲国计民生的大项目。非洲国家领导人有力批驳所谓中国在非洲推行"新殖民主义"的谬论,高度赞赏中国奉行的对非政策。习近平主席出访墨西哥等拉美三国,签署24项合作文件,与加勒比地区八国领导人分别举行双边会谈,宣布支持加勒比国家经济和社会发展的一系列新举措,受到各方热烈欢迎。

当然,中国重视多边外交的作用,并积极参与其中。金砖国家、上海合作组织和二十国集团,都是中国参与创立的重要国际机制,均是中国主要借重的国际多边平台,对拓展和塑造中国与世界的关系颇具特殊意义。王毅外长说:"中国将大力弘扬新型义利观,构建与发展中国家的命运共同体。"①

在可见的将来,中国的国力将进一步发展,也可能在某些方面取得突破,尽管如此,中国仍将长期属于发展中国家,正缘于此,加强同发展中国家的合作友好关系更具战略性。

五、热点问题不缺席

中国将更积极地参与国际和地区热点问题的处理,为维护世界稳定与安宁承担应尽责任。中国在国际热点问题上不缺席,不失声。在朝核、叙利亚核、伊朗核等问题上,中国都坚定维护国际关系基本准则,维护公平正义,反对战争和强权,为东北亚安全和稳定、叙利亚问题重

---

① 《王毅:中国特色大国外交之路》,中国共产党新闻网,2013年8月9日。

回政治解决轨道、六国与伊朗达成协议发挥了积极作用。在应对气候变化、能源、粮食等跨界问题上，中国也无处不在，表现出了一个大国的担当。

在维护朝鲜半岛的和平稳定上，中国与各方共同努力，缓解了朝鲜半岛的紧张局势，积极推动重启六方会谈，为维护地区和平稳定发挥了至关重要的作用。就在2013年初朝鲜半岛形势剑拔弩张之时，习近平主席于4月7日在博鳌亚洲论坛2013年年会开幕式主旨演讲中指出，不能为一己之私把一个地区乃至世界搞乱。外交部部长王毅于4月6日同联合国秘书长潘基文通电话，在谈及朝鲜局势时说：我们反对任何一方在这一地区的挑衅言行，不允许在中国的家门口生事。

中国积极参与关于伊朗核问题的谈判，推动伊核协议的达成。2013年11月24日，伊朗与六国在瑞士日内瓦就解决伊朗核问题达成一项阶段性协议。中国在推动叙利亚问题的对话上也表现出了负责任的态度与立场。中国支持"以化武换和平"的努力。王毅强调，政治途径解决叙利亚问题是唯一现实出路，要在叙国内、地区、国际三个层面做出努力，推动尽快举行第二次叙利亚问题日内瓦会议，全面落实《日内瓦公报》；叙问题政治进程与销毁化武工作应并行推进；中国将继续为此发挥积极和建设性作用。[①]

中国支持阿富汗和平重建进程。中国还是国际发展事业的贡献者，积极参与制定2015年后发展议程，为应对气候变化等全球性问题提出中国方案、做出中国的贡献。

六、小结

2013年中国外交最显著特点是首脑外交。习近平主席和李克强总

---

① 参见《王毅：要在叙国内、地区、国际三个层面推动政治解决叙利亚问题》，中国政府网，2013年10月31日。

理每一次出访都精心设计，以点代面，相互呼应，展现合作、自信与责任，效果显著。党的十八届三中全会决定设立国家安全委员会，完善国家安全体制和国家安全战略，确保国家安全。这是中国国家安全体制机制的一大创新举措，将是对中国国家安全的全方面维护，为提升中国外交的质量提供了机制保障，必将产生深远影响。

与此同时，中国外交坚持以人为本、外交为民的理念，切实维护中国公民的海外合法权益。事实上，中国外交只有植根人民，造福人民，才能得到人民的信任与支持，才能有人气、有底气，立于不败之地，获得前进动力。

王毅外长在总结 2013 年中国外交时说，在继承新中国外交传统和大政方针基础上，以习近平同志为总书记的党中央主动谋划，积极进取，勇于担当，开拓创新，推动中国外交实现良好开局。中国的国际地位得到进一步提升，中国的战略影响得到进一步增强。新形势下的中国外交，以更为宽广的视野、更富进取的姿态，在全球范围内展开。[1]

总之，今天的中国已经站在世界聚光灯下，世界期待中国为维护世界和平、促进共同发展做出更大贡献。中国正努力把握自身国情与世情的结合点，找准中国利益与世界各国利益的汇合点，通过更为主动、积极有为的外交实践，回应国际社会的期待。

（中国国际问题研究所：
《国际形势与中国外交蓝皮书（2014）》
世界知识出版社 2014 年版）

---

[1] 《开启中国外交新征程——王毅外长在"新起点、新理念、新实践——2013 中国与世界"研讨会上的演讲》，外交部网站，2013 年 12 月 16 日。

2014 年中国外交炫彩夺目

2014 年中国外交好戏连台，炫彩夺目。亚洲相互协作与信任措施会议（简称"亚信会议"）第四次峰会在上海举行，中国提出了亚洲新安全观；亚太经合组织（APEC）第 22 次领导人非正式会议在北京举行，描绘了亚太梦想新蓝图。中国主场外交硕果累累，伙伴关系更上一层楼，政治安全与经贸合作"双轮"驱动，相得益彰。中欧打造和平、增长、改革、文明四大伙伴关系，中美新型大国关系迎来"早期收获"，金砖银行与亚洲基础设施投资银行（简称"亚投行"）并驾齐驱。中央外事工作会议为中国新外交指明了方向。

一、倡导亚洲新安全观

亚信会议是亚洲覆盖范围最大、成员数量最多、代表性最广的亚洲地区安全论坛，第四次峰会第一阶段会议于 5 月 21 日在上海举行。中国国家主席习近平主持会议并作主旨讲话，提出构建共同、综合、合作、可持续的亚洲安全观，有助于破解亚洲安全难题，推进本地区国家间的安全合作，为加强亚洲安全贡献了中国方案。

今天的亚洲，是全球最具活力和潜力的地区，是世界经济增长的引擎，但又面临诸多安全隐患，需要认真应对。朝核问题、伊朗核问题、叙利亚内战、领土和领海争端升温，一些国家局势动荡、恐怖袭击和自然灾害频发，传统和非传统安全威胁叠加，影响着亚洲的安全与稳定。不仅如此，"冷战"思维、零和竞争还大有市场。如美国推动"亚太再平衡"、强化军事联盟，日本意欲修宪、解禁集体自卫权等，将自身的安全建立在损害地区安全的基础之上，加剧了亚洲局势的紧张。在此背景下，习近平主席在亚信会议上倡导亚洲新安全观，唤醒了各国对如何实现共同安全的思考与觉悟。

2014年是中国与印度、缅甸共同倡导的和平共处五项原则发表60周年，有关纪念活动在北京举行。习近平主席就新形势下如何更好弘扬这五项原则、推动建立新型国际关系、共同建设合作共赢的美好世界发表重要讲话，强调坚持主权平等、坚持共同安全、坚持共同发展、坚持合作共赢、坚持包容互鉴、坚持公平正义。事实上，和平共处五项原则已经成为国际关系的准则，这是中国、印度与缅甸对丰富和发展国际关系理论所做出的贡献。

2014年10月31日，中国主办阿富汗问题伊斯坦布尔进程第四次外长会，此乃中国首次承办关系阿富汗的大型国际会议。中国国务院总理李克强出席开幕式并提出五点主张，即坚持"阿人治阿"；推进政治和解；加快经济重建；探索发展道路；加强外部支持。[①] 中国外交部部长王毅表示，阿富汗正处于政治、安全、经济三重过渡期，既呈现重要机遇，又面临严峻挑战。本次外长会发出坚定支持阿富汗平稳过渡和安全发展的信号，以促进阿富汗和本地区的持久和平与稳定。阿富汗总统阿什拉夫·加尼·艾哈迈德扎伊在就任总统不到一个月之际，便出访中国。双方签署了多项经济技术合作协定等文件，并发表关于深化中阿战略合作伙伴关系的联合声明。

可见，中国在国际安全领域正发挥着越来越明显的作用，中国领导人所阐述的亚洲安全观是开放包容的安全观，着眼于为亚洲的安全合作提供新的视角，展现了大国担当。

二、APEC打上中国印

11月，亚太经合组织第22次领导人非正式会议在北京举行。中国

---

① 参见《李克强：在阿富汗问题伊斯坦布尔进程第四次外长会开幕式上的讲话》，外交部网站，2014年10月31日。

时隔 13 年再当东道主，世界看亚太，亚太看中国。如何为"后危机时代"的世界经济增长注入新动力？如何整合亚太地区名目繁多的经贸机制，趋利避害？如何通过合作来塑造亚太地区的伙伴关系，消除本地区地缘政治的紧张与摩擦？诸多问题扑面而来，期待在北京找到答案。

中国积极倡导亚太合作新思路，着力构建面向未来的亚太伙伴关系。习近平主席在 APEC 工商领导人峰会上的主旨演讲，描绘了亚太梦想，强调坚持亚太大家庭精神和命运共同体意识，顺应和平、发展、合作、共赢的时代潮流，共同致力于亚太繁荣进步，传递了中国信心。

会议通过了《北京纲领：构建融合、创新、互联的亚太——亚太经合组织领导人宣言》和《共建面向未来的亚太伙伴关系——亚太经合组织成立 25 周年声明》（简称《声明》）。《声明》是亚太经合组织历史上第一份纪念性声明，为实现亚太自贸区建设，APEC 将开启为期两年的亚太自贸区实现战略研究，研究结果将提交于 2016 年底召开的 APEC 部长级会议。中国提出的"全球价值链、供应链合作"倡议，得到了 21 个经济体的赞同，并确定了"到 2015 年供应链效益增长 10%"的目标。

在 APEC 会议期间，中国专门举办了旨在加强互联互通伙伴关系的对话会。孟加拉国、巴基斯坦、缅甸、柬埔寨、老挝、塔吉克斯坦、蒙古国均派国家元首或政府首脑与会，联合国亚太经社会和上海合作组织也派代表参加。习近平主席指出要实现亚洲国家联动发展，并宣布中国将出资 400 亿美元成立丝路基金，为"一带一路"沿线国家基础设施、资源开发、产业合作和金融合作等与互联互通有关的项目提供融资支持。这有助于调动非 APEC 成员的亚太国家的积极性，实现共同发展。

在世界经济换挡的时刻，中国扮演了领舞者角色，重新校准了 APEC 的焦距。随着中国国际地位的跃升，国际社会希冀中国发挥更大作用，承担更多责任，而中国正以实际行动来回应这一呼声。为开好此次 APEC 会，中国提出 50 多项倡议与方案，涉及区域经济一体化、经济创新发展与改革、互联互通等，确保了会议的高质量。综观会议成果，将为亚太经合组织合作提供强有力的战略指引，进一步明确了未来的发展方向，巩固了 APEC 在亚太经济合作中的引领和协调作用。

三、塑造紧密伙伴关系

中欧决定构建和平、增长、改革、文明四大伙伴关系。中欧人口之和占世界总人口的 1/4，经济之和占世界经济总量的 1/3。有 28 个成员国的欧盟是中国的第一大贸易伙伴，中国是欧盟的第二大贸易伙伴。3 月 22 日至 4 月 1 日，习近平主席对荷兰、法国、德国、比利时进行国事访问，出席在荷兰召开的核安全峰会，访问联合国教科文组织总部、欧盟总部。此次出访旨在进一步增进了解，推动中欧进行更大程度的融合。习近平主席强调，要从战略高度看待中欧关系，将中欧两大力量、两大市场、两大文明结合起来，共同打造中欧和平、增长、改革、文明四大伙伴关系。同时，中国面临如何向欧洲及世界说明中国的课题。习近平主席在欧洲学院着重介绍如何看待一个真实的中国，并在中法建交 50 周年纪念大会上的讲话中，将中国形容为"和平的、可亲的、文明的狮子"。

2014 年 4 月，中国政府发表《深化互利共赢的中欧全面战略伙伴关系——中国对欧盟政策文件》，规划今后 5 到 10 年合作蓝图。这是中国政府自 2003 年 10 月发表首份对欧盟政策文件以来，发表的第二份对欧政策文件，旨在推动与深化中欧全面战略伙伴关系的发展。文件认为中欧是维护世界和平的两大力量；是促进共同发展的两大市场；是推动人类进步的两大文明。"中欧关系面临新的历史机遇。深化互利共赢的中欧全面战略伙伴关系，将为双方各自发展提供助力，并为世界的和平与繁荣做出重要贡献。"①

中国领导人将周边作为出访的重要选择，除俄罗斯外，"点穴式"出访韩国与蒙古，以及印度、斯里兰卡、马尔代夫、澳大利亚等，推动中印、中澳等伙伴关系升级换代。2014 年 9 月 18 日，习近平主席在印度发表题为《携手追寻民族复兴之梦》的演讲时，提出"中印两国要做更加紧密的发展伙伴、引领增长的合作伙伴、战略协作的全球伙伴"。他强调，中印两国要做更加紧密的发展伙伴，共同实现民族复兴。中印两国要做战略协作的全球伙伴，推动国际秩序朝着更加公正合理的方向发展。11 月 17 日，习近平主席同澳大利亚总理阿博特举行会谈，决定建立中澳全面战略伙伴关系，为未来两国关系发展指明方向，并宣布实质性结束长达 9 年的中澳自由贸易协定谈判。20 日，习近平主席在惠灵顿同新西兰总理约翰·基举行会谈，双方决定将中新关系提升为全面战略伙伴关系，构建利益共同体。

8 月 21 日，习近平主席同蒙古国总统额勒贝格道尔吉在乌兰巴托签署联合宣言，宣布将两国关系提升为全面战略伙伴关系。中国积极支持蒙古加入 APEC。习近平主席还出访斐济并与南太岛国领导人进行座谈。11 月 22 日，习近平主席在斐济会见了太平洋岛国领导人，签署了 30 项合作协议。习近平主席表示，中国对发展同太平洋岛国关系的重视只会加强、不会削弱，投入只会增加、不会减少。

四、"早期收获" 诠释中美新型大国关系

2014 年 11 月 11 日至 12 日，美国总统奥巴马在参加 APEC 领导人非正式会议后对中国进行国事访问。这是奥巴马在时隔 5 年后再次对中国进行国事访问，引人注目的是，其间穿插的 "瀛台夜话" 开启了中

---

① 《深化互利共赢的中欧全面战略伙伴关系——中国对欧盟政策文件》，新华社，2014 年 4 月 2 日。

美元首会晤的"北京模式"。近年来两国领导人推动构建的中美新型大国关系正从概念转变为实践，并开花结果，迎来"早期收获"，惠及两国社会及民众。

中美领导人的"瀛台夜话"备受瞩目。11日晚，习近平主席与奥巴马总统在中南海瀛台漫步、茶叙。习近平主席向奥巴马总统介绍瀛台历史时说，了解中国近代以来的历史对理解中国人民今天的理想和前进道路很重要。奥巴马总统说，此次交流让他最全面、深入了解到中国共产党的历史和执政理念，更加理解中国人民为何珍惜国家统一和稳定。12日，习近平主席同奥巴马总统举行会谈时指出，双方要朝着6个重点方向推进中美新型大国关系建设。第一，加强高层沟通和交往，增进战略互信。第二，在相互尊重基础上处理两国关系。第三，深化各领域交流合作。第四，以建设性方式管控分歧和敏感问题。第五，在亚太地区开展包容协作。第六，共同应对各种地区和全球性挑战。

中美发表《气候变化联合声明》，宣布了各自2020年后的行动目标，并将共同推动国际气候变化谈判于2015年巴黎会议上如期达成协议，加强清洁能源、环保领域合作。中美还为对方国家商务、旅游人员颁发10年多次签证，为留学人员颁发5年多次签证。双方同意加快双边投资协定（BIT）谈判进度，力争于2014年底前就核心问题和主要条款达成一致，在2015年启动负面清单谈判。双方均积极评价两国就信息技术协定扩围谈判达成一致。两国国防部签署了建立重大军事行动相互通报机制和公海海域海空军事安全行为准则。上述具体成果显示，中美构建新型大国关系并非空中楼阁，而是有实质性内容的战略举措。这符合两国人民根本利益，有利于维护亚太地区和世界的和平、稳定与繁荣。

五、金砖银行与亚投行比翼齐飞

金砖国家群体性崛起，其经济总量占到全球的21%，过去10年对全球经济增长的贡献率超过50%。金砖国家近期经济增速相对放缓，但整体发展势头依然向好，2014年整体经济增速仍远高于全球平均水平，是发达经济体的两倍。金砖国家领导人第六次会晤于2014年7月15日在巴西举行，最为引人关注的成果是，宣布成立金砖国家开发银行，初始资本为1000亿美元，总部设在中国上海，首任行长由印度人担任。该银行的储备基金为1000亿美元，用于应对金融突发事件，中国提供410亿美元，俄罗斯、巴西和印度分别提供180亿美元，南非提供50亿美元。

11月15日，金砖国家领导人在出席二十国集团领导人峰会时再次聚首澳大利亚，就金砖国家合作以及重大国际和地区问题深入交换意见，取得高度共识。习近平主席强调，金砖国家合作要做到政治和经济"双轮"驱动，既做世界经济动力引擎，又做国际和平之盾，深化在国际政治和安全领域协调和合作，捍卫国际公平正义。金砖国家要积极参与国际多边合作，提高在全球经济治理中的话语权。金砖国家日益密切的合作，有力地提升了其在全球经济治理中的能见度。

10月24日，21个国家的代表在北京签署备忘录，标志着由中国倡导建立的亚洲基础设施投资银行成立，总部设在中国北京。预计各国在2015年内完成章程谈判和签署工作，助力亚投行在2015年底前投入运行。备忘录明确，亚投行的法定资本为1000亿美元，各意向创始成员国同意将以GDP衡量的经济权重作为各国股份分配的基础。金砖银行与亚投行的诞生，是对全球经济治理体系的完善与补充，有利于推动国际经济体系的改革，增强新兴经济体的代表权。

同时，中韩自贸协定取得突破，有望于2015年下半年生效实施。中澳自由贸易协定谈判宣告实质性结束。考虑到上述两大自贸协定均有较高的含金量，它们的达成标志着中国自贸区战略的提速。

六、建设性管控分歧

海洋争端的挑战进入新阶段。美国对南海及东海的介入并未收敛，让人觉得在中国与个别周边国家较量的背后其实是中美角力。在 2014 年 8 月东盟外长会议上，美国提议"冻结"南海的行动，然而，除菲律宾外，应者寥寥。

针对南海问题，中国提出了"双轨思路"，同时警告域外力量好自为之。李克强总理在东亚峰会上说："我们明确了处理南海问题'双轨思路'，即有关具体争议由直接当事国在尊重历史事实和国际法基础上，通过谈判协商和平解决，南海和平稳定由中国和东盟国家共同加以维护。"①此前，王毅外长 8 月 9 日在缅甸内比都出席中国－东盟（10＋1）外长会后举行的记者会上表示，中方赞成并倡导以"双轨思路"处理南海问题。这表明，中国将解决南海争端和维护南海和平与稳定区分处理，体现了原则的坚定性与策略的灵活性。同时，中国还同意积极开展磋商，在协商一致基础上早日达成"南海行为准则"。

由于日本在历史问题、钓鱼岛问题上挑起争端，中日关系面临困难局面。2014 年 11 月 7 日，中国国务委员杨洁篪在北京同来访的日本国家安全保障局长谷内正太郎举行会谈，就处理和改善中日关系达成四点原则共识：（一）双方确认将遵守中日四个政治文件的各项原则和精神，继续发展中日战略互惠关系；（二）双方本着"正视历史、面向未来"的精神，就克服影响两国关系政治障碍达成一些共识；（三）双方认识到围绕钓鱼岛等东海海域近年来出现的紧张局势存在不同主张，同意通过对话磋商防止局势恶化，建立危机管控机制，避免发生不测事态；（四）双方同意利用各种多双边渠道逐步重启政治、外交和安全对话，努力构建政治互信。这四点共识来之不易，有助于缓和处于僵局的

① 《李克强在第九届东亚峰会上的发言》，中国政府网，2014 年 11 月 14 日。

中日关系，是朝改善双边关系的方向迈出的一步。然而，中日之间在双边、地区层面的博弈将长期存在，而急于摆脱"战后体制"的日本朝野及社会所弥漫的焦灼与不安、自大与自卑交织，将为中日关系增添日益复杂的因素。

七、结语

2014 年 11 月 28 日至 29 日，中央外事工作会议在北京召开。会议全面分析了国际形势和中国外部环境的变化，明确新形势下对外工作的指导思想、基本原则、战略目标、主要任务，努力开创对外工作新局面。习近平主席强调，要高举和平、发展、合作、共赢的旗帜，统筹国内国际两个大局，统筹发展、安全两件大事，牢牢把握坚持和平发展、促进民族复兴这条主线，维护国家主权、安全、发展利益，为和平发展营造更加有利的国际环境，维护和延长我国发展的重要战略机遇期，为实现"两个一百年"奋斗目标、实现中华民族伟大复兴的中国梦提供有力保障。会议还提出了建立以合作共赢为核心的"新型国际关系"的理念。

无论是主办亚信会议，还是 APEC 会议，中国都紧扣亚太地区和平与发展主题，努力塑造面向 21 世纪的伙伴关系。习近平主席指出，中国发展同亚洲命运息息相关。亚洲国家应该坚持联合自强，互利合作，包容开放，实现共同发展繁荣。中国坚定不移地走和平发展道路，践行亲、诚、惠、容的周边外交理念，奉行开放的区域主义。中国提出建设丝绸之路经济带和 21 世纪海上丝绸之路的倡议，目的是共同打造沿线区域经济一体化新格局。一个不断发展的中国必将为亚洲发展做出更大贡献。

中国积极参与多边外交活动，展现中国合作姿态。如在上海合作组织峰会及成员国政府首脑理事会会议、中国-拉共体论坛、东亚峰会、二十国领导人峰会，中国-中东欧领导人会晤、大湄公河次区域经济合作领导人会议等，中国领导人均发表重要政策讲话，引领有关组织的未来发展。

2015 年是世界反法西斯战争胜利 70 周年，是联合国成立 70 周年，国际社会还将共同制定 2015 年后发展议程。中国仍将聚焦和平与发展，努力探索、积极践行中国特色大国外交理念。

（中国国际问题研究院：

《国际形势与中国外交蓝皮书（2015）》，

世界知识出版社 2015 年版）

2015 年中国外交：打造人类命运共同体

2015 年对中国与世界而言都是具有历史意义的一年。这一年是中国人民抗日战争胜利 70 周年、世界反法西斯战争胜利 70 周年和联合国成立 70 周年。在此大背景下，中国特色大国外交的理论和实践齐头并进，持续发力，主动出击，下先手棋，以合作谋共赢，以发展促和平，全球布局初露端倪，打造"人类命运共同体"，收获颇丰。中国人民币成功"入篮"，中国加入欧洲复兴开发银行，亚洲基础设施投资银行（亚投行）正式成立，美国批准国际货币基金组织（IMF）改革、中国的权重上升，中国与韩国、澳大利亚的自贸协定生效等成果，显著增强了中国在全球经济金融以及全球治理格局中的地位与影响。

一、首脑外交气势恢宏

中国领导人对外交投入了巨大的热情与资源，首脑外交大气磅礴。2015 年，习近平主席 8 次出访，日程密集，马不停蹄，跨度广阔，足迹遍布 14 个国家，从亚洲到欧洲，再到美洲和非洲。其中 8 个国家是习近平任内首次到访，它们分别是巴基斯坦、白俄罗斯、英国、越南、新加坡、土耳其、菲律宾和津巴布韦，其余 6 个国家则是任内第二次或多次到访。首脑外交既注重顶层设计，又体现接地气风格，大力推动"一带一路"与其他国家和地区的发展项目对接，取得早期收获，掀起新一轮的对外合作高潮。

不仅如此，外国领导人纷至沓来。中国成功举行了"胜利日"阅兵活动，49 个国家元首、政府首脑、高级代表以及国际组织的代表均出席这一盛大的纪念活动。习近平主席在纪念大会上宣布裁军 30 万人。

该活动进一步确立了中国作为第二次世界大战东方主战场的历史地位，展示了中国维护世界和平的坚定决心和信心。

首脑外交充分调动大国关系，让中国处于主动地位。中俄高层交往密切。俄罗斯是习近平至今为止出访次数最多的国家，习近平主席于2015年5月和7月两次出访俄罗斯，分别出席纪念卫国战争胜利70周年庆典以及赴俄罗斯乌法出席金砖峰会和上合峰会。加上2013年和2014年接连两次访问，习近平任内已经四访俄罗斯。普京于9月初访华出席第二次世界大战胜利70周年纪念活动，深化了中俄全面战略协作伙伴关系。12月中，中国总理李克强在北京同俄罗斯总理梅德韦杰夫共同主持中俄总理第20次定期会晤，双方签署了能源、投资、金融、高科技、海关、质检、教育、旅游等领域30余项双边合作文件，包括丝路基金7.3亿欧元入股俄罗斯亚马尔液化天然气项目，中俄将共同开发北极航路以及中国对俄远东地区的产能合作等，丰富和充实了中俄互利合作关系。

习近平主席第一次对美国进行国事访问，取得巨大成功，成果超出预期，达成了五大项49条成果，为今后两国合作的加强奠定了基础。王毅说，习近平主席这次访美行程紧凑、活动丰富、成果丰硕，是一次成功的增信释疑、聚焦合作、面向人民、开创未来之旅，将为今后更长时期中美关系发展奠定坚实基础，为实现国内发展目标创造更多机遇，对构建新型国际关系起到示范作用。中美双方均强调要继续扩大合作，同时有效管控分歧摩擦。此访是在美国进入大选模式以及继续推进亚太"再平衡"的背景下进行的，有助于校正处于敏感时期中美关系的发展方向。

2015年是中国同欧盟建交40周年，中欧关系发展势头良好，全方位对话合作不断深入。9月下旬，习主席成功对英国进行了国事访问，中英签署约400亿英镑大单，中国将投入60亿英镑参建英国的核电项目。英国毫不保留地向中国"示好"，要让英国成为中国"在西方最好的伙伴"。德国总理默克尔和法国总统奥朗德接踵到访中国。6月28日至 7 月 2 日，李克强总理先赴欧盟总部出席第 17 次中国欧盟领导人会晤并访问比利时，此后对法国进行正式访问并访问经济合作与发展组织总部。11 月 24 日至 25 日，中国中东欧国家领导人峰会在中国苏州举行，在领导人会晤和经贸合作论坛两大框架基础上丰富 "16 + 1" 合作。中欧着力打造 "一带一路" 建设与欧洲发展规划、国际产能合作与欧洲投资计划、"16 + 1 合作" 与中欧合作 "三个对接"。本次会晤发表《中国-中东欧国家合作中期规划》和《中国-中东欧国家合作苏州纲要》两个政治文件。前者描绘了未来 5 年合作发展蓝图，与中国 "十三五" 规划相契合，分享彼此发展机遇；后者为推进近期具体合作提供了路线图。"16 + 1" 合作是中欧合作的重要组成部分，将充实中欧全面战略伙伴关系。

二、周边外交画龙点睛

2015 年 4 月 20 日至 21 日，习近平对巴基斯坦进行国事访问，共 28 个小时、18 场活动，高效、丰富，确立了中巴 "全天候战略合作伙伴关系"。双方签下 51 项协议，以中巴经济走廊建设为中心，以瓜达尔港、能源、基础设施建设、产业合作为重点，"1 + 4" 布局呼之欲出。习近平对未来中巴关系提出五点建议：深化战略合作、实现共同发展、坚持世代友好、共对安全挑战、加强国际协作。4 月 22 日至 24 日，习主席赴印度尼西亚出席亚非领导人会议和万隆会议 60 周年纪念活动，提出为万隆精神赋予新内涵，推动建设人类命运共同体。5 月，习近平出访俄罗斯和哈萨克斯坦，中俄签署了丝绸之路经济带与欧亚经济联盟建设对接合作联合声明。中国倡导的丝绸之路经济带与哈萨克斯坦的 "光明之路" 对接，相互促进。

11 月，习近平分别访问越南和新加坡，强化中国与周边国家关系，打造命运共同体。越南和新加坡都是 21 世纪海上丝绸之路沿线的重要伙伴，是中国的关键邻国。这是习近平担任中国党和国家最高领导人以来首次访问越南。中越是山水相连的友好邻邦，两国政治制度相同、发展道路相近、前途命运相关。建交 65 年来，中越关系虽有波折，但总体保持向前发展势头。双方同意扩大合作，管控分歧，推动中越全面战略合作伙伴关系取得新的重要进展，为东亚和平与繁荣做出积极贡献。2015 年是中新建交 25 周年。中国是新加坡最大的贸易伙伴，新加坡是中国第一大投资来源国。中新正式启动以重庆市为运营中心的第三个政府间合作项目，这是新加坡为配合中国的"一带一路"建设量身打造的旗舰项目。新加坡于 8 月起担任中国-东盟关系协调国。习主席对越南和新加坡的访问有助于增进中国与东盟国家的友好合作。展望中国-东盟未来 10 年合作框架，习近平主席指出，双方要积极探讨签署中国-东盟国家睦邻友好合作条约，加强安全领域交流合作，加强互联互通基础设施建设，加强金融合作和风险防范，稳步推进海上合作，密切人文、科技、环保等交流。

李克强出席在马来西亚吉隆坡举行的第 18 次中国-东盟（10 + 1）领导人会议、第 18 次东盟与中日韩（10 + 3）领导人会议和第 10 届东亚峰会，并对马来西亚进行正式访问，进一步拉近了中国与东盟国家关系。10 月 31 日至 11 月 2 日，李克强访问韩国并出席在首尔举行的第六次中日韩领导人会议。2014 年 7 月，习近平主席访问韩国时提出，中韩要做实现共同发展、致力地区和平、携手振兴亚洲、促进世界繁荣的"四个伙伴"。李克强访问韩国巩固了两国各方面的良好发展势头，继续推进双方务实合作。11 月 30 日，韩国国会通过中韩自贸协定批准案，这是中国涉及国别贸易额最大、领域范围最为全面的一份自贸协定，将增添中韩关系的含金量。中韩中澳自贸协定于 12 月 20 日生效。

中日韩领导人会议中断三年后重启。中日韩领导人会议机制始于 2008 年 12 月，是推动东北亚合作的重要平台。中日韩同为全球重要经济体，国内生产总值合计超过 16 万亿美元，占世界 20% 以上。三国对外贸易额近 7 万亿美元，占全球贸易额的 20% 以上。然而，在 2012 年 5

月于北京举行的第五次中日韩领导人会议之后，这项机制性的定期会议便中断了。这主要是因为日本政府的右倾化导致中日、韩日关系风高浪急。此次中日韩三国领导人会议重启，说明各方都有改善关系、管控分歧的意愿。各方应以此次会议创造的良好氛围为契机，改善三方关系、促进东北亚和平稳定。

三、发展中国家外交贯穿全年

2015 年中国外交布局谋篇，发展中国家外交处于"一头一尾"，年初以中拉论坛为开篇，年底又以中非合作论坛作为收官。中拉论坛、中非合作论坛与中阿合作论坛成为新时期中国与发展中世界构建命运共同体的三大板块，与"一带一路"倡议两翼齐飞，实现了中国外交对发展中国家的全覆盖，寓意深远，意义非凡。

作为 2015 年中国外交的首场开年大戏，中国–拉美和加勒比国家共同体论坛首届部长级会议于 1 月 8 日在北京隆重举行。习近平出席开幕式并发表《共同谱写中拉全面合作伙伴关系新篇章》的重要讲话，强调中拉论坛首届部长级会议的召开标志着双方整体合作由构想变为现实，向世界发出中拉深化合作、携手发展的积极信号，并对促进南南合作和世界繁荣进步产生重要而深远的影响。习近平提出四点建议：一是坚持平等相待的合作原则和友好协商、共同建设、共享成果的理念，打牢整体合作的政治基础；二是坚持互利共赢的合作目标，牢牢把握共同发展的主旋律，争取早期收获，实现"1 加 1 大于 2"的效果；三是坚持灵活务实的合作方式，通过双多边渠道开展形式多样的合作，实现优势互补；四是坚持开放包容的合作精神，充分考虑相关各方不同的利益诉求。

2015 年 12 月 1 日至 5 日，习近平对津巴布韦和南非进行国事访问，并赴南非约翰内斯堡和南非总统祖马共同主持中非合作论坛峰会，这是 2015 年中国外交的收官之作。在 12 月 4 日举行的中非合作论坛约翰内斯堡峰会开幕式上，习近平发表《开启中非合作共赢、共同发展的新时代》讲话，表示中方愿在未来 3 年内同非方重点实施"十大合作计划"，涉及工业化、农业现代化、基础设施、金融、绿色发展、贸易和投资便利化、减贫惠民、公共卫生、人文、和平与安全 10 个方面。为此，中方决定提供总额 600 亿美元的资金支持。来自 42 位国家元首和政府首脑、非盟委员会主席祖马在内的中非合作论坛 52 个成员代表出席。习近平主持通过《中非合作论坛约翰内斯堡峰会宣言》和《中非合作论坛－约翰内斯堡行动计划（2016—2018）》并作总结发言。习近平指出，中方将本着真实亲诚对非政策理念和正确义利观，继续同非洲国家一道开拓进取，为实现中非共同发展而不懈努力。任凭国际格局调整演变，中非平等互信、相互支持的兄弟情谊不会改变。任凭经济形势起伏跌宕，中非合作共赢、共同发展的根本宗旨不会改变。任凭时代社会发展变迁，中非相互理解、共同进步的协作精神不会改变。任凭出现各种威胁挑战，中非风雨同舟、患难与共的坚定意志不会改变。为纪念中非合作论坛成立 15 周年，中国政府发表第二份对非洲政策文件，全面阐述中国对非洲政策新理念、新主张、新举措。非洲已经成为中国遥远而亲密的朋友。15 年间，中非贸易额由 100 亿美元跃升到 2200 亿美元。中国对非投资存量也从 5 亿美元跃升到近 300 亿美元，在非投资兴业的中国企业超过 3000 家。

2015 年 5 月 18 日至 26 日，李克强对巴西、哥伦比亚、秘鲁、智利四国进行正式访问。李克强指出："中国是国际政治经济秩序的支持者和建设者，致力于维护现行合理有效的国际经济贸易机制和规则，也愿意与国际社会一道，以建设性态度参与和推动相关改革，为制定多哈回合'后巴厘'工作计划并最终完成谈判做出积极努力。我们主张，完善多边贸易体制和推动双边与区域贸易自由化便利化，这两个'轮子'应该一起转。"① 中国与上述四国分别签署项目合作协议，重点推进国

---

① 《李克强在中智建交 45 周年经贸研讨会暨中智企业家委员会第七次会议开幕式上的致辞》，新华网，2015 年 5 月 27 日。

际产能合作，如中国和巴西代表签署了"两洋铁路"可行性研究合作文件，并在政治、经贸、人文领域取得了多项重要成果，此次访问提升了中拉经贸合作水平。

四、积极推进全球治理

习近平于 9 月第一次访问联合国是 2015 年中国多边外交的高潮。在联合国讲坛上，习近平对当今世界最重要的议题都充分阐述了中国的看法，提出了中国方案，比如发展、妇女、维和、全球治理等，慷慨许诺帮助其他发展中国家，展现了大国的担当，赢得了国际赞誉。

2015 年 9 月，习近平在第 70 届联合国大会上发表了《携手构建合作共赢新伙伴，同心打造人类命运共同体》的重要讲话，指出和平、发展、公平、正义、民主、自由，是全人类的共同价值，也是联合国的崇高目标。当今世界，各国相互依存、休戚与共，我们要继承和弘扬《联合国宪章》宗旨和原则，构建以合作共赢为核心的新型国际关系，打造人类命运共同体。12 月中，习近平在第二届世界互联网大会上，阐述了"共同构建网络空间命运共同体"的中国互联网观。

习近平在联合国发展峰会上发表《谋共同永续发展 做合作共赢伙伴》讲话，强调要推进公平、开放、全面、创新的发展。面向未来，中国将继续秉持"义利相间，以义为先"的原则，同各国一道为实现2015 年后发展议程做出努力。中国将设立南南合作援助基金，首期提供 20 亿美元，支持发展中国家落实 2015 年后发展议程。中国将增加对最不发达国家的投资，力争 2030 年达到 120 亿美元。中国将免除对有关最不发达国家、内陆发展中国家、小岛屿发展中国家截至 2015 年底到期未还的政府间无息贷款债务。中国将设立国际发展支持中心，同各国一道研究和交流适合各自国情的发展理论和发展实践。中国倡议探讨构建全球能源互联网，推动以清洁和绿色方式满足全球电力的需求。中国将与有关国家共同推进"一带一路"建设，推动亚投行和金砖国家新开发银行早日投入运营。尽管中国还是发展中国家，但将竭尽所能，为发展中国家经济增长和民生改善贡献力量。

中国作为联合国安理会常任理事国，参加维和行动已经25载，是联合国安理会5个常任理事国中派出维和部队最多的国家。习近平在出席联合国维和峰会上宣布，为支持改进和加强维和行动，中国将加入新的联合国维和能力待命机制，决定为此率先组建常备成建制维和警队，并建设8000人规模的维和待命部队。中国将积极考虑应联合国要求，派更多工程、运输、医疗人员参与维和行动。今后5年，中国将为各国培训2000名维和人员，开展10个扫雷援助项目。今后5年，中国将向非盟提供总额为1亿美元的无偿军事援助，以支持非洲常备军和危机应对快速反应部队建设。中国将向联合国在非洲的维和行动部署首支直升机分队。中国-联合国和平与发展基金的部分资金将用于支持联合国维和行动。正值联合国成立70周年之际，作为联合国的创始成员国，中国以实际行动，出钱出力出思想，支持联合国在维护国际安全方面发挥更大作用。

当前全球经济形势出现"感冒发烧"症状，全球经济贸易增长乏力，保护主义有所抬头，地缘政治大行其道，国际安全隐患增多，世界经济面临自2008年以来最为严峻的考验。面对全球经济的下行压力，各国都在纷纷寻求经济增长新动力。习近平于11月14日至16日，赴土耳其安塔利亚出席二十国集团领导人第十次峰会，共商提振世界经济的良方。在安塔利亚，习近平与其他金砖国家领导人举行非正式会晤并指出：塑造有利外部发展环境，共同完善全球经济治理；就重大国际和地区问题发声，共同应对全球性挑战；推进互利共赢的国际发展合作，共同倡导新型全球发展伙伴关系；携手推进经济优化升级，共同实现长远发展。随后习近平赴菲律宾出席亚太经济合作组织（APEC）第23次领导人非正式会议，为亚太合作校准航向，彰显中国作用。

作为2016年G20峰会东道主，中国如何引导G20的未来走向，如何为G20的发展贡献中国智慧等，为各方所关注。针对国际上一种

"唱衰"中国经济的声音，及认为中国经济下滑可能拖累世界经济的看法，中国领导人通过双边和多边活动，积极阐述了中国对当前世界经济形势的看法与主张，提出了中国主张，以正视听。作为全球第二大经济体，中国将通过改革释放发展动力，通过一系列国际和地区发展倡议，向世界经济继续注入中国动力。

中国为推动联合国气候变化大会取得实质成果发挥了引领作用。11月30日至12月11日，《联合国气候变化框架公约》第21次缔约方会议（即巴黎气候变化大会）在法国巴黎举行，147位国家元首和政府首脑出席大会。巴黎气候变化大会的主要目标是要达成关于2020年后加强应对气候变化行动的协议。11月29日至30日，习近平主席在巴黎出席气候变化大会开幕式上发表讲话呼吁：发达国家多一点共享、多一点担当，实现互惠共赢；要确保国际规则的有效遵守和实施，坚持民主、平等、正义，建设国际法治，遵守共同但有区别的责任原则，同时要允许各国寻找最适合本国国情的应对之策。

中国还积极采取减排措施，并分别与美国和法国发表应对气候变化的联合声明。在谈判的关键时刻，习近平于12月11日应约同美国总统奥巴马通电话，助推谈判。习近平强调，巴黎大会谈判接近尾声，中美双方要同各方加强协调、共同努力，确保巴黎大会如期达成协议，这对国际社会有利。12月14日巴黎大会成功通过了《巴黎协定》后，习近平再次应约同奥巴马通电话。习近平指出，《巴黎协定》的通过为2020年后全球合作应对气候变化问题指明了方向和目标，这是一件造福世界人民的大好事。中美两国及有关各方保持密切沟通，共同为巴黎大会的成功做出了积极贡献。巴黎大会是应对气候变化国际合作的新起点，中方愿同包括美方在内有关各方保持协调合作，确保《巴黎协定》有效实施，拓展应对气候变化领域双边务实合作，更多更好惠及中美两国人民和世界各国人民。联合国秘书长潘基文赞扬中国为达成巴黎气候协议发挥"强有力的领导作用"。

五、妥善应对南海问题

中国迎难而上，积极应对外交挑战，直面外交难点与热点。如反对一些国家企图推进南海问题的司法化和国际化，反对域外力量打着维护南海"航行自由"的幌子，别有用心地推波助澜，加剧南海紧张局势。

维护南海的和平稳定是中国的一贯主张。习近平主席从大处着眼，观大势走向，强调南海局势总体是稳定的，中国将坚持和平解决争端，坚定维护航行自由，中国和东盟完全有能力维护好南海地区的和平稳定。访问越南期间，习近平强调中越双方要本着对历史和人民负责的精神，以中越友好和两国发展大计为重，下决心指导和推进南海问题政治解决，防止干扰两国关系。关键在于维护稳定和推进合作。双方要坚持推进双边谈判和友好协商，不采取任何可能使争议复杂化、扩大化的单方面行动，防止南海问题国际化。中方愿同越方共同努力，加大北部湾湾口外海域工作组谈判力度和密度，争取同步推进共同开发和划界，并尽快开展北部湾湾口外海域共同考察。习近平主席11月在新加坡进一步阐明中国政策立场，强调南海诸岛自古以来就是中国领土，维护自身的领土主权和正当合理的海洋权益，是中国政府必须承担的责任。中国南海政策的出发点和落脚点都是维护南海地区和平稳定。当前，亚洲各国政府面临的最重要课题是如何实现持续快速发展，这需要一个和平稳定的环境。这是地区国家的最大公约数，域外国家也应该理解和尊重这一点并发挥建设性作用。

2015年各类恐怖袭击事件频繁发生。随着中国的人员、资金、项目等越来越多地走出去和"一带一路"建设的推进，中国所面临的安全风险也在上升，因此采取积极防范措施，加快维护安全的能力建设，确保我人员、项目等安全的任务更加迫切。

六、结语

2015 年既是"秩序之年",又是"规则之年"。中国外交着眼于参加塑造未来的国际秩序和地区局势,在大国关系、周边外交、发展中国家外交以及多边外交多个层面平行推进,展现了中国外交的全球视野,而且收获颇丰。中国既是快速成长的世界第二经济体,又是世界最大的发展中大国,这要求中国外交必须兼顾南北关系和南南关系,并使之相互促进。

中国在确立联合国 2030 年可持续发展目标、2020 年后气候变化安排全球议程、共同应对包括恐怖主义等在内的各类全球性挑战方面,发挥了重要而积极作用。综观一年来的理论与实践,中国外交始终紧扣"合作"主题,开拓进取,努力营造有利的发展环境,致力于构建人类命运共同体。2016 年是中国"十三五"规划的开局之年,中国外交仍将继续保持积极进取的态势,为世界和平发展做出新的贡献。

(中国国际问题研究院:
《国际形势与中国外交蓝皮书(2016)》,
世界知识出版社 2016 年版)

2016 年中国外交：政治领航、攻坚克难

2016 年中国外交攻坚克难，犹如攀越一段荆棘丛生的崎岖山路。错综复杂的形势面前，中国以首脑外交政治领航，点面结合、精准发力、化险为夷，取得了丰硕成果。中国成为乱局中的稳定器。同时，中国外交既"破"又"立"，扶正祛邪。"破"者，就是破除南海仲裁之局；"立"者，成功举办二十国集团（G20）杭州峰会，为世界经济的增长和全球治理树立出了新标杆。

一、首脑外交政治引领

2016 年，习近平主席 5 次出访十多个国家，尽显大国领袖风采，在国际舞台上发出中国声音，为全球治理提出中国方案、贡献中国智慧。首脑外交在以下 5 个方面取得显著成果。

第一，助推全球治理的变革转型。世界经济增长乏力，动力不足，而全球性挑战层出不穷，全球治理遭遇瓶颈，制度供给严重不足，体系亟须完善。G20 杭州峰会是世界处于关键当口在中国召开的重要国际会议，也是中国 2016 年最重要的主场外交。中方以创新、改革和发展作为开创世界发展新局的主线，为世界经济的增长和全球治理的转型提供了中国方案。要完善世界经济治理，就必须推动 G20 多危机应对朝长效治理机制转型，并调动发展中国家的积极性，为世界经济强劲、可持续、平衡、包容增长做出更大贡献。

中国广泛邀请了发展中国家的代表出席 G20 杭州峰会，既增强了 G20 的包容性，又促进了发展中国家对全球治理的参与，一举多得。G20 杭州峰会成果丰硕，为 G20 的发展历程打下了中国烙印。习近平主

席出席 APEC 利马会议，有力地促进了亚太地区的联动发展，奏响了亚太共同繁荣协奏曲。在亚太经合组织利马会议上，面对逆全球化、保护主义、区域合作碎片化等重大问题，习近平主席强调要反对一切形式的保护主义，用行动表明亚太对经济全球化决心不变、信心不减，引领经济全球化进程向更加包容普惠的方向发展。

第二，维护周边和平发展大局。2016 年，首脑外交在维护周边和平发展大局方面取得一系列非常重要的成果。中国与菲律宾关系实现转圜，南海争端重回对话协商解决的正确轨道。习近平于 10 月 13 日至 17 日对柬埔寨、孟加拉国进行国事访问，并出席在印度果阿举行的金砖国家领导人第八次会晤。习近平共出席了 40 多场双边、多边活动，同多国领导人会谈，发表多场重要讲话，签署和见证了多份联合声明、宣言以及数十个合作协议，书写了中国周边外交重要一页。柬埔寨与孟加拉国是中国在东南亚和南亚的传统友好近邻和伙伴。中柬领导人决定两国继续做高度互信的好朋友、肝胆相照的好伙伴、休戚相关的命运共同体。中孟领导人决定将中孟关系提升为战略合作伙伴关系。

习主席出席金砖国家领导人果阿会晤，推动金砖国家在逆境中携手同行，保持了金砖合作发展势头。习近平强调，中国是金砖机制的坚定支持者和参与者，把金砖国家合作作为中国外交的重要方向。2017 年，中国将主办金砖国家领导人第九次会晤，将同各成员国一道，携手努力，规划金砖国家发展新蓝图。习近平主席出席上合组织峰会，以上合组织成立 15 周年为契机，推动上合组织发展进入新阶段。李克强总理对老挝进行正式访问，巩固了中国与上述邻国的战略互信，深化了传统友谊。李克强总理成功出席东亚合作领导人系列会议，举行中国—东盟建立对话关系 25 周年纪念峰会，并推出一系列务实合作新举措。

第三，保持与主要国家关系的平稳运行。习近平主席同奥巴马总统在 G20 杭州峰会期间举行"西湖长谈"，延续了增信释疑的深度战略沟通，双方同意继续扩大共同利益，建设性管控分歧。11 月 19 日，习近平在利马会见奥巴马。这是中美元首在 2016 年的第三次会晤，也是三年多来双方第九次会晤。两国元首一致同意确保中美关系继续沿着正确轨道健康稳定向前发展。美国大选后，习近平主席于 11 月 14 日同特朗普总统通电话。习近平表示，中美建交 37 年来，两国关系不断向前发展，给两国人民带来了实实在在的利益，也促进了世界和地区和平、稳定、繁荣。事实证明，合作是中美两国唯一的正确选择。特朗普表示，美中两国可以实现互利共赢，并相信美中关系一定能取得更好发展。习近平和特朗普同意保持密切联系，建立良好工作关系，并早日会面，就两国关系发展和双方共同关心的问题及时交换看法。

2016 年，中俄双方围绕庆祝《中俄睦邻友好合作条约》签署 15 周年和建立战略协作伙伴关系 20 周年，加强全方位战略协作，既促进了两国共同发展繁荣。习近平主席于 11 月在利马会见普京总统，中俄元首年内实现五次会晤，发表加强全球战略稳定的联合声明，中俄全面战略协作伙伴关系迈向更高水平。同时指出，俄罗斯是亚太经合组织重要成员。当前俄中双边经贸关系发展势头良好，高新技术等领域合作取得积极成果。俄方期待着同中方共同推进欧亚经济联盟建设与"一带一路"建设对接合作。12 月 23 日，普京在大型年度新闻发布会上表示，俄中关系处于高水平阶段，超出了一般"战略协作伙伴关系"。

中国成功主办第 18 次中欧领导人会晤，中英关系实现平稳过渡，中国-中东欧合作迈上新台阶。习近平主席年内访问捷克、波兰、塞尔维亚，这是习近平首次到访中东欧国家，"渝新欧""汉新欧""苏满欧""蓉欧"等中欧班列，拉近了中国与欧洲的时空距离。中欧陆海快线建设及产能合作方兴未艾。

第四，壮大发展中国家朋友圈。中国积极扩大同发展中国家友好合作关系，构建以发展中国家为重点的全球伙伴关系网络。2016 年，中国又同 7 个国家新建伙伴关系，同 11 国提升伙伴关系定位，其中绝大多数是发展中国家。这次 G20 杭州峰会创造了 G20 历史上发展中国家参与度最多的纪录。

中国与拉美国家携手并进的共识更加坚定。11 月，习近平主席访问厄瓜多尔、秘鲁和智利，这是他上任以来第三次访问拉美。这次访问拉美三国注重提升双边关系，引领中拉整体合作，唱响中拉关系全面发展主旋律，推动中拉合作向更高水平迈进，成为中拉打造命运共同体的历史新起点。

习近平在秘鲁国会发表面向整个拉美的重要演讲，全面阐述中国对拉政策主张，鼓励从战略高度和长远角度看待彼此关系，进一步扩大了双方战略共识。习近平提出，中拉要高举和平发展合作旗帜，推动发展战略对接，推进合作换挡加速，实现合作成果共享，共同打造好中拉命运共同体这艘大船，引领中拉友好关系驶入新航程。2016 年 11 月发表《中国对拉美和加勒比政策文件》白皮书。中拉全面合作伙伴关系以平等互利为基础，以共同发展为目标，不针对、不排斥任何第三方，符合中拉双方的根本利益，也符合世界和平、发展、合作的时代潮流，是新时期发展中国家共谋发展、共担责任、共迎挑战的典范。

第五，共建"一带一路"取得新进展。2016 年是中国"十三五"规划开局之年，也是中国与沿线国家全力推进"一带一路"建设的年份。这一年习近平主席、李克强总理围绕"一带一路"建设积极开展首脑外交，促进了中国与有关国家和地区发展战略的融合对接，拓展了合作空间。1 月 16 日，亚洲基础设施投资银行正式开张。"一带一路"建设的原则是共商、共建、共享，并以和平合作、开放包容、互学互鉴、互利共赢的丝绸之路精神为指引，以打造命运共同体和利益共同体为合作目标。无论是中东、中东欧、亚洲还是拉美，中国领导人每到一处都是对"一带一路"合作的有力推进。习近平出访沙特、埃及、伊朗三国期间，分别同三国签署了关于共建"一带一路"的谅解备忘录，共谋发展。2016 年 1 月 19 日，习近平在对埃及进行国事访问之际，在埃及《金字塔报》发表题为"让中阿友谊如尼罗河水奔涌向前"的署名文章，指出"一带一路"追求的是百花齐放的大利，不是一枝独秀的小利，并欢迎埃及和其他阿拉伯国家搭乘中国发展的便车、快车，实现双方协同发展和联动增长。

目前，中国已与 40 个国家和国际组织签署共建"一带一路"合作协议。"一带一路"的国际认同与日俱增。11 月 17 日，第 71 届联合国大会协商一致通过关于阿富汗问题第 A/71/9 号决议时，欢迎"一带一路"等经济合作倡议，敦促各方通过"一带一路"倡议等加强阿富汗及地区经济发展，呼吁国际社会为"一带一路"倡议建设提供安全保障环境。这是自安理会 2016 年 3 月通过包括推进"一带一路"倡议内容的第 S/2274 号决议后，联合国大会第 A/71/9 号决议首次写入"一带一路"倡议，得到 193 个会员国的一致赞同，体现了国际社会对推进"一带一路"倡议的普遍支持与认同。中国将于 2017 年上半年举行"一带一路"国际合作高峰论坛，则是引领"一带一路"行稳致远的重要举措。

二、"破"南海仲裁之局

近年来，一些域内域外的力量沆瀣一气，纠结起来在南海问题上跟中国叫板。7 月 12 日，菲律宾"南海仲裁案"公布了所谓的最终裁决。中国政府、外交部当即发表声明，宣布"该裁决是无效的，没有拘束力，中国不接受、不承认"①。中国在南海问题上的立场得到了数十个国家的理解与支持。

就在仲裁案结果公布不久，7 月 25 日，中国和东盟国家外交部部长发表关于全面有效落实《南海各方行为宣言》的联合声明。该声明说，中国和东盟国家外长认识到维护南海的和平与稳定，符合中国与东盟国家以及国际社会的基本利益；重申 2002 年《南海各方行为宣言》具有里程碑意义。由于联合声明的第二款和《宣言》的第四款是完全一致和契合的，就是有关争端要通过双边谈判的方式来解决。这意味着中国与东盟重回全面有效落实 2002 年《南海各方行为宣言》的轨道上来。

---

① 《中华人民共和国外交部关于应菲律宾共和国请求建立的南海仲裁案仲裁庭所作裁决的声明》，新华社，2016 年 7 月 12 日。

菲律宾新总统杜特尔特于 10 月 18 日至 22 日成功访华。中菲双方同意通过双边谈判协商来解决南海争端，这实际上就是对南海仲裁案说"不"，对南海仲裁结果起到了釜底抽薪的功效。中菲同意加强双方的经贸合作、人员往来，并签订了 13 项合作协议，两国关系柳暗花明。

中国在南海问题上成功破局，使一度高热不下的南海问题随之降温，有效地维护了南海的和平稳定。中国与菲律宾关系的改善使一些域外国家企图浑水摸鱼的图谋遭受重挫。"今年，我们对菲律宾前政府提起的所谓南海仲裁案予以坚决回击，有效揭露了临时仲裁庭越权、扩权甚至滥权的非法行径，让阴谋和谎言无处遁形，让事实和真相大白于天下，推动南海问题重新回到直接当事国对话协商解决的正确轨道，有力维护了国家主权，维护了民族尊严，维护了地区稳定。"①

中国之所以能成功破局，得益于中国坚持依法办事并敢于亮剑。中国外交部严正声明，"南海仲裁案"一开始就是建立在菲律宾违法行为和非法诉求基础上，在管辖权、公正性、程序性等方面都不具备合法性，因此没有任何效力，中国将不接受、不承认仲裁庭管辖和裁决。由此可见，中国不接受、不参与所谓南海仲裁案，恰恰是在行使《联合国海洋法公约》赋予的权利。同时，中国不屈服于外来压力，坚定捍卫主权与领土完整，敢于硬碰硬。对于美国等国在南海打着"航行自由"的幌子，行"霸权自由"之实，中国予以坚决回击，对有关侵入舰机进行查证识别、警告驱离。

三、"立" 全球治理之标杆

中国与世界的关系进入深度互动、相互塑造的新时期。今天国际社会对中国的期待值越来越高，这与中国在国际上的地位和处境密切相

---

① 《中国特色大国外交攻坚开拓之年——外交部长王毅谈 2016 年中国外交》，人民网，2016 年 12 月 22 日。

关，也为中国发挥更大作用提供了良机。改革开放以来，中国不断融入国际体系，在国际治理方面积累了丰富经验，具备为世界做出更大贡献的能力。

中国成功举办 G20 杭州峰会，为全球经济治理树立了新标杆。国际金融危机爆发 8 年来，世界经济仍"寒风凛冽"、痛点犹存，下行压力的警报并未解除，此次峰会便是在国际治理格局转型的重要关口召开的一次关键会议，深受关注。中国自从 2015 年 12 月接棒担任 2016 年 G20 轮值主席国以来，在会议的主题、议题、日程设定以及创新办会方式等方面均展现了卓越的领导力和动员力。峰会以"构建创新、活力、联动、包容的世界经济"为主题，为改革和完善世界经济治理建言献策，收获 29 项成果，如通过了《二十国集团领导人杭州峰会公报》，制定了《二十国集团全球贸易增长战略》，全球首个多边投资规则框架《二十国集团全球投资指导原则》等多个文件。此次峰会是 G20 峰会的里程碑：第一次把发展问题置于全球政策框架的突出位置；第一次就落实联合国 2030 年可持续发展议程制定行动计划；第一次集体支持非洲和最不发达国家工业化，由此彰显了包容联动的新境界。

习近平通过此次 G20 杭州峰会亮出了全球经济治理的中国方案：建设创新型世界经济，开辟增长源泉；建设开放型世界经济，拓展发展空间；建设联动型世界经济，凝聚互动合力；建设包容型世界经济，夯实共赢基础。这"四点主张"为世界经济开出一剂标本兼治、综合施策的药方。这就"立"出了中国思路、中国贡献。

习近平主席在 G20 工商峰会开幕式上指出："今天的中国，已经站在新的历史起点上。"① 这就是中国全面深化改革、增加经济社会发展新动力的新起点，就是中国适应经济发展新常态、转变经济发展方式的

① 《习近平出席 2016 年二十国集团工商峰会开幕式并发表主旨演讲》，新华网，2016 年 9 月 3 日。

新起点，就是中国同世界深度互动、向世界深度开放的新起点。习近平强调互利、合作与共赢，呼吁树立人类命运共同体意识，以全球伙伴关系来应对挑战。正是这样的新起点让中国更有信心发挥一个负责任大国的作用，引导各国朝着构建合作共赢的新型国家关系的方向迈进。

作为世界上最大的发展中国家，中国是连接发展中国家与发达国家的重要桥梁。在 G20 杭州峰会上，中国特别重视发展议题，强调要实现共同发展，推动制定联合国 2030 年可持续发展目标的行动计划，特别是多倾听占世界人口大多数的发展中国家的声音。若要完善世界经济治理，就应增加发展中国家的权重，更好地调动它们参与世界经济治理的积极性，为世界经济增长贡献力量。中国邀请的嘉宾国包括非洲联盟轮值主席国乍得、非洲发展新伙伴计划主席国塞内加尔、东南亚国家联盟轮值主席国老挝、77 国集团轮值主席国泰国以及发展中国家的代表埃及与哈萨克斯坦等，极大地提升了发展中国家的参与度，体现了合作共赢、皆大欢喜。

四、乱局中的稳定器

2016 年充满"意外"，一系列意外事件频频发生。正是这种不确定性反映了反思全球化的思潮在今年的兴起。过去西方特别是美国认为全球化就是西方化甚至美国化。但全球并没有西方化，更没有美国化，而是进一步导致了世界力量多极化的发展和新兴国家的崛起。过去西方认为自己可以掌控全球化朝着于己有利的方向发展，但现在越来越感到力不从心。这就是世界力量发生此消彼长的大转换结果。

地区局势浮现一些新的、复杂的局面。中东地区战事反反复复，冲突延绵不绝。朝鲜半岛高热不下，朝鲜两次核试验，美国与韩国的大规模军事演习，高调威慑施压，半岛双方对峙依然严峻。朝核问题的实质是美朝关系的敌对所致。尽管如此，中国谴责朝鲜的核试行为，积极参与有关安理会决议的磋商，支持其对朝鲜进行严厉制裁。安理会分别通过 2270 号决议和 2321 号决议。中国一直严格遵守有关决议。

同时，2016 年 7 月 8 日，不顾中国、俄罗斯的强烈反对，美国与韩国宣布将在韩国部署"萨德"反导系统，并且模糊朝鲜半岛问题的焦点——核问题，使半岛问题更加复杂。"萨德"反导系统匆匆入韩，严重威胁东北亚和平稳定，让东北亚的战略安全雪上加霜。韩国国内对于此次"萨德"部署的几个诡辩论调盛行，如"'萨德'系统无害论""美国施压论""中国亏欠韩国论"，等等。韩国接受部署"萨德"系统的行动也直接挑战了中韩关系，中韩自 1992 年建交以来，两国关系可以说是一路高歌猛进，取得了长足的进展，韩国也从中获益良多，部署"萨德"系统严重损害了中韩战略合作伙伴关系。韩国曝出"亲信干政门"后处于政治动荡期，自顾不暇，中韩关系的不确定性增加。

自 2008 年国际金融危机以来，中国一直是世界经济恢复和增长的重要引擎。而目前，中国正致力于建设创新型国家，通过调结构、转方式、去杠杆、去产能、去库存等，释放发展动能，推动经济实现更大发展。中国所进行的创新和结构性改革，有助于推动世界经济走上强劲、可持续、平衡、包容增长之路。G20 杭州峰会的主要思想一直延续到 10 月印度果阿金砖国家峰会以及 11 月在亚太经合组织领导人利马会议成果中。

习近平主席洞察世界难题，多次强调同舟共济的伙伴精神，提倡合作共赢，构建人类命运共同体，建设各国共享的百花园。这体现了中国正面、积极的全球视野和兼济天下的情怀。中国提出一系列受到国际社会广泛欢迎的倡议，就是对这种视野和情怀的生动诠释，旨在推动国际政治经济体制朝着更加公正合理的方向发展。

五、结语

2016 年"黑天鹅"事件大行其道，反全球化、民粹主义、保护主义思潮汹涌而至。世界经济形势仍然堪忧，下行压力的幽灵仍然徘徊，增长前景不确定及其带来的金融动荡，挫伤人们对未来的信心。即将来临的 2017 年仍将是充满不确定和挑战的一年。美国将是一个最大的不确定因素，其内外政策，包括政治、经济、安全政策的走向如何，可能不仅给美国，也会给世界带来巨大的影响。

自中共十八大以来中国外交华丽转身，更加主动进取，更加积极有为，且敢于亮剑。面对复杂激烈的变局，中国展现战略定力与雄心，同时中国外交奋发有为，向全球治理提供中国药方，一"破"一"立"折射出中国在捍卫国家主权、安全、发展利益方面坚定不移的决心和意志。王毅外长在总结 2016 年中国外交时指出："中国正在以更为成熟、稳健的步伐，走近世界舞台中央，成为乱局中的稳定器、变局中的正能量。"① 中国重视在可持续发展、气候变化、能源安全、网络安全等重大全球性议题上加强与国际社会的协调和配合，展现了大国的担当。这是中国大国责任的生动诠注。2017 年中国将迎来中国共产党第十九次全国代表大会，中国外交将进入一个新的历史时期，将继续为第一个百年奋斗目标的实现奋力拼搏。

（中国国际问题研究院：

《国际形势与中国外交蓝皮书（2017）》，

世界知识出版社 2017 年版）

---

① 《中国特色大国外交攻坚开拓之年——外交部长王毅谈 2016 年中国外交》，人民网，2016 年 12 月22 日。

2017 年中国特色大国外交：新时代、新作为

2017 年是承上启下的一年。中国共产党第十九次全国代表大会胜利召开，并宣示：中国特色社会主义进入了新时代，中国将坚持和平发展道路，推动构建人类命运共同体。构建人类命运共同体思想同时写入党章，成为习近平新时代中国特色社会主义外交思想的核心，将引领时代潮流和人类文明进步方向，领航新时代中国外交。

面对纷繁复杂的国际形势，日益走近世界舞台中央的中国稳扎稳打，展现新风貌、呈现新作为。元首外交在 2017 年继续发挥重要的引领作用、习近平主席 5 次出国访问，足迹遍布亚洲、欧洲、美洲，到访 8 个国家，并在多个国际场合演讲，提出中国方案。2017 年上半年中国成功主办"一带一路"国际合作高峰论坛，下半年举办金砖国家厦门会晤。美国总统特朗普成功访华，中美关系实现平稳过渡。习近平主席出访越南、老挝，积极耕耘中国特色周边外交。12 月初，中国共产党与来自 120 多个国家近 300 个政党和政治组织的领导人相聚北京，对话交流，中国外交保持进取开拓态势，成就突出。

一、党的十九大举旗定向，倡导构建人类命运共同体

构建人类命运共同体是习近平新时代中国特色社会主义外交思想的关键要素，体现了中国为人类做出了新的更大贡献的大国担当。习近平总书记的多次重要阐述，形成了科学完整、内涵丰富、意义深远的思想体系。这一思想被多次写入联合国文件，引起国际社会的普遍关注，获得了越来越多的国际认同。

党的十九大报告呼吁各国人民同心协力，构建人类命运共同体，建

设持久和平、普遍安全、共同繁荣、开放包容、清洁美丽的世界。要相互尊重、平等协商，坚决摒弃"冷战"思维和强权政治，走对话而不对抗、结伴而不结盟的国与国交往新路。要坚持以对话解决争端、以协商化解分歧，统筹应对传统和非传统安全威胁，反对一切形式的恐怖主义。要同舟共济，促进贸易和投资自由化便利化，推动经济全球化朝着更加开放、包容、普惠、平衡、共赢的方向发展。要尊重世界文明多样性，以文明交流超越文明隔阂、文明互鉴超越文明冲突、文明共存超越文明优越。要坚持环境友好，合作应对气候变化，保护好人类赖以生存的地球家园。

习近平总书记在中国共产党与世界政党高层对话会上，进一步阐述了人类命运共同体的丰富内涵。首先，人类命运共同体就是每个民族、每个国家的前途命运都紧紧联系在一起，应该风雨同舟，荣辱与共，努力把我们生于斯、长于斯的这个星球建成一个和睦的大家庭，把世界各国人民对美好生活的向往变成现实。其次，为实现这样一个世界共同的梦想，需要坚持四个"努力建设"：努力建设一个远离恐惧、普遍安全的世界；努力建设一个远离贫困、共同繁荣的世界；努力建设一个远离封闭、开放包容的世界；努力建设一个山清水秀、清洁美丽的世界。这既是中国对自身发展经验的有益总结，也是向国际社会做出的庄严承诺，充分表明中国共产党是为中国人民谋幸福的政党，也是为人类进步事业奋斗的政党。中国不仅要做好自己的事情，还要胸怀天下，放眼全球，与世界其他国家分享发展机遇。

习近平作为党的十九大报告的第一宣讲人，在国际多边场合有针对性地论述了新时代中国特色大国外交目标，勾画了新时代中国与世界互动的美好前景，并宣告中国将开启"推动构建新型国际关系、推动构建人类命运共同体的新征程"①。由于面对的是国际听众，因此习近平在亚太经合组织工商领导人峰会上的演讲以问题为导向，旨在消除外界可能对中国共产党十九大召开之后的内外政策走向的疑虑或误解，增加

---

① 《习近平主席在亚太经合组织工商领导人峰会上的主旨演讲》，新华网，2017 年 11 月 10 日。

合作共赢的信心。

2017年1月，针对"世界怎么了，我们怎么办"的疑问，习近平分别发表两次重要演讲，一次是在世界经济论坛2017年年会开幕式上作《共担时代责任　共促全球发展》的主旨演讲，提出坚持创新驱动，打造富有活力的增长模式；坚持协同联动，打造开放共赢的合作模式；坚持与时俱进，打造公正合理的治理模式；坚持公平包容，打造平衡普惠的发展模式。这一讲话有力地回应了保护主义、反全球化思潮，表明了中国的鲜明态度。

另一次是在日内瓦万国宫发表《共同构建人类命运共同体》的主旨演讲，深刻、全面阐述人类命运共同体理念，主张共同推进构建人类命运共同体伟大进程，坚持对话协商、共建共享、合作共赢、交流互鉴、绿色低碳，建设一个持久和平、普遍安全、共同繁荣、开放包容、清洁美丽的世界。这一思想内涵体现了国内国际两个大局的有机统筹，是我国"五位一体"总体布局在国际层面的自然延伸，顺应了人类追求可持续发展的潮流。

当前世界多极化、经济全球化、社会信息化、文化多样化深入发展，国际形势的发展错综复杂，波谲云诡，和平赤字、发展赤字、治理赤字是摆在人类面前的严峻挑战，民粹和保护主义等思潮在西方国家抬头，增加了未来世界的不确定性。因此，越来越多的人将目光投向中国，期待听到中国的声音，期待中国发挥更大作用。如今的中国与外部世界已经形成你中有我、我中有你的利益共同体、责任共同体；在事关人类命运、前途的重大问题上，中国有话要说，有必要表明立场。习近平从历史发展的大格局出发，提出"构建人类命运共同体"，战略高度和视角令人耳目一新，有力地提升了中国的国际话语权与议程设置能力。

二、"一带一路"越走越宽广

"一带一路"是中国倡导的、最受欢迎的国际公共产品，其"朋友圈"日渐扩大。2017 年 12 月初，面对来自 120 多个国家近 300 个政党和政治组织的领导人，习近平指出："我提出'一带一路'倡议，就是要实践人类命运共同体理念。4 年来，共建'一带一路'已成为有关各国实现共同发展的巨大合作平台。"① 中国秉持共商、共建、共享的开放包容理念，顺应并引领经济全球化新趋势，使之成为世界经济新的增长点；"一带一路"蕴含着丰富的合作共赢、构建人类命运共同体思想，使之成为探索和实践新型国际关系的典范。

近年来主场外交已成为中国特色大国外交的"大手笔"，是展示中国方案的有力平台。2017 年 5 月 14 日至 15 日，"一带一路"国际合作高峰论坛在北京成功举行，中国方案晋升为国际行动。来自 140 多个国家和 80 多个国际组织的 1600 多名代表云集北京，共商合作大计，共建合作平台，共享合作成果。就连美国、日本等持观望态度的国家也派出高级代表团出席，说明它们也无法忽视"一带一路"的影响。习近平主席在会上提出，要把"一带一路"建成和平之路、繁荣之路、开放之路、创新之路、文明之路，为"一带一路"的未来发展指明了方向，引起国际上的强烈共鸣。

迄今已有 100 多个国家和国际组织积极响应支持，中国同 40 多个国家和国际组织签署合作协议，意味着"一带一路"已进入全面务实合作新阶段。中国是诸多"一带一路"沿线国家的最大贸易伙伴，最大出口市场和主要投资者。中国与"一带一路"沿线国家共同聚焦政策沟通、设施联通、贸易畅通、资金融通、民心相通。由亚洲基础设施投资银行、丝路基金牵引的金融合作不断深入，一批有影响力的标志性项目逐步落地，进度和成果超出预期，越来越多的国家和地区的人民有了获得感。亚洲基础设施投资银行成员总数从 57 个迅速扩大至 84 个，成员从亚洲扩大到全球，影响力明显提升。

---

① 《习近平：携手建设更加美好的世界——在中国共产党与世界政党高层对话会上的主旨讲话》，新华网，2017 年 12 月 1 日。

"一带一路"越走越宽广，一批又一批更具体的建设规划和倡议不断涌现。中老经济走廊成为中老共建"一带一路"的新蓝图。2017年11月13日，访问老挝的习近平主席和老挝国家主席本扬共同见证中老签署合作文件，共建中老经济走廊。这是继六大经济走廊后，又一经济大走廊。12月21日中泰铁路合作项目一期工程开工。这是中泰共建"一带一路"旗舰项目，将有效提升泰国和本地区的基础设施建设和互联互通水平，促进泰国经济可持续发展。未来中泰铁路和中老铁路进一步互联互通，促进沿线国家经贸交流和人员往来，实现互利多赢。与此同时，中缅经济走廊、"冰上丝绸之路""空中丝绸之路""数字丝绸之路"等诸多倡议和项目再添佳话。

"一带一路"开辟共商、共建、共享更美好世界的新天地，已经成为中国加强对外合作的一张靓丽名片，其创造的红利与机遇惠及全球。习近平强调的中国"不是要营造自己的后花园，而是要建设各国共享的百花园"。"一带一路"国际合作高峰论坛体现了中国知行合一，倡导经济全球化向开放、包容、普惠、平衡、共赢方向发展，赢得国际社会广泛赞誉。

三、金砖厦门会晤打造新的"金色十年"

金砖国家领导人第九次会晤于9月3日至5日在中国厦门举行。中国精心筹划并和其他成员国一道总结经验，规划金砖国家未来合作新蓝图，着力打造第二个"金色十年"。

金砖国家合作已经走过了10年的历程，有力地促进了世界多极化、经济全球化和全球治理民主化进程，具有创新意义。2017年6月19日，习近平主席在会见金砖国家外长时，强调金砖合作是一个创新，超越了政治和军事结盟的老套路，建立了结伴不结盟的新关系；超越了以意识形态画线的老思维，走出了相互尊重、共同进步的新道路；超越了你输我赢、赢者通吃的老观念，实践了互惠互利、合作共赢的新理念。

本次金砖会晤的主题"深化金砖伙伴关系开辟更加光明未来",就是要着眼于开启金砖合作的第二个"金色十年"。厦门会晤推出"金砖+"合作模式,是对金砖合作机制的一次重要创新,不仅指明了金砖的未来发展方向,而且丰富和发展了金砖合作的内涵。

金砖国家机制从金砖四国扩大为金砖五国,体现了金砖国家机制的开放特质。中国作为东道主以"金砖+"的方式对金砖合作机制进行创新,主要考虑如下:一是扩大金砖国家和发展中国家的对话伙伴关系网络。这次采取的是"5+5",就是金砖国家与五个新兴经济体和发展中国家的对话。应邀出席会晤的五个国家包括墨西哥、泰国、塔吉克斯坦、埃及、几内亚,覆盖全球。这个"+"就是要打造一个开放、多元的发展伙伴关系网络,把金砖合作打造成最有影响力的南南合作平台。二是拓展议题。厦门会晤将人文交流明确提出来,作为金砖合作机制"三轮驱动"之一,意味着金砖合作的议题从经济合作、安全对话扩展到了人文交流,使金砖合作的社会基础更加扎实。可见,"金砖+"合作模式扩大了金砖的"朋友圈",使其在国际上有了更大代表性和影响力。

本次金砖会晤的重要成果是树立了金砖国家合作发展的信心。2008年金融危机对世界、对金砖国家,都产生了严重的冲击,也强化了金砖国家的合作愿望。金砖国家看到不能光靠自己单枪匹马,要抱团取暖,要相互团结协作,才能更好地维护自身利益,更有效地应对金融危机的影响。事实证明,金砖国家在应对世界金融危机时一马当先,做出了非常卓越的贡献。在2008年金融危机以后,金砖国家对世界经济增长的贡献率超过了50%,由此奠定了金砖国家在国际上的地位。也就是说,金砖国家的信心和地位是靠自己的表现和实力争取来的。

厦门会晤汇聚新的共识,凝聚更大力量,给人民带来更多福祉。金砖国家领导人厦门会晤发表《金砖国家领导人厦门宣言》,回顾过去10年发展历程,并对开启第二个金砖"金色十年"做出规划。它特别强调在四个方面进一步推进金砖的合作。这包括经贸、政治安全、全球治理和人文交流。金砖国家要发挥更大的作用,维护《联合国宪章》宗旨和国际关系准则，在国际上主持公平正义，在重大的国际问题上加强合作和协调；在全球治理上，要推动全球治理的改革，如推动国际货币基金组织和世界银行代表权的评估，以提升发展中国家在全球治理体系当中的制度性权利和话语权；在人文交流上，加强合作和推动，打造新的亮点。综上所述，厦门会晤成为金砖合作的新起点。

诚然，金砖国家同样面临不少挑战，如国际上反全球化、保护主义思潮滋长；经济增长动力不足；一些国际舆论还在"唱衰"金砖国家，吐槽金砖国家含金量不足、金砖国家之间互信存疑等。这恰恰说明，在开启新的十年合作之际，金砖国家保持信心、创新方式、推动合作从大到强、争取更大国际话语权和制度性权力的紧迫性和重要性。

四、特朗普成功访华，中美关系开局良好

2017 年以来中美关系取得重要进展。11 月 8 日至 10 日，美国总统特朗普应邀对中国进行国事访问。中美元首北京会晤为新时代中美关系发展指明了方向，规划了蓝图，充实了内容。

自 2017 年 1 月特朗普就任美国总统以来，习近平和特朗普总统通过多种方式保持密切联系，及时就共同关心的重大问题交换意见。4月，习近平与特朗普在海湖庄园首次会晤，就双边和国际问题进行了深入交流，双方同意建立 4 个高级别对话机制，即中美外交安全对话、全面经济对话、社会和人文对话、执法及网络安全对话。7 月，习近平与特朗普在汉堡进行第二次会晤。中美领导人保持密切交流与沟通确保了中美关系实现良好开局。

习近平主席和特朗普总统在北京会晤中，就新时代中美关系发展达成了多方面重要共识，会晤取得重要、丰硕成果。双方认为，中美关系事关两国人民福祉，也关乎世界的和平、稳定、繁荣。合作是中美两国唯一正确选择，共赢才能通向更好未来。双方同意继续发挥元首外交对两国关系的战略引领作用，加强两国高层及各级别交往，充分发挥 4 个

高级别对话机制作用，拓展经贸、两军、执法、人文等领域交流合作，加强在重大国际和地区问题上的沟通和协调，推动中美关系得到更大发展。

习近平与特朗普共同会见记者时指出："中美两国的发展相辅相成、并行不悖，中美各自的成功符合双方共同利益。面对复杂多变的国际形势，中美两个大国在维护世界和平稳定、促进全球发展繁荣方面拥有的共同利益更多了，肩负责任更大了，合作空间更广了。一个健康稳定发展的中美关系不仅符合两国人民根本利益，也是国际社会的共同期待。对中美两国来说，合作是唯一的正确选择，共赢才能通向更好的未来。"①

这次北京会晤成果丰硕，不仅增进了相互了解，还达成了诸多共识，包括致力于通过对话谈判解决半岛核问题，并愿同有关各方共同探讨实现半岛和东北亚长治久安的途径。双方在务实合作上迈出了实质性步伐，签署了 2535 亿美元的"超级大单"。这有力地说明，中美关系的本质是互利共赢的，合作是双方唯一正确的选择，而且合作的空间巨大，将给两国人民带来巨大实惠。

五、中国特色周边外交展现新作为

积极推进中国特色的周边外交，这是构建人类命运共同体的起点。中俄元首年内第五次会晤，坚定不移推动两国全面战略协作伙伴关系高水平运行。习主席与韩国、日本、菲律宾等国领导人坦诚面对问题，扩大合作共识；弘扬睦邻友好传统，增进中越、中老相亲相近。2017 年 11 月 12 日至 14 日，在党的十九大闭幕后，习近平以中共中央总书记、国家主席双重身份首次出访选择了社会主义邻邦越南、老挝，谱写敦亲睦邻新篇章，为新时期中越、中老关系发展以及中国同周边国家的合作共赢带来新的机遇。

越南和老挝之于中国，是政治理念相通、发展道路相似的社会主义

① 《习近平同美国总统特朗普共同会见记者》，新华网，2017 年 11 月 9 日。

邻邦。正因如此，这两个国家对中共十九大提出的治国理政方针、理念都有浓厚兴趣。就中越关系，习近平强调，当前，国际和地区形势风云变幻，中越两党两国面临许多相同或相似的新问题新挑战。作为前途相关、命运与共的好邻居、好朋友、好同志、好伙伴，我们要维护和发展好两国关系，为各自维护稳定、深化改革、改善民生提供助力，共同推进社会主义事业，促进地区和平稳定和开放发展。关于中老关系，习近平指出要共同打造中老具有战略意义的命运共同体，符合两党两国和两国人民的根本利益和共同愿望，有利于人类和平与发展的崇高事业，使两国永远做好邻居、好朋友、好同志、好伙伴。

李克强于 2017 年 11 月对菲律宾进行正式访问，中国与菲律宾关系得到明显改善与发展。李克强表示，中菲交往源远流长，友好合作始终是主流。当前两国关系已经克服困难，实现转圜，发展前景良好。实践证明，坚持睦邻友好符合中菲双方根本利益，是主流民意所向，是地区大势所趋，是共同发展基石。双方同意把握正确方向，巩固友好，深化合作，管控分歧，把失去的时间找回来，推动中菲关系健康稳步前行。

李克强出席于菲律宾马尼拉举行的第 20 次中国-东盟（10 + 1）领导人会议、第 20 次东盟与中日韩（10 + 3）领导人会议和第 12 届东亚峰会。李克强强调，中国共产党第十九次全国代表大会明确提出，中国将坚持和平发展道路，推动构建新型国际关系，推动构建人类命运共同体。中国的发展只会给东亚乃至世界发展繁荣带来机遇，不会对任何国家构成威胁。中方愿与峰会各方齐心协力，维护地区和平发展合作的良好势头，积极推进东亚经济共同体建设，共同谱写东亚合作新篇章、开创东亚发展新愿景。中国-东盟（10 + 1）领导人会议宣布正式启动"南海行为准则"（以下简称"准则"）磋商。这一成果来之不易，开启"准则"磋商意味着南海问题已经纳入对话协商的正确轨道，有助于维护南海的和平稳定。

2017 年 12 月 13 日到 16 日，韩国总统文在寅应邀对中国进行国事访问并取得成功。中韩是友好近邻和战略合作伙伴。建交 25 年来，两国各领域交流合作取得显著发展，双方互为重要的贸易伙伴，为两国民众带来巨大利益。然而，由于韩国于 2016 年 7 月宣布在国内部署"萨德"反导系统，严重损害中国战略安全，两国关系倒退。2017 年 10 月底，中韩双方就阶段性处理"萨德"问题达成共识，韩国做出"三不"承诺：即韩国不加入美国反导体系，不与美日发展成三方军事同盟，不追加部署"萨德"系统。文在寅来访表明中韩关系得到修复，走上改善的轨道。习近平指出，中方重视同韩方关系，愿同韩方一道，牢记两国建交的初心，以两国人民福祉为念，秉持尊重彼此核心利益和重大关切的基本原则，坚持以诚相待的为邻之道，把握互利共赢的合作宗旨，推动中韩战略合作伙伴关系始终健康稳定地走在正确发展轨道上。中韩关系重回健康发展正轨有助于共同维护东北亚地区的和平与稳定。

六、结语

党的十九大报告为中国未来描绘出了宏伟蓝图，中国外交风景独好。进入新时代的中国外交将以构建新型国际关系，构建人类命运共同体为总目标，努力为全面建成小康社会和实现"两个一百年"奋斗目标营造更良好的外部环境。

习近平主席指出，中国始终做世界和平的建设者、全球发展的贡献者、国际秩序的维护者。中国"将坚定不移地走独立自主的和平发展道路，坚定不移地维护国家主权安全发展利益，坚定不移地通过对话谈判妥善解决有关争端。旗帜鲜明地坚持一个中国原则，反对和遏制'台独'分裂图谋，反对任何外部势力干涉中国内政。'外交为民'是我们不变的宗旨，积极维护中国在海外的正当利益，是新时代中国外交的应有之义和应尽职责"[1]。

---

[1]《王毅：以习近平新时代中国特色社会主义思想引领中国外交开辟新境界》，《人民日报》2017 年 12 月 19 日。

新时代中国外交将展现更大新作为。习近平在越南岘港亚太经合组织工商领导人峰会上发表主旨演讲时，阐释新时代中国开启的五个"新征程"：全面深化改革、持续释放发展活力的新征程；与时俱进、创新发展方式的新征程；进一步走向世界、发展更高层次开放型经济的新征程；以人民为中心、迈向美好生活的新征程；推动构建新型国际关系、推动构建人类命运共同体的新征程。"五个新征程"释放中国坚持开放的重要信息，将增进国际社会对新时代中国未来走向的理解，使中国特色大国外交在新的一年再创佳绩。

（中国国际问题研究院：

《国际形势与中国外交蓝皮书（2018）》，

世界知识出版社 2018 年版）

中国外交发力　成绩可圈可点

5月的北京风和日丽，中国外交好戏连台，主场外交实力"圈粉"，周边外交精准发力，迎来送往，精彩纷呈。

第一，"一带一路"国际合作高峰论坛成果"刷屏"。习近平主席同与会的29国领导人在圆桌峰会上一致通过了联合公报，这是本次高峰论坛重要的政治成果文件，充分反映了各方的合作共识，为"一带一路"建设开展国际合作、构建开放型世界经济指明了方向，标志着中国方案晋升为"国际方案"。这一盛会同样是中国积极开展多边外交的契机，习近平主席与出席峰会的多国元首、政府首脑会谈会见，有力促进了中国与相关各国的友好合作关系，赢得了与会各方及国际社会的高度赞誉。

第二，中国与东盟国家就"南海行为准则"达成框架协议，助推中国–东盟关系从快速发展的成长期迈向提质升级的成熟期。"准则"是《南海各方行为宣言》机制的延展，早日达成"准则"有助于促进南海地区的和平与稳定。中国与东盟国家5月17日至18日在贵阳举行落实《南海各方行为宣言》第14次高官会，审议通过了"准则"框架，包括前言、目标、原则、基本承诺、最终条款等内容，既全面又照顾各方利益和关切，标志着"准则"磋商取得重要阶段性成果，为未来奠定坚实基础，也将对进一步丰富和完善本地区规则发挥重要作用。

第三，中国与菲律宾南海问题双边磋商机制正式启动，南海问题回归对话协商正轨。5月19日，中菲南海问题双边磋商机制第一次会议在贵阳举行，双方就涉南海议题进行友好对话磋商。此举是落实去年10月菲律宾总统杜特尔特访华期间中菲元首达成的共识的重要一步，是双方建立信任关系和促进海上合作与海上安全的平台，将每半年在两国交替举行会议。这一机制旨在凝聚共识，增进互信，妥善管控分歧，推动海上务实合作，为中菲最终解决有关争议积累条件。杜特尔特总统也来华出席了"一带一路"国际合作高峰论坛，中菲签署了多份合作文件。中菲关系全面改善使两国人民获得更多实实在在的红利。

第四，韩国特使访华，寻求转圜。5月18日至20日，韩国总统文在寅就任后即派特使李海瓒访华，体现了韩国新政府对中韩关系的重视以及希望改善两国关系的迫切愿望。习近平主席会见李海瓒时表示，中方重视中韩关系，愿同韩方一道，维护中韩关系来之不易的成果，在相互理解、相互尊重的基础上，巩固政治互信，妥善处理分歧，推动中韩关系早日回到正常轨道，实现改善发展。李海瓒特使表示，韩方充分理解中方有关重大合理关切，愿同中方加紧沟通协调，探讨妥善解决阻碍两国关系发展的问题。

在不到一个月的时间里，中国外交取得了可圈可点的成绩，体现的是讲信修睦、厚积薄发，彰显着大国胸怀。针对当前世界面临的"和平赤字、发展赤字和治理赤字"挑战，中国秉持合作共赢的理念和丝路精神，推动"一带一路"建设，共商合作大计，共建开放平台，共享发展成果。中国外交从容应对国际风云激荡，在世界乱象和变局中保持战略定力和主动作为，赢得了世界的广泛赞誉。

（《人民日报·海外版》2017 年 5 月 24 日）

中国应更多参与"规则博弈"

每逢国际研讨会，笔者常常听到这样一句话：要以"基于规则的制度"或方式来解决争端。它似乎已成通行的国际话语，人们言必称规则，并试图以之指导、规范各方的行为。

一般来讲，国际形势发生巨变之际，也是重塑国际规则的关键之时。第二次世界大战结束，联合国随即建立，它和与此相关的一系列国际会议、活动、国际协定、条约、声明，等等，构成了战后国际秩序的架构与规则。当前，国际形势正发生深刻变化，"冷战"体系的终结与金融危机加速了国际力量的此消彼长，将国际格局推向新的十字路口，各方都在围绕"转型"二字做文章，盘算如何引导国际局势朝着于己有利的方向演变，其中最重要的方法之一，就是拿起"规则"这一武器，并将其擦得锃光瓦亮，参与或主导制定新的国际规则，为确保自身权益的最大化做顶层设计。

自古以来，强国制定规则，弱国被迫遵从，也就决定了权力在国际体系中的分配方式和额度。正如古希腊历史学家修昔底德所说："强国能其所事，弱国受其所难。"大国往往在国际局势变迁之际，千方百计地将权力资源转化为规则制定以及塑造规则的能力，以确保获得强大的边际收益，处处占据上风。

中美两国围绕规则的博弈无处不在，日趋激烈。对美国而言，"重返"亚太，染指南海，打的是规则牌。美国已经不再可能遏制中国的发展，美国总统奥巴马说，愿意看到一个和平繁荣崛起的中国，但企图以美国制定的规则来"塑造"中国。

如果说过去中国在诸多方面受到"规则"的挤压，那是因为在融入世界的过程中，多数规则是在西方主导下建立的，中国处于适应与遵守的地位。中国改革开放 30 多年的历程，也是学习、了解、适应国际规则的过程。面对当前国际局势的快速转换、新国际规则的塑造与制定，中国是游离于外，还是参与其中，以更好地维护自身利益？答案不言而喻。

中国是一个负责任的大国，积极主动地学会利用规则，规避前进的障碍，减少发展的成本必不可少。进入 21 世纪，中国已广泛加入了各种国际机制、国际组织，深度参与了国际事务，这使中国有更好条件、更多资源，以更加开放与积极自信的姿态，投入到这场国际规则博弈的高端较量中；中国已经是国际规则日益重要的制定者之一，而且一定会大有作为，国际社会也期待中国在国际规则制定中发挥更大作用。

今天的中国在国际的聚光灯下跳舞，需要树立新的规则观。当前，中国正从"中国制造"向"中国创造"转化，在此过程中，必须明白风物长宜放眼量，着眼于推出"中国规则"与"中国标准"，只有这样，才能夯实中国和平发展的基础，提升中国和平发展的质量。

为此，中国迫切需要加强规则制定的能力建设。这需要主动设置议程，召集国际会议与主办国际活动，巧妙抓住大家都关心的问题并加以提炼，提出看法。这需要虚怀若谷，广纳百川，调动民间社会的智慧以及国际社会的智力为我所用。当然，还需要向国际机构与组织输送更多人才，让他们担任高管，增加对国际规则的了解与运用，并引导确立新的国际规则。

（《人民日报·海外版》2012 年 10 月 15 日）

让中国经济实力凝成外交力量

近来两条消息相当引人注目：一是美国众议院情报委员会在报告中无端指责两家中国公司华为、中兴威胁其国家安全，要将二者排除在美国市场之外；二是我国外交部举行国际经济司成立大会。这一负一正两相对比，说明伴随着中国越来越多地深度参与国际事务，经济外交的重要意义愈发凸显。

作为世界第二大经济体，中国与世界经济的密切程度前所未有。2011年，中国经济总量占世界经济的比例由2002年的4.4%提高到10.4%，对世界经济增长的贡献率超过20%。中国外贸对外依存度超过49%，石油、天然气、铁矿、铜矿等资源一半以上靠进口。世界经济大环境趋好，中国经济的发展也如沐春风；反之，则会感觉凉风习习，寒气逼人。同样，中国经济的稳健发展让世界受益颇多；中国经济"伤风感冒"，世界经济也可能"喷嚏连连"。正因为此，今年二季度中国经济三年来首次破8，随即引起世人的高度关注，并担心中国经济"失速"可能对世界经济产生影响。

经贸的蓬勃发展和对世界经济依存度的提升，必然带来人员、技术、资金和企业的跨国界流动。仅2011年，我国出境人次就超过7000万，如何有效保护我国海外人员与财产的安全及其合法权益，让拓展于他乡的中国企业体验到祖国的强力支撑，都是迫切的课题。

与此同时，中国产品在国际上屡屡遭遇阻击，一些国家不断对中国企业挥舞制裁大棒，以反倾销，或反补贴，或技术性贸易壁垒，或国家安全等口实，将其拒之门外。以光伏产品为例，中国企业近来就受到美欧重重围剿。

与经济摩擦如影随形的，是隐藏于背后的政治动因。最近华为、中兴两家公司被美国挡在门外，并非全是出于经济原因，其背后的政治考虑才是根本。在政治与经济利益交汇的情形下，迫切需要我国在外交工作中综合协调，推进跨领域资源的优化整合。在此背景下，外交部成立国际经济司，不仅拓展外交维度，增加立体性，更为传统的政治外交创新注入了新动力，经济外交将成为撬动中国外交的新杠杆。

经济外交在中国多边外交中的烙印已经随处可见，但中国的快速发展也面临诸多挑战、问题和障碍，需要通盘考虑对外政治与经济合作的关系，不断增强经济意识，在更高水平推进经济外交工作。除需要大力加强研究全球经济治理、国际经济金融形势及制度、规则建设、区域经济合作等有关问题外，还需要从以下两方面进行体制机制上的改进与人力资源的有效投放，以适应新的时代要求。

一是需要进一步整合对外援助与外交。外援是外交不可分割的组成部分。如何让中国对外援助更好地为外交服务，让外交更加有效、更加有的放矢，从体制机制上理顺外援与外交的关系至关重要。换句话说，应将我国的对外援助工作统筹协调管理，使之与外交努力齐头并进，二者相辅相成，相得益彰。

二是优化人力资源投入，向国际机构与国际组织输送更多中国人才担任要职，使其在规则制定过程中维护中国利益，有效地把经济实力转化为机制权力、塑造力和话语权。只有这样，才能把中国的经济实力转化为制度实力，为中国和平发展塑造更加公平合理的国际环境。

曾记得 2008 年金融危机爆发时，无论是在什么国际会议，什么国际场合，大家言必称经济，而"我们都是经济人"的呐喊至今余音犹存。经济外交大有作为、适逢其时。

（《环球时报》2012 年 10 月 22 日）

中国的成功让人着迷

【"天下之至柔，驰骋天下之至坚。"当代，外交软实力正日益成为衡量一个国家国际地位和国际影响力的重要指标，把发展外交软实力置于战略高度，已成为实现国家总体目标的根本要求。新华网联合国家行政学院制作五期系列高端访谈《大棋局——十八大以来中国外交新理念和突破》。在第四期《打造中国外交软实力》中，专家表示，中国的发展道路，令广大发展中国家着迷，其中，最令人着迷的当属中国亮丽的经济发展成绩和举世瞩目的减贫成就，这是中国软实力的魅力所在。以下为阮宗泽先生谈到的部分内容。】

新华网：从第二次世界大战结束至今，战争不可取、和平最有利的和平主义观念，可谓深入人心。有很多学者说，在这种情况下，世界各国未来会更加注重外交软实力的扩展，以提升本国在全球的影响力。软实力的内涵和精髓到底是什么？

阮宗泽：我觉得软实力是一个国家综合实力的有机组成部分，是相对于我们经常讲的硬实力，也就是相对于 GDP 的增长而言的。它主要是指一个国家的价值观、制度、道路和文化等的影响力和感召力。影响力就是说这样一些价值观、制度、道路和文化，要影响到其他的国家和地区；它同时还具备一种感召力、一种非常强的吸引力，大家把它视作一个榜样，甚至是学习借鉴的一个目标。因此，软实力是国家实力一个非常重要的组成部分，尤其是在和平发展时期更加重要。和平发展就是靠国家的发展道路、理论体系和文化等深入人心的力量来构建这个国家在国际上的形象和地位。

新华网：能不能举例说明一下？

阮宗泽：我可以举一个例子来说明。讲到软实力，就会讲到一个国家的发展道路问题。其实，今天中国的发展道路广为发展中国家所推崇。我自己担任过联合国国际开发署《人类发展报告》咨询委员会专家。在联合国开会的时候，他们对中国取得的成就可以说是惊讶不已。他们就问，中国成功的密码在哪里？他们特别想学习、想借鉴。

实际上，中国的成功让他们觉得特别着迷的主要是两个方面：一是减贫问题。在过去 15 年，中国让 4 亿多人脱贫。中国在实现联合国千年发展目标方面，为联合国减贫的总目标贡献了半壁江山，可以说是最大的贡献者。帮助这么多人脱离贫困，这在世界上也是绝无仅有的。现在，中国还有 5000 多万贫困人口，中央说要在 2020 年消灭贫困。这样的成就对很多发展中国家来说，是不可思议的事儿。二是中国的发展成就令人惊叹。30 多年前，中国的经济发展和他们差不多，结果几十年后，中国已经坐二望一，是世界第二了，很可能今后超过美国。这些发展中国家觉得是不可思议的，觉得你一定有过人之处。这样一种中国式的发展模式，就是中国在新形势下软实力魅力的散发。

新华网：刚才我们了解到软实力的内涵，也明白了在和平时代，软实力对国家综合国力的提升可以说意义非凡。那么，软实力和硬实力之间是什么样的辩证关系？

阮宗泽：硬实力和软实力的关系，就像一个硬币的两面，是相辅相成的。软实力的存在当然要以硬实力作为基础。今天中国国际地位的提升，在很大程度上，是因为近 40 年来中国改革开放取得的巨大成就。我觉得，硬实力是基础，但同时仅有硬实力还不够。特别是，刚才讲到在和平发展时代，一个大国的崛起和经济增长，从本国角度来说是合理合情的，但在其他国家看来，可能担忧你会不会威胁到它，会不会对它的利益有所压制。每一个大国都希望自己的成长和发展，给人的印象是和蔼可亲的，大家能够和平相处。

比如说，国际上经常问中国的一个问题是，你的经济发展取得了空前成就，但今后你究竟想干什么？他们对你不放心，就会对你有所担心。他们中的很多人还不太了解中国，这个时候对中国来说最重要的就是，我们要不停地在世界上讲述中国故事，讲好中国故事。从中国的文化、道路、理论和制度等方面来强调，中国就是要走一条和平发展道路。今天，中国有很多外交实践，有"一带一路"等众多好的倡议，所要传递的观念就是，中国自身要发展，也希望大家共同发展、合作共赢。这是今天的中国在国际上塑造软实力、打造国家形象的重要任务。

新华网：如何看待媒体在软实力中的作用，尤其是网络媒体、新媒体对提升国家外交软实力，能发挥什么样的作用？

阮宗泽：我觉得它的作用是至关重要、不可或缺的，以后会越来越重要。未来是屏幕经济时代，一个手机就能解决很多问题。很多人现在不一定开电视了，但是手机在哪儿都开着。媒体本身也是软实力的一部分。媒体的传播能力、传播内容、传播方式、传播效果也是软实力不可或缺的一部分。软实力靠什么建构？相当大的意义上是靠传播，媒体是传播当中至关重要的一个环节。但是，媒体也要紧跟时代步伐，特别是传播的方式，因此，新媒体的作用就至关重要了。

中国历史悠久，一本大部头的著作可能让很多人知难而退，即使想看也没功夫看。同时，现代人的阅读习惯发生了很大改变，就愿意看100多字，就愿意看有动画、图片的形象展示，不愿意读很多文字。我觉得，传播中国文化必须接地气。换句话讲，要去适应时代的需求和发展，但这并不是说要把它庸俗化，内容也是同样精彩的，但是传播方式要与时俱进，做一些改变和更新。

与此同时，媒体的作用还体现在哪些方面？我觉得最重要的，还是体现在增信释疑这个方面。增信就是增加国家之间、百姓之间的信任。同时，要消除大家内心的疑惑，把心中的问号拉直成为惊叹号。我觉得，媒体的作用至关重要，它既是软实力的一部分，又是建构软实力必不可少的一个工具。

新华网：如何将一个较为深奥、高端的话题深入浅出地解释给老百姓听，媒体人在日常工作中深深地感受到来自这方面的挑战。目前，在西方媒体依然在全球话语体系占主导或者说有先导权的情况下，您能不能给中国的媒体出点主意，如何缩小这个差距？如何讲好中国故事，传播好中国的国家形象？

阮宗泽：通常有一种观点，好像媒体就是西强我弱，好像西方的媒体总是处于强势，我们处于弱势，这个我觉得要辩证地看待。西方媒体也遇到了很多问题，其中一个就是没有走"群众路线"，不知道老百姓的想法，都是精英在那里自娱自乐。所以其实很多人，他们现在是"香菇蓝瘦"（想哭难受），也很悲情。

我认为，中国要有信心，中国的媒体更要有信心，为什么这样讲？因为人类历史上出现的最动人的故事就发生在今天的中国。十多亿人在进行工业化，人类历史上从未有过，而且我们每一天都在创造历史、书写历史。这个故事就发生在中国，媒体是亲历者、见证者。我们有很好的素材，有越来越多的好资源，要更多地挖掘和展示今天中国的精彩动人之处。这就是中国的软实力，正是因为中央讲的理论自信、道路自信、制度自信、文化自信，这四个自信实际上就组成了今天我们谈的中国的软实力。今天的中国是新闻事件和故事的宝藏，取之不尽、用之不竭，中国的媒体人正好处在这样一个时代，很多动人的故事应该由我们来讲给世界听。

新华网：在提升外交软实力的其他领域方面，我们还有什么突破口和着力点，未来还应该怎样发力？

阮宗泽：我认为重要的是，我们怎样进一步深入扩大交流，争取把中国的力量，包括经济的力量、倡议的力量转化成一种国际制度性权力，这个非常重要。

举个例子，中国现在经济排世界第二，但是中国在国际经济治理平台当中的制度性权力和中国的实力是不相匹配的。就算在金融危机以后，国际货币基金组织进行了改革，去年中国的份额占比增加，排名从第六位提升到第三位，但还是不够。日本的份额是第二位，日本的经济总量现在只有中国的 1/2，但它在国际制度当中的权力还是大于中国。我觉得，这是中国外交下一步的发力点。

党的十八大报告里体现的兼济天下的情怀非常重要，是大国必备的素质。中国的发展对世界是一个巨大的贡献，中国的一个伟大创举叫作合作共赢。中国融入了国际体系，获得了巨大发展空间，同时这个国际体系也因为中国的加入而更具合理性和代表性，更加地完整。这些都是多赢的表现，只有多赢才能走得更远。

（新华网访谈，2017 年 9 月 11 日）

中国外交的"破"与"立"

2016 年的日历即将翻到最后一页。这一年的国际舞台，走马灯似的上演了一部又一部"惊悚大片"，小概率的"黑天鹅"事件大行其道，反全球化、民粹主义、保护主义思潮汹涌而来。面对如此复杂激烈的世界变局，中国展现战略定力与雄心，中国外交奋发有为，一"破"一"立"，书写攻坚开拓的精彩篇章。

所谓"破"，指的是在南海仲裁案之局中，将菲律宾前政府单方面提起建立的南海仲裁案仲裁庭做出的所谓最终裁决变成一张废纸。近年来，一些域内域外力量相互勾结、沆瀣一气，在南海问题上跟中国叫板。7 月 12 日，南海仲裁案所谓最终裁决公布。对此，中国予以坚决回击，有效揭露了临时仲裁庭越权、扩权甚至滥权的非法行径，让阴谋和谎言无处遁形，让事实和真相大白于天下，推动南海问题重新回到直接当事国对话协商解决的正确轨道，有力维护了国家主权、维护了民族尊严、维护了地区稳定。

就在仲裁案结果公布不久，7 月 25 日，中国和东盟国家外交部部长发表了关于全面有效落实《南海各方行为宣言》的联合声明。声明说，中国与东盟认识到维护南海的和平与稳定符合中国与东盟国家以及国际社会的基本利益；重申 2002 年《南海各方行为宣言》具有里程碑意义。菲律宾总统杜特尔特于 10 月 18 日至 21 日访华，中菲双方同意通过友好磋商和谈判来解决南海争端，这实际上否定了南海仲裁案。中菲同意加强双方的经贸合作、人员往来，两国关系柳暗花明。至此，中国在南海问题上成功破局，使一度"高烧不退"的南海问题降温，有效地维护了南海的和平稳定。

所谓"立"，指的是二十国集团（G20）领导人杭州峰会上的中国风范。中国成功举办 G20 杭州峰会，为全球经济治理树立了新标杆。此次峰会是中国今年最重要的主场外交，是在国际治理格局转型的重要关口召开的一次关键会议。由于世界经济形势仍然堪忧，下行压力的警报并没有解除，使得 G20 杭州峰会备受瞩目。

中国自从 2015 年 12 月接棒担任 2016 年二十国集团轮值主席国以来，在主题、议题、日程设定以及创新办会方式等方面，均展现了卓越领导力。G20 杭州峰会的一系列成果就是"立"——立出了中国思路、中国方案。峰会以"构建创新、活力、联动、包容的世界经济"为主题，为改革和完善世界经济治理建言献策，收获 29 项成果，创历次峰会之最，在二十国集团领导人峰会历史上树起了一座里程碑。此次峰会第一次把发展问题置于全球政策框架的突出位置，第一次就落实联合国 2030 年可持续发展议程制订行动计划，第一次集体支持非洲和最不发达国家工业化。这三个"第一次"，彰显了包容、联动的新境界。

中共十八大以来，中国外交华丽转身，更加主动进取，更加积极有为，更加敢于亮剑。这既是中国适应时代呼唤的创举，亦是中国履行大国责任的生动诠释。中国正在以更为成熟、稳健的步伐，走近世界舞台中央，成为乱局中的稳定器、变局中的正能量。

（《人民日报·海外版》2016 年 12 月 24 日）

中国外交是"作茧自缚"吗

近日,笔者参加了英国皇家国际问题研究所主办的题为"全球化与世界秩序"的首届"伦敦会议"。在会上,澳大利亚前总理陆克文称,北京误判形势,展现强硬外交,中国的做法"让邻国感到不安",因此东南亚和东亚国家都要求美国留在亚太地区。美国前副国务卿、哈佛大学教授尼古拉斯·伯恩斯也在会上说,中国对外示强,让亚洲邻国紧张,亚太地区的很多国家都希望美国继续在本地区保持影响。所以在他们看来,中国外交在"作茧自缚"。

中国外交是"作茧自缚"吗?其实,对于中国外交的表现,历来仁者见仁,智者见智,众说纷纭,出现这种舆论并不奇怪。但近来这种舆论越来越多地出现在国际研讨会或媒体上,这说明了什么?

显然,一些国家不适应中国的外交转型,将中国维护国家主权与领土完整的合法行为视为"威胁",有意渲染中国的"示强外交"。有的人滋生一种"只许我动手,不许你还手"的心理,还自恃形势有利,可以得寸进尺。当前,中国周边海洋权益维护面临着严峻局面:岛礁被侵占,资源遭掠夺,海域被瓜分。面对这种形势,中国要么坚决维权,要么什么也不做。前者必然会被扣上"示强"的帽子,然而,即使中国忍气吞声,什么也不做,也没人会满意。

问题是,他们在批评中国外交时,往往陷入选择性失明的陷阱,只挑选一些"证据"来"证明"其看法是正确的。在不同场合,笔者与一些西方学者、前政要以及媒体人士交流时,深感他们往往有意无意地忽视事情的起因和是非曲直,对一些国家对中国的故意挑衅行为,或视而不见,或轻描淡写,将责任一味地推到中国头上。钓鱼岛问题、南海问题,都是对方挑衅在先,企图固化对中国领土的非法占有,中国才不得不做出反应。而一旦中国采取反制措施，他们就开始惊呼：中国"变得咄咄逼人"了，这也就成为所谓的中国"示强外交"的注脚。

当然，这种论调还可以为美国的亚洲"再平衡"增加合理性。几年来，美国力推的"再平衡"战略所制造的问题，比提供的答案还多，在国内外饱受诟病。起初美国称是为了响应亚洲国家的呼声才"重返"亚洲，现在又以对冲中国、提供安全保障为由，在亚洲地区建立联盟体系，继续发挥"平衡者"作用，甚至不惜放纵其盟友向中国发难。美国有种挥之不去的担心，那就是中国强大后，可能会把美国从亚洲赶走。其实，唯一能赶走美国的只能是美国自己。

针对外界觉得今天的中国更加强硬了、更咄咄逼人了的现象，笔者在会议期间接受外媒采访时指出：这是对中国外交的误读。不是中国变得更强硬了，而是它们变得更贪婪了。它们得寸进尺，中国当然会反制，来而不往非礼也。

"伦敦会议"上，笔者在发言中讲到，当今世界秩序正处于深刻的转型时期，以金砖国家为代表的"世界其他力量的崛起"是"冷战"结束以来最为成功的故事，这一力量转换将重塑未来的世界秩序。新兴经济体的崛起对人类发展、消除贫困、应对跨界威胁，以及带动后金融危机时代的世界走出衰退等诸多方面，功不可没。它们希望参与未来国际规则制定和议程设定，但是它们的贡献和诉求没有得到应有的肯定与评价，一些势力还从你输我赢的零和视角看待它们的崛起。因此，抵制世界秩序变革的力量也"旧习难改"，比如金砖国家无一例外地被排除在跨太平洋伙伴关系协定（TPP）和跨大西洋贸易与投资伙伴关系协定（TTIP）的谈判进程之外。

对此，陆克文向笔者提问：中国到底需要一个什么样的世界秩序？我回答说：尽管现行的国际体系并不完美，还有很大的可以改善的空间，但中国像其他新兴经济体一样，并不谋求另起炉灶，而是在努力地融入这一体系。中国的加入会使这一体系更合理、更公正。当今国际体系面临的最大挑战恐怕是如何管理"世界其他力量的崛起"，从而使世界秩序的转型实现软着陆。新兴经济体参与国际规则的制定是大势所趋，应当被视为对现行体系具有有益贡献和建设性作用，而不是相反。

总之，为了实现中国梦，中国必须坚持走和平发展道路，中国自己发展，也会让别人发展，但不会牺牲自身的核心利益，也不等于无所作为。针对外界关于中国"示强外交"的各种非议，需要具体分析，避免"一刀切"，诚然，我们也需要更加积极主动地阐述中国外交的原则立场，增信释疑。中国不打算支配别人，谁也别想支配中国。

（《国际先驱导报》2014 年 6 月 13 日）

中国如何趋利避害

【背景：中共十九大于 2017 年下半年召开，距离执政党提出的全面建成小康社会的目标还有 4 年。中共能否实现这个"百年小康计划"？当前国际国内形势复杂严峻，中共十九大会做出怎样的政策调整？】

我想从三个方面讲：第一，看看未来的一段时间内，国际形势有一些什么样的特点，或者可能的一些新的变化；第二，看看有什么样的挑战，因为我总觉得这两点必须要讲；第三，我们如何争取创造机会或者化危为机，抓住机会。

一、国际形势有何新的变化

我觉得在未来一段时间，有这么几个新的特点：一个是西方主导的国际秩序出现动摇。在这一点上，现在说这个话语说得更多的还是西方人自己，西方人反思能力还是比较强的。举两个例子，比如美国的哈斯出了一本书《失序的世界》，指出第二次世界大战以来形成的国际秩序在很大程度上已经走向终结。恐怖主义、气候变化、网络空间安全等问题带来全球性挑战；中东动荡，欧洲不稳，一些人对经济全球化提出质疑和反对。今年 2 月，慕尼黑安全会议的主办方发表了一个报告，共 90 页，内容非常繁杂和丰富，提出了三个"后"，即"后真相、后西方、后秩序"，这个"后"字透露出相当的危机感。西方要千方百计地维护自己的主导地位，从这个角度看，他们不得不承认面临着前所未有的挑战。

西方在国际事务中一直占据主导地位的这样一种秩序现在出现了动摇，是什么造成这种状况？有两个根本原因，一个原因在于西方的内部出了问题。美国是自己有问题，欧洲也是自己有问题。美国的问题是极化政治导致社会分裂，金融危机的后遗症挥之不去。欧洲地区今年有多场选举，如法国第二轮的大选，接下来还有德国选举，每次选举都是一次向何处去的社会大辩论。欧洲一体化搞了半个多世纪，如今遇到了前所未有的障碍，遭受多场危机的冲击，欧洲发现一体化走得太快，于是出现"再国家化"的呼声。另一个原因是结构性困境。西方自身一直就有不少的问题，有的还很严重，但是过去在"冷战"时期，有一个强大的对手，要对付"苏联威胁"，所以掩盖了自身的很多问题。在这个强大的对手消失以后，西方自身的毛病就更多、更容易地浮现出来，而且迫在眉睫，造成了今天西方举步维艰的变化。

面对种种挑战，西方苦无化解之策。越来越多的西方人安全感下降，开始反思西方的秩序观是否已不能适应日新月异的世界变化。从一定意义上说，西方越来越多地失去对自由社会及其基本价值观的信任，或者说其怀疑在增加。西方曾一度坚信全球化的结果必然是西方化，美国人坚信全球化必将是美国化，然而事实是世界变得扁平化、多极化，一批新兴经济体群体性崛起。这本是时代的进步，因为其他国家的崛起，让世界变得更加多元、包容与平衡。这非但不应该是个问题，相反是解决问题的答案。然而，在西方看来，世界仍然被划分为"西方"与"非西方"，并且正是"非西方"的崛起，日益威胁西方主导的世界秩序。这不仅折射出西方的偏见与傲慢，也反映出西方正从全球化的旗手变为全球化的阻力。当然，面对"非西方"的崛起，西方国家日益担忧其优势流失、辉煌不再，不惜祭出保护主义、以邻为壑的武器，"美国优先"、英国"脱欧"等均是具体表现，因此它们变得更加多疑、敏感与好斗。

二、未来的国际局势呈碎片化状态

国际上出现了一个"领导力赤字"问题。"冷战"时期，第二次世界大战结束以来，甚至"冷战"结束相当一段时间，在西方出现以美国为中心的这样一种国际秩序，或者说，美国利用与苏联的"冷战"强化了自己在西方世界的中心地位。这对西方来讲，他们很多人是可以跟从的，美国指向哪里，他们就跟向哪里。但是现在特朗普上台以后，其所作所为实际上对这样一种"美国领导，西方跟随"的状况提出了一个非常颠覆性的挑战。他认为美国过去热衷于当领导，劳民伤财，花费了美国很多的资源，债台高筑，所以提出了"美国优先"，这听起来有些像邓小平说的"把国内的事情办好""发展是硬道理"等。特朗普要集中精力搞好自己的事情了，不想管国际上那么多了。即使要管，也必须是为美国利益服务，比如他威胁说北约"过时了"，这种话让欧洲人听了简直是晴天霹雳。后来他有所改口，声称说不是不管，但条件是"你们要多出钱出力"，要欧洲盟国将其 GDP 的 2% 用于增加军费，以便更多地分担负担，所以最后还是为美国的利益服务。

有人担心美国政策的这样一种变化，会带来一个领导力缺失的问题，而其他国家又没有能力替代，中国能不能填补这样的一个空白？我认为中国还不可能填补这样一个空白。其实，这种所谓的真空并不存在。老的力量在退缩，新的力量并没有成长起来，更不用说取而代之，这个时候，国际秩序的动荡必然加剧。现在就出现了一个众声喧哗的战国时代。有欧洲人跑过来跟我们说，美国不想干了，中国应当发挥更大的作用。不管是忽悠，还是内心的想法，这反映出他们对美国的过去那种信任和确定性在消失，在流失。我上个月在欧洲开会，发现欧洲人比我们还担心未来"领导力缺失"问题，担心这会给他们自身产生影响。在此背景下，中国可能成为他们加大借重的一方，这算是某种机会。但我们很清楚，中国现在做不到在国际上当领导，也不可能扛旗。

可见，国际形势从相对稳定的状态向动态的平衡转变。以前有一种霸权结构，尽管不喜欢，或者说合理性也有问题，我们可以质疑，但是它带来的客观效果，是秩序保持相对的稳定。现在，没有人能打包票未来会怎样，秩序会出现怎样的演变。美国都打不了包票，欧洲人也打不了包票，他们自己都不知道未来怎么发展，对未来缺乏信心。

三、中国还是有相当的成长空间

国际形势犹如一出波谲云诡的连续剧，你方唱罢我登场，没有剧本，难以预测。如今的世界矛盾丛生、冲突频现，恐怖主义、难民潮等全球性挑战日趋严重；贫困、失业、两极分化拉大，民粹和保护主义等思潮在西方国家抬头——这些都增加了未来世界的不确定性。但全球化之势不可逆转，任何国家均不能独善其身。

还出现了一些挑战需要关注。比如，过去我们讲全球化，一定意义上是在对冲地缘政治，然而，今天一边是全球化的迅猛发展，一边是地缘政治竞争的强势回归，不管是大国之间，还是周边国家间都感到这种张力的强化及带来的影响，让国际形势更加错综复杂。

现在国际体系处在一种新旧转换期，新的秩序尚未建立，未来建立一个什么样的秩序和规则，谁来制定，谁有最大的发言权，谁有最大的话语权，这成为大家争夺的一个制高点。西方担心什么，就是担心话语权的主导优势在流失。

在这种比较混乱的局面中，中国面临着挑战和机遇。中央说要深化改革。确实，中国到了现在这样一个发展阶段，要和世界进行深度的互动，也要解决自身发展的问题，但关起门来是死路一条，必须要以更大的开放度和更广的深度进行互动，为自己创造更多的机会，来化解一些国内的问题。

中国一路走来，虽然有时显得跌跌撞撞，但是经济保持强劲发展，成了很多国家借鉴的对象，这在发展中国家更为明显，我认为这是中国影响增大的体现。自 2008 年金融危机以来，中国经济一直保持较快增长，中国仍是当今主要经济体中增长最快的国家，并为拉动世界经济增长做出了巨大贡献。

中国的发展，成为国际社会的一个焦点。过去我们可以躲在其他大国或者其他力量之后，谋定而后动，现在做不到了，藏不住了，躲不掉了。由于自身的快速发展，中国已经处在国际聚光灯下，两难选择越来越多，实际上往往只能二选一，或三选一，不可能都选。选其一，就得罪一部分人，或者让一部分人不高兴，这是中国今后必须面对的外交挑战。

四、谈两条建议

第一，周边外交上升到一个前所未有的地位，今后把我国周边作为优先领域来经营至关重要。中国不缺乏跟大国之间过招的经验和教训，我们具有非常丰富的、和大国打交道的经验。但是中国和平发展了以后，怎么和周边大大小小的国家打交道，成了一个不容小觑的挑战。周边的国家对中国，包括对中国的言谈举止很敏感，它们对中国抱有希望，又有害怕和担心。而且中国周边的邻国众多，必须慎重对待。美国就两个周边国家还搞不好关系，中国有如此之多的邻居，何其之难。尽管如此，中国倡导的"一带一路"就有助于重塑中国的周边地缘经济环境，并增加与周边国家的利益汇合点。

第二，主动作为，创造机遇，以变应变。当前中国能否在国际秩序的转换期、后秩序时代化危为机，是一大考验。如果说过去中国的机遇有一部分是等着别人犯错误获得的，今后中国的机遇就要靠自己主动去创造，甚至主动去经营，主动去争取，而不是守株待兔。天上不会掉馅饼，时代已经变化，靠等待已经不行了。过去老讲"以不变应万变"，其实应该是以变应变才是。必须要变，才能更有效地应对世界形势的万千变化。

（《中国与世界观察》2017 年第 6 期）

伏脉千里　众行致远

——大型政论专题片《大国外交》观后

"东方风来满眼春。"中央电视台播出的大型政论专题片《大国外交》，全景展现了党的十八大以来，以习近平同志为核心的党中央统筹国内、国际两个大局，积极推动外交理论和实践创新，推进全球治理体系变革的大格局、大气魄、大手笔，书写了中国特色大国外交的新篇章。专题片再现了大量鲜活事件，采访了众多中外专家及亲历者，对中国特色大国外交进行了生动诠释，对中国的国际地位、国际话语权、国际影响力的全方位提升作了深入描述，彰显出对外工作鲜明的中国特色、中国风格、中国气派。网友纷纷点赞："看着真解渴。大国外交，大国风范！"

专题片深情铺陈五年来中国特色大国外交辉煌瑰丽的画卷。中国特色大国外交是在中国共产党的领导下，走中国特色社会主义道路的和平发展外交，是党中央治国理政新理念新思想新战略的国际表达，有助于将中国方案转化为国际行动，增强国际社会对中国道路的认同。在这个顶层设计的引领下，波澜壮阔的外交实践展现在观众面前。"一带一路"倡议，发起成立亚洲基础设施投资银行、金砖国家新开发银行，践行正确义利观，推动构建以合作共赢为核心的新型国际关系，打造人类命运共同体，构建全球伙伴关系网络等。习近平主席总揽全局，以和平、发展、合作、共赢为宗旨，以共同发展为目标，前瞻性地提出这一系列令人耳目一新的中国倡议和方案，让各国人民都从合作中受益，成为新形势下中国向世界提供的国际公共产品，为塑造新型国际关系提供了中国方案、中国智慧。观众惊叹，正是这条纵横寰宇的外交轨迹，穿越世界风云变幻，编织起遍布全球的"朋友圈"。

宇宙浩瀚，星汉灿烂，70亿人如何共同生活在这个星球上？为什么中国方案会应运而生，并在国际社会广受青睐？观众从专题片中找到了答案：源于中国巨大的发展成就。中国已经是世界第二大经济体，国际社会希望中国能够在国际重大问题上提出自己的想法，承担更大的责任。中国的发展与世界的联系也日益紧密，需要增强中国与世界的共同利益纽带。很大程度上，世界关注中国，就是在关注自己的命运与利益。同时，中国和世界的相互依存度之高前所未有，中国自身要获得更大发展，要提升国际地位和拓展发展空间，需要进一步推动国际体系朝着更加公正合理的方向迈进。中国方案之所以广受青睐，还源于中国以治国理政新思想新实践等中国方案为代表的软实力的同步提升。我们有理由自信：中国的发展成就斐然，中国为人类成功探索更好的社会制度，这就是中国方案的底气。

历史关口，时代潮头，针对外界对中国政策走向的种种疑虑，专题片完整呈现了2017年1月，习近平主席在联合国日内瓦总部发表演讲时庄严承诺的四个不变：中国维护世界和平的决心不会改变，中国促进共同发展的决心不会改变，中国打造伙伴关系的决心不会改变，中国支持多边主义的决心不会改变。这些政策宣示正义凛然、掷地有声。特别是中国坚定维护主权与领土完整，在南海、钓鱼岛争端上坚持原则立场，综合施策，坚决捍卫主权权益。观众欢呼：这是中国外交的又一次胜利。

"弄潮儿向涛头立，手把红旗旗不湿。"中国特色大国外交犹如气势磅礴的钱塘涌潮，极大地提振了我们实现中华民族伟大复兴的信心。站在新的历史起点上，面对国际格局的发展变化、机遇挑战的相互交织，中国必将对维护世界和平发展大局发挥更为重要的作用。

（《求是》2017年第19期）

告诉你那些跨文化交流中的中国故事

很高兴有机会跟大家交流关于"中国道路"的问题,这也是我非常感兴趣的一个话题。能到北京语言大学和大家进行学术交流,我很是兴奋,因为我本身也是学语言的,大学的时候学的是英语,而且曾梦想当一个作家,对语言文学情有独钟。读研究生时学了国际关系,然后就一直从事国际关系研究,现在就到处开会、到处听报告,喜欢与人交流。

来之前,我在思考一个问题,与其他高校相比,北语特别的地方在哪里?现在网络上有一句很流行的话:主要看气质。北语的气质是什么?刚才贾烈英老师讲到,北语就是一个"小联合国",这是北语最明显的气质。所以,大家都非常幸运,有机会能跟来自世界各地的同学、老师进行交流,对很多人来说,恐怕一辈子都没有这样一种经历。我很羡慕大家,羡慕大家能跟不同文化背景的人交流,能跟说着不同语言的人交流,能跟有不同社会经历的人交流,这是一件很幸福的事情。我现在经常利用开会的机会与人聊天,让他跟我讲一些我不知道的故事,跟我说一些我不曾了解的趣闻,因为这是丰富人生的捷径。所以,能够在北语与来自世界各地的同学交流,在这样一个特别的课堂上相遇确实是一种缘分,我珍惜这个机会。

说到联合国,我现在担任联合国国际开发署《人类发展报告》咨询委员会的专家,主要是参与每年一度的《人类发展报告》的编写咨询工作。每次到联合国开会,我都觉得特别开心,也特别珍惜这个与世界各国专家学者近距离交流的机会,感觉是开阔了视野,增长了见识。虽然我的研究领域主要是国际关系,但是人类发展问题是更大的问题,我个人非常感兴趣。今天我就利用这个机会,结合"中国道路"主题,和大家分享一些我的所见所闻及所想到的、与跨文化交流相关的故事，然后，留点时间给大家提问，大家有什么问题尽管提，我都非常欢迎。

中国的故事

大家知道，今年是一个非常特别的年份，被称为"三个 70 年"。第一个是中国抗战胜利 70 周年，第二个是反法西斯战争胜利 70 周年，还有一个就是联合国成立 70 周年。所以，今天在考虑中国与外部世界关系的时候，一定要有这样一种时间的经纬。也就是说，如果要问今夕是何年，答案就是这三个不平凡的 70 年。

今年 9 月，习近平总书记到联合国参加联合国成立 70 周年的纪念大会，这是他担任总书记后第一次到联合国总部进行访问。今年联合国会议的议程非常丰富，其中有一项议程就是宣布《联合国千年发展目标》到期并公布新的发展目标。千年发展目标是在 2000 年联合国首脑峰会上发表的，是一个关于全球人类发展的行动计划，为期 15 年，到今年 9 月截止。当然，目标有期限，但发展是没有期限的。所以，今年通过了一个新的报告，强调可持续发展，这将是关于未来 15 年，一直到 2030 年的全球发展行动计划。

我所在的咨询专家小组有 20 多人，来自世界各地。其中有诺贝尔奖得主，还有好几个是各个国家的前部长，只有两三个学者，我是其中一个。就如何实现千年发展目标，如何改进人类发展指数，如何消除贫困等问题，我们进行了很多很复杂的讨论。开会讨论的时候，我发现一个很有意思的分歧。来自欧美及日本等发达国家的参会者认为，世界现在已经进入后现代阶段，所以政府的作用已经无关紧要，应该靠民间社会，靠公民社会发挥更大的力量，做更大的事情，大体意思就是政府应该是越小越好。记得 20 世纪 80 年代，美国前总统里根就讲过，政府要越小越好。

但是，我对此有不同看法。后来我发言的时候讲了一个观点：如何看政府作用，要因国而异，要看各国所处的不同的发展阶段。小政府可能对发达国家适用，但是对发展中国家，政府的作用还是至关重要的，而且十分关键，不能一味以大或小来定。一个好的政府、负责任的政府、有效率的政府，可以制订更好的、更理性的发展计划，引领社会把资源配置得更好，在较短的时间内形成超越或跨越式发展。

谈到发展问题，绕不开的一个问题就是贫困，这是人类面临的共同挑战。不能说一些国家已经很富了，一些人很富了，因此世界都很富裕了或人人都富裕了，贫困就消除了，事实并不是这样。还需更多关注那些发展落后的国家和人，他们可能到今天还喝不上干净的水，还没有住房，没有卫生的如厕条件，让这些国家和人都一起富起来，才算是消除贫困。在谈发展、谈富裕、谈消除贫困的时候，应更强调共同富裕，要让他们和国际社会一道进步、一道发展。而要实现上述目标，主要靠的是充分发挥政府的作用，社会可以发挥作用，但有限。所以，对于广大发展中国家而言，有一个强有力的政府就可以制订一个整体、系统的发展规划，对资源进行优化配置，充分调动社会力量，才能真正消除贫困，实现社会的较快、全面发展。

听了我的这些话，那些发达国家官员或学者将信将疑，有的甚至表示难以接受。然而，来自非洲、亚洲、拉美一些国家的官员或学者很赞同我的观点。一位来自非洲的与会者回应说，他的国家之所以经济发展得晚、发展得不好，恰恰不是因为政府太强、太大，相反是太弱、太小，所欠缺的正是一个比较强有力的、有效率的政府。还有几位来自发展中国家的与会者发表了类似的看法，他们把社会经济发展的滞后，归咎于缺乏负责任的或强有力的政府。因此，各个国家情况不同，要具体情况具体分析，无论如何，政府的作用是非常重要的。看来，在有关政府作用的问题上，就明显存在发达国家与发展中国家的分野。

那么结合今天所谈的主题——中国道路，构建一个强大的、负责的、有效率的政府恰恰就是中国道路的经验和启示。我们有一个高效、负责任的政府，制定出符合中国国情的发展目标，才能引领经济社会进行全面可持续发展。

就落实《联合国千年发展目标》而言，中国的发展有可圈可点的贡献。过去15年中，中国使4亿多人成功脱贫，这是一个了不起的成就，国际社会普遍点赞。对此，不少发展中国家的朋友跟我讲，中国的发展成就给了他们新的希望和信心。在他们眼里，30年前大家都差不多，我们在摆地摊，他们也在摆地摊，可是今天我们开始开银行了。的确，今天中国倡导成立亚洲基础设施投资银行，去年设立了金砖银行，今后还将筹办上海合作组织银行。

在他们看来，中国的发展成就惊人，所以他们特别想知道：中国为什么会有这么大的进步？为什么会取得这么大的成功？30年前，很多发展中国家，和中国的情况差不多，有的甚至比中国的条件还好，为什么今天只有中国做到了？既然中国能做到，为什么他们做不到呢？他们的结论是"Yes,we can（是的，我们能）"。结合这些问题，我思考了一段时间，写了一篇文章，叫"千年发展目标的中国之路"。

从这个意义上讲，中国的发展道路其实对世界，尤其是对那些与中国的情况比较相似的发展中国家而言，是一个很大的激励，对世界的发展事业是一个重大的贡献。中国探索的是一条举全社会之力，逐渐从一个贫穷落后的国家走向现代化国家的道路，中国为世界提供了实现社会又好又快发展的另外一种可能，这使更多的发展中国家有了信心，也为他们提供了可参考的经验。

跨文化交流其实就是不同文化之间人与人的交流，中国的发展让很多人很感兴趣，他们特别想知道中国成功的密码。当然也有一些人对中国有不同看法，特别是一些西方的媒体、官员、学者对中国的政治体制、价值观持一种挑剔或批评的态度。即便如此，面对中国这些年取得的发展成就，他们也难以否认。恐怕让人百思不得其解的是，既然一些西方人说中国这不好那不好，那为什么中国能快速发展、取得成功呢？

保持清醒

2010 年，中国超过日本成为世界上仅次于美国的第二大经济体。但中国人非常淡定，认为即使总量超过美国也没什么，我们的人均还差得很远。这说明不但我们的发展取得了了不起的成绩，而且整个社会也变得更加理智了，因为，我们在进步的时候依然能够对自身的不足保持清晰的认识。一个人真正取得多少进步，要看他在多大程度上看到了自己的不足。如果觉得"我什么都很好，都很完美"，那就很危险了。

但是，中国的这种淡定、知道不足，让一些西方人更感到可怕："你居然没有兴高采烈？你居然还这么淡定？你这样让我们感到有点胆战心惊。"我告诉他们，中国人没那么可怕，也没有那么复杂，我们只不过是看到自己还有很长的路要走而已。话虽这么说，但我还是有掩饰不住的自豪。

这是因为在今天这个世界上，不管用什么方式计算，能算出在不远的未来能超过美国的国家，除了中国，还能找出另外一个吗？没有了。中国 GDP 总量已经超过了 10 万亿美元，美国是 17 万亿美元，世界上就只有这两个国家进入了 10 万亿美元的俱乐部。而且，按照近些年中国的增长速度，未来 15 年左右，中国的经济总量超过美国是没有悬念的，这必将对国际关系，对中国在世界上的地位产生非常重要的影响。问题是，中国有没有做好成为世界第一的准备？当第一就像在一个班里当班长一样，与当副班长、学习委员、科代表和普通学生不一样，班长不但要承担更大的责任，而且要有更宽广的胸怀、更深刻的远见和能够引领时代的观念。不仅中国没有做好准备，恐怕世界各国也没做好这个准备，包括美国。

如今的中国是一个非常独特的国家，一方面在快速发展，另一方面又面临着诸多问题和挑战，我们应该怎么看待这个现象呢？我在英国待过两段时间，第一次是在伦敦大学学习，第二次是在中国驻英国大使馆工作。我对英国很感兴趣，做了一些研究，写了一本关于英国的书。

曼彻斯特是英国工业革命的发源地，但是今天的曼城，已经是一个比较衰落的地方了。当 18 世纪开始进入工业革命的时候，英国也就几千万人，比今天北京的人口多一些。工业革命时期的法国、德国也是几千万人，到 19 世纪，美国在进入工业革命时至多就是一亿人。如今的中国在大踏步迈入工业革命的时候，是多少人？这个全世界人都清楚，是 13 亿多人。中国开启了以工业化为主线的现代化之路，在不足半个世纪的时间内，一边是工业化赶超，一边是快速进入了信息化。这么庞大的人口同时进入工业化，在人类历史上从没有过，是一个奇迹，当然，这也是中国为世界瞩目的重要原因之一。

然而，环境污染、食品安全、资源浪费等问题越来越多，成为影响人们生活、影响中国社会可持续发展的重要问题。今天我看到一条短信，说北京明天又是雾霾天。最近几天雾霾连连，不但影响了人们的心情，还影响了我们的健康。所有这些事前后联系在一起，确实值得深思。

我们可以辩证地来看待这个现象。中国用大概 30 多年的时间走过了西方发达国家用 300 年才走过的工业化道路，取得的成绩是惊人的，然而别人是用了 300 年的时间来消化工业化道路上的痛苦，化解在此过程中产生的矛盾，建立起与之相适应的社会体制机制。而我们没有 300 年，只有 30 年，我们不能用 300 年，必须在 30 年内面对这些问题。所以短时间内几乎所有的矛盾、问题，都集中喷涌而出，令人眼花缭乱，应接不暇。这就是今天中国非常独特的现象。

我们希望世界更美好，习近平总书记在联合国发表讲话的时候讲了很多关于发展、维和的问题，其中特别讲到中国在推动人类发展方面的一些关于可持续发展、共同发展等的新思想、新观念，这对世界其他国家，尤其是发展中国家具有很强的借鉴意义。

克服文化冲突

再接着讲当年我在英国的一些故事。去英国之前，我在国内其实已经学了好多年英语，可到了英国才发现我听不懂他们说的英语，也可能是他们语速快、俚语多的缘故，但根本的原因是对他们的文化、历史、风俗、习惯等了解得不够。所以语言不仅仅是一个可以交换信息的符号系统，而且是一个国家、一个民族或一个区域、一个种族的历史、文化、风俗的载体。那么，学习语言，除了要学会其语音、语法和文字外，还要阅读和学习用这些语言书写的文字材料，尤其是历史及文学作品。

我当时遇到了一件非常尴尬的事情。有一次上完课，同学们想课后聚餐，问我去不去，我欣然同意。饭后我发现大家都开始掏钱，而我没带钱包，只好悄悄地跟旁边同学借，实在难堪。事后我一直心里犯嘀咕："他们怎么这么抠门儿，明明叫我吃饭，结果还让我掏钱。"现在回想起来，那是我经历的第一次文化冲突。后来我总结发现，包括在美国工作期间的一些经历表明，如果别人不说"我今天晚上请你"，我就要准备自己掏钱买单。这和中国的情况完全不一样，这是他们社会交往中非常普遍的规则，即所谓的 AA 制。这种观念上的差异的确给了我很大的冲击，也让我认识到不论是在什么情境中，都不能仅仅用我的观念和行为模式去审视别人。当然，我也希望别人同样能够用跨文化的视角了解和理解中国。这其实是我想强调的，在实际的社会交往中，全面、深入的相互了解是非常重要的。

这么些年来，中国所做的、所发生的一件最大的事情就是改革开放。改革开放不仅是中国社会的自我改良和进步，也是中国了解、理解外部世界的过程。我们出去学习、旅游、经商等，所要做的第一件事情就是要多了解别人。了解像学习一样，同样是无止境的，外面的世界不但多样，而且多变，所以我们要始终保持一颗好奇的心，始终去探寻它的发展变化。我的一句格言就是"对世界要保持好奇"。虽然多次去美国、英国等国家，并都待过一段时间，但是每次去，我都会睁大眼睛寻找一些以前没有发现的东西。

在美国工作期间，我曾应邀去美国西北部一个叫爱达荷州的大学参加会议。会议的主题是中美关系，会议主办方让我讲一讲中美如何相处。接到邀请后，我一直在想，爱达荷州这个地方有点像我国西北地区的甘肃、青海、宁夏等省份，与美国东西部的情况大不相同，他们对中美关系的了解有多少？如何跟他们讲才更有效呢？

当地人特别喜欢一种球类运动，美国人称之为"football"，不过这个"football"跟我们所讲的足球是不一样的，是橄榄球。当时这个学校正在参加大学联盟橄榄球联赛，排名第二，接下来要和另一球队进行最后的冠军争夺战。这是一个很好的题材，于是我把这个事情加进讲话中，一下子就拉近了我与听众之间的距离。

演讲中我说，"第二"的位置是尴尬的，面临的挑战和压力都难以想象。作为第二名球队，既有想成为冠军的冲动和欲望，又有因过早暴露目标而被对方打压和算计的恐惧，再加上那些之前被超越的人的"羡慕嫉妒恨"，所以处境很尴尬、很忐忑，对吧？我很理解你们此时此刻的心情。就中美关系而言，与美国相比，今天中国就处在"第二"这样的地位，所以我们与你们球队应当算是感同身受。话音刚落，会场里就爆发出一阵阵友好的笑声。他们对我引入橄榄球比赛来讲解中美关系特别感兴趣，觉得很贴切，形象而又生动。

不过我接着又说，体育比赛是一个"zero-sum game（零和游戏）"，国与国之间的关系却不尽然，中美关系就是一个例子，是可以实现互利共赢的。以 2008 年北京奥运会为例，当时中国获得金牌数量第一，而美国获得奖牌总量第一。这意味着什么？这是"win-win"，是双赢。中美双方都是赢家，没有输家。说罢，现场又出现不少的笑声，气氛活跃。

会后有一位老者走到我跟前，说很喜欢我的比喻，他还若有所思地说："中美就应该合作才行。"第二天当地媒体还有报道，引用了我的有关发言。在跨文化交流的过程中，只要你留心，就可以发现日常生活中的很多普通而又平实的现象能够帮助我们来理解和解释一些复杂的、用一般语言难以说清楚的问题，可以用来表述诸如国际关系、外交关系等比较抽象的问题。

远交近善

前不久，我去了一趟肯尼亚，特意看了肯尼亚的一条铁路。世界上铁轨有三个标准，一个是窄轨，一个是标轨，一个是宽轨。中国用的是标轨，俄罗斯、蒙古国等国家用的是宽轨，肯尼亚国内铁路用的是窄轨。这是英国人100年前殖民肯尼亚时期修建的，肯尼亚解放独立后就没再修过铁路，如今这条铁路仍在用，但已经破败不堪。现在中国正与肯尼亚合作修建一条从蒙巴萨到内罗毕、横贯肯尼亚东西的"大动脉"——蒙内铁路，这条铁路是中国在非洲继坦赞铁路后的又一大手笔，而这条铁路使用的就是中国的标准。肯尼亚方面对中国很感激，希望将原计划的铁路里程再延长100多千米，延伸到一个叫纳瓦沙的地方，这是肯尼亚未来准备精心打造、开发的一个经济区。

一位肯尼亚朋友告诉我："是中国在真诚地帮助一些兄弟国家实现他们的梦想。"肯尼亚现在能够有这样一条崭新的铁路，对他们经济的拉动是巨大的。他们看到中国这些年的发展和进步与以铁路为代表的基础设施的建设密切相关，他们不但要学习中国的发展模式，还希望借助中国的技术与资金。

中国铁路修建的效率非常高，去年开工，我今年在那儿的时候已经铺轨80%了，简直是不可想象的。修建过程中，中国公司雇用了很多当地的工人，创造了很多的就业机会。所以，他们看好中国，相信中国，他们希望分享中国的一些发展机遇，借鉴中国的发展经验。中国的发展是开放性的发展、包容性的发展，我们既分享发展经验，也会分享中国的发展机遇，这是新时期中国的发展理念、国家关系理念的具体体现，其中，共商、共建、共享是基本原则。

中国经济发展迅猛，难免让人觉得"咄咄逼人"。中国陆上邻国有14个，你在世界上哪能找到第二个有这么多邻居的国家？在我看来，这应该是个好事，我们都喜欢跟邻居在一起，中国有句俗语是"远亲不如近邻"。但英语中有"爱全人类容易，爱邻居很难"的表达，这是什么意思？就是说邻居是很不好相处的，总有磕磕绊绊，所以，他们就有一些顾虑。中国发展了以后，会不会示强啊？虽然他们对与中国开展经济合作非常感兴趣，但他们的疑虑还是有的。我觉得，疑虑导致的隔阂要通过长期的交流来化解。

我在东南亚国家出差的时候发现，那里的民众有一个比较普遍的心理，他们称中国是"北方邻居"，希望能搭上中国发展的顺风车，却又有些担忧中国这头沉睡的雄狮醒来，会对他们产生冲击，这种矛盾心态随处可见。对中国而言，要树立自己的新形象，争取好感、赢得信任并不容易。

比如在现在吵得很厉害的南海问题上，中国正当的维权行为和做法被歪曲，被描述为"中国示强"的表现。而美国无端介入，还派其军舰、飞机强行"巡航"南海，挑拨中国和一些邻国的关系。

中国将遵循和平共处五项原则，亲、诚、惠、容的周边外交原则，与邻国友好相处。中国有这么多邻国，又有这么多分歧或争端，但我们坚持通过谈判、协商来化解。当前，中国和14个陆上邻国中的12个国家已经划定了边界，这是一个了不起的成就。划定边界是一件非常复杂和困难的政治和外交工作，要经历漫长的谈判，而且需要很多数据。每一段边界都不一样，要把它划出来、划清楚，需要双方互谅互让，相互妥协，找到双方都能接受的方案。对于有些一时难以解决的问题，可以慢慢通过积累信任，循序渐进地找到化解之道。

与美国相比，中国的周边关系的确复杂得多。美国就两个邻居，北边一个加拿大，南边一个墨西哥。不过，墨西哥的朋友就显得有些忧虑，他们总是说："这是墨西哥人的宿命，因为我们离上帝太远，离美国太近。"

第二次世界大战东方主战场

今年是第二次世界大战胜利 70 周年，全球都在纪念。但到如今，关于第二次世界大战期间中国所做的历史贡献仍未得到客观、公正的评价。关于第二次世界大战历史的大量书籍主要是欧洲人、美国人写的，他们不会浓墨重彩地来写中国的这段历史。所以，中国学者应该承担起这个历史责任。今年中国为什么要搞隆重的阅兵纪念活动呢？其实就是向国际社会传递"中国是第二次世界大战东方主战场"这样一种历史观点。今年初中国曾担任联合国安理会的轮值主席国，这期间有两件有意思的事情和大家分享。

2 月 26 日，联合国大会通过决议，有两个"第一"。其中一个"第一"是，认可各会员国对反法西斯战争有各自的胜利纪念日。也就是说，联合国 100 多个会员国中，当时卷入第二次世界大战的有好几十个国家，开始的时间有早有晚，结束的日子也有早有晚。这一点很重要，为什么重要？目前一直流行一种带有偏见的观点，认为第二次世界大战就是从欧洲开始，在欧洲结束。1939 年 9 月 1 日，德国闪电战进攻波兰，第二次世界大战序幕正式拉开。1945 年 5 月 8 日，德国投降，第二次世界大战结束。西方史学界认为这是第二次世界大战历史的起止时间。但是，在我看来，这个观点是不够客观、准确的。1945 年 5 月 8 日只是欧洲战场的结束，第二次世界大战是世界大战，此时亚洲的战争仍在继续，所以，5 月 8 日不能说是第二次世界大战结束的时间，最多只能说是欧洲战场战事结束的时间。

9 月 3 日是中国抗日战争胜利纪念日。5 月 8 日德国宣布无条件投降以后，日本还在负隅顽抗。1945 年 7 月 26 日，中美英三国发表《波茨坦公告》，主要内容是敦促日本无条件投降，日本仍不投降。美国扔出了两颗原子弹，苏联红军出兵中国东北，对日本宣战，一直到 9 月 2 日，日本才在东京湾的"密苏里"舰上签署投降书。第二天，也就是 9 月 3 日，中国举国欢庆，这一天成为中国抗战胜利的纪念日。

另一个"第一"也与此相关，联合国大会决议第一次提到了"亚洲战场"，认为第二次世界大战对全人类，特别是亚洲、欧洲等地区的民众造成了深重苦难。欧洲的确是第二次世界大战的一个主战场，但亚洲同样是主战场，决议提及"亚洲战场"，实际上就肯定了中国作为第二次世界大战东方主战场战胜国的历史地位。今年联合国大会通过这样一个决议很有历史和现实意义。

如今，第二次世界大战结束 70 年了，国际形势已经发生了天翻地覆的变化，现行的国际体系、国际秩序已经难以适应变化了的形势，到了不得不改革、调整的时候了。以中国为代表的广大发展中国家大多持这种观点，而那些现行秩序的最大得利者却不以为然，反而认为这是谋求推翻现行秩序。但是不管怎么样，今后围绕国际关系、世界秩序发展的争论会有很多，争论将一直存在，且会愈演愈烈。

结伴不结盟

我在讲到与国际社会交流的时候，总是要强调理解的重要性，理解是实现尊重的前提。

习近平主席向美国总统奥巴马提出要建立"新型大国关系"，其中有一条就是相互尊重，这是非常重要的，也是我们对外交流过程中非常重要的原则。我们对自己的历史、文化传统很自豪、很自信，其实每一个国家都是如此，都对自己的历史和文化很自豪。具有不同历史、文化的国家间的交往，不仅需要有相互尊重的思想，而且需要有互相尊重的行动。"己所不欲，勿施于人"，这是中国古人的政治智慧。同样的，任何国家都不能因为对自己的历史、文化自豪与自信，就将其移植到其他国家，让其他国家照搬或照抄，这是不合理的。国家间的矛盾、冲突大多时候也是因为互不尊重而产生的。

美国 1776 年建国，至今才 200 多年的历史。然而，美国有一种与生俱来的使命感，这种使命感就是把它的东西强加给别人，美国认为自己是全人类的灯塔，是上帝的选民，在对外交往的历史过程中，屡屡干涉别国内政，甚至将它的制度强行移植到其他国家。与之相对的是，中国在具体的国际关系实践中强调在相互尊重基础上的合作，我们不将自己的好恶强加于人。

中国外交部原部长李肇星讲过一个故事。有一次，他和美国前国务卿奥尔布赖特聊天，奥尔布赖特好奇地问李外长："外长先生，你告诉我，用一个词来形容你们中国的外交，会是什么？"这是个很有挑战性的问题，中国外交博大精深，三言两语难以言尽。李外长毕竟是老外交官，他说："女士优先，你先用一个词形容美国的外交是什么。"他把这个问题推给了奥尔布赖特。奥尔布赖特毫不犹豫地说是"leadership（领导）"。然后李部长说："我们的外交原则叫 partnership（伙伴）。"你看，一个伙伴，一个领导，各得其所，却大相径庭。

美国人总以老大自居，总想领导世界，这就是美国最显著的特点。如果有一天美国觉得自己的领导地位受到了威胁，它就会极力清除这个威胁。现在美国总是很纠结，一方面，觉得当领导太累了，努力为国际社会办好事，结果费力不讨好。有一次跟美国朋友聊天，他说："现在有这么多人骂中国，你开始尝到我们美国被骂的滋味了。"他又说："你们知道有多少人骂美国吗？现在还天天有人骂。但我不 care（在乎）。Who cares（根本不在乎）！"

美国当了这么多年领导，一定程度上形成了对"敌人"的依赖心理，无时无刻都离不开"敌人"或"对手"，可称为患了"敌人饥渴症"。没有敌人，美国就会很不安、很难过或很无聊，所以就要到处找敌人。没有敌人，它就去制造敌人。"冷战"时期，美国虽然生活得很紧张，但很踏实，它知道敌人在哪儿，可以说每天都在与"敌人"相伴的状态下度过。

"冷战"一下子结束了，苏联没了，俄罗斯衰落，这时候美国的苦日子便开始了。没有敌人，生活就失去了目标，于是就开始寻找，不是在找朋友，而是在找敌人。一段时间说俄罗斯是敌人，过一段时间说或许中国才是敌人，有时又难以确定，直到现在还处于徘徊的状态。前几天一则消息称，奥巴马和他的几个高层官员开了一个会，议题就是美国将如何继续领导世界。但是他也清晰地意识到自己力量的衰落，意识到自己的权威开始遭受挑战，他说俄罗斯是美国最需直面的敌人和挑战，而中国是一个长远的、更复杂的挑战。俄罗斯是近忧，中国是远虑。

中国则不一样，中国没有把谁当成敌人，而是要发展对外友好伙伴关系，加强与其他国家的双边关系，不建立针对任何第三方的结盟性质的关系，这叫"结伴不结盟"。所谓的结伴，就是成为合作伙伴，跟大家都搞好关系，不结盟就是不搞军事联盟，不针对任何其他方。

现在美国在亚洲、欧洲等地区还有很多带有军事及安全性质的联盟，这是有假想敌的、有明确的针对性的联盟体系。于是，结盟的国家就会根据他们想象的威胁强化自己的军事能力和联盟关系，甚至为了增加军事联盟的合法性、合理性，蓄意制造一些冲突和紧张。我跟美国人讲，中国并不想跟你们冲突，不想跟你们对抗，想要的是合作共赢。然而，美国人心里还在嘀咕：是不是在"忽悠"大家？新型大国关系到底如何实现？中国一会儿搞一个亚投行，一会儿又搞一个"一带一路"，到底要什么呢？

今年8月，我又到华盛顿去交流，见了一些官员、学者，感觉他们仍很纠结。纠结什么呢？以前我参加会议时，他们都说中国学者应该"speak out（多发声）"，讲一讲我们到底想干什么，增加我们政策和意图的透明度。现在不同了，最近几年的国际会议上，只要有机会，中国学者都积极发言。然而，问题又来了，我们开始主动表达、大声说话，他们开始害怕、担忧了，会说原来我们的想法还挺多，是不是要另起炉灶呀？这让今天的美国人很纠结。无论中国怎么做，对美国而言，都是挑战。尽管如此，同学们，以后有机会，大家还是要多发言，多说、多讲、多交流。

中国国际地位的提高，与 2008 年金融危机有一定的关系。与中国的铁路提速一样，中国的地位上升了，2008 年金融危机的爆发一下子把中国推到了世界舞台的聚光灯下。中国可能还没准备好，但是没有人会给我们准备的时间。中国今天面临的挑战还很多，我们还没有完全适应，需要边学边适应，边适应边干。幸好中国领导人都善于学习，都学得很快，适应得很快。

有一点是可以确定的，中国今天再也回不到过去了，必须学会在万众瞩目中讲话、提出想法、发表观点，而不能再安安静静地待在边上了。这就是中国今天在国际上的处境，是一个很大的挑战，也是很大的机遇。我们要和外部世界进行交流，讲中国故事，了解世界的同时，让世界了解自己。

俄罗斯的黑与白

下面谈一下俄罗斯。我今年去俄罗斯访问，觉得俄罗斯现在也很犹豫，好像怎么做都挺为难的。俄罗斯人跟我讲，过去对美国、对西方忍气吞声，但是西方还是不放过俄罗斯，北约东扩、欧盟东扩，干涉俄罗斯的内政等。俄罗斯的文化、俄罗斯人的性格决定了俄罗斯是不甘寂寞的。2014 年国际关系中最引人注目的事件就是乌克兰危机发酵，克里米亚被俄罗斯收入囊中，这让西方大吃一惊。因为"冷战"结束至今，俄罗斯整个国家全面衰退，在收缩调整、改革中不断自我修复，在国际关系中也显得很保守，但今天俄罗斯是怎么了？竟然公开与欧美叫板，公然把克里米亚从乌克兰手中拿了过来。克里米亚是一个在地缘上和历史上都对俄罗斯很重要的小岛，见证了苏联建立、第二次世界大战中抗击纳粹的历史，见证了苏联成长为战后世界超级大国的辉煌，也见证了苏联的解体和俄罗斯"冷战"后蹒跚前行的挫折与艰辛。

俄罗斯人说，西方就是不会放过他们，今天俄罗斯不能再忍受下去。用普京的话说，大家把俄罗斯比作一头熊，这是俄罗斯的一个可爱形象，但是俄罗斯做不了一个安静的小熊。普京是俄罗斯很有魄力和作为的领导人，中国网民称他为"普帝"，"普京大帝"的意思。他这个人应对媒体的能力、讲话的能力是超强的，在每年的例行年度记者招待会上，侃侃而谈，可以讲几个小时。

普京讲了一个"什么叫俄罗斯"的故事。说的是有两个朋友在街上见了面，打了个招呼："哎，哥们儿，这两天怎么样啊？日子过得如何？"老朋友回答说："生活嘛，就这样，就像黑的和白的花纹一样，有黑的，有白的。"另一个人接着问："那么你现在的状况是白的还是黑的？"朋友说："现在当然是黑的了。"过了半年，两人又见面了，那人就问："上次我们是半年前见的面，你现在日子怎么样，是白的还是黑的？"朋友说："当然还是黑的了。""啊？你不跟我说是一半黑的、一半白的吗？怎么现在还是黑的？"朋友回答说："我现在回头看那段黑色的日子就是白的呀。"这个故事很诙谐，但普京说这就是俄罗斯，这就是俄罗斯今天的状况。

今年在联合国开会时，普京跟奥巴马谈了半个小时，谈得还是不错的。但是刚一谈完，普京就宣布对叙利亚境内的恐怖分子进行空中打击，动用了最先进的战机，甚至还有战略轰炸机，并从里海的航母上发射了巡航导弹，长途奔袭1000多千米，打叙利亚北部的"伊斯兰国"极端势力。俄罗斯说命中了95%的目标，打的是"伊斯兰国"暴恐分子，摧毁了他们的营地。美国、土耳其却说，俄罗斯的命中目标只有5%，其他95%都打错了，打的是反政府武装。要知道，虽然美国与俄罗斯都称在叙利亚反恐，但此恐非彼恐，美国和土耳其是想要推翻叙利亚巴沙尔政权，而俄罗斯是要维护巴沙尔政权，因此各自的打击目标也就不言而喻了。这就是最近在叙利亚上演的一场精彩的权力游戏。

两年多前，我到过叙利亚。叙利亚危机引发的战争从2011年就开始了，战火一直到现在仍在燃烧。前段时间大家看到大量的难民涌向欧洲，其中大部分人是从叙利亚逃出来的。德国现在已经接收了100多万名难民，总理默克尔承受着巨大的压力，因为接踵而至的是难民在欧洲引起的社会问题，其中暴恐袭击是最令人头痛的事情。短短一段时间内，在意大利、法国、德国等国家发生了好几起暴力袭击事件，引发了欧洲国家对难民政策的反思，他们担心难民中会混杂一些暴恐分子，因此收紧难民政策逐渐成为共识。

我去叙利亚的时候，内战已经开始，打得非常惨烈。我到过战争最激烈的霍姆斯，当我从车上下来，脚踏在那块被战火烧焦的土地上时，听到了吱吱的声音，令人惊恐。叙利亚朋友告诉我，霍姆斯曾经是叙利亚非常繁华的地方。但现在什么都没有了，全是残垣断壁，千疮百孔。

叙利亚是在中东地区世俗化非常高的一个国家，在大马士革老城区有教堂，基督徒可以去做礼拜，旁边就是清真寺，再远一些地方还有库尔德人等其他少数民族的宗教场所。不同宗教派别的人能够在一起和谐相处成百上千年，可如今这种和谐、繁荣的景象都没有了，留下了荒凉与仇恨。我觉得这是一个极大的悲剧，叙利亚已国将不国了，它是权力斗争的一个牺牲品，意识形态斗争的一个博杀场。

世界很大，值得去看

最后我想鼓励大家有机会多出去看一看。不是有这么一句话嘛，"世界那么大，我想去看看"，同学们要多出去走走，去看看异域风情，感受异国文化，这样我们才会更加了解别人，也更了解自己。

去年我在智利出差时碰见一个中国学生，她大学毕业后就到智利的孔子学院做志愿者。我问她为什么要到这么遥远的地方。她说大学毕业后不是特别想马上找一个稳定的工作安顿下来，然后按部就班地生活，她对外边的世界很好奇，很想出来看看。她在智利已经待了两年，西班牙语讲得非常流利。她还告诉我，来孔子学院学习的不只是学龄阶段的年轻人，还有一些已经参加工作的中年人，甚至还有不少老人和小孩儿。有人想通过学习汉语找到一份更好的或与中国相关的工作，有人则是出于兴趣，出于一种了解中国的好奇心。

有一次，我在北京一个夏令营给外国学生讲一堂中国外交课，这个活动是香港的大学组织的，学生主要是来自美国、加拿大。我和他们聊天时，问他们来中国参加夏令营，是不是因为想学中文。令人意外的是，他们大多说来中国的直接目的并不是要学中文。我问那为什么要来参加这个班呢。他们说现在身边的人，包括同学、老师、朋友、亲戚都在谈有关中国的事情，自己却插不上嘴，不谈中国就缺少一个很重要的话题，但是在书上和网站上关于中国的东西非常有限，觉得最好的方式是亲自到中国看看。中国正在发生日新月异的历史变化，亲身感受一下，之后就可以和朋友同学们讲在中国的见闻了。他们的想法和做法我觉得非常朴实，有道理。

一个新的国家、新的地方，只要有机会，我都会亲自去看看。一年、两年，一个月、两个月，甚至是几天或几个小时都行，拥挤的街道、熙攘的市场……感受一下这个国家或地区别样的文化和风情，其实也是一种理解和学习。理解和学习的目的是什么呢？就是要相互借鉴、共同进步、共同发展，这就是我们人类共同的目标。

谢谢大家！

（北京语言大学"中国道路大讲堂"第三讲，

2015 年 12 月 18 日）

中美关系岂是说翻就翻的"小船"

中美关系已不是说翻就翻的"小船"

再过不到一个星期，美国新政府就要上台了，中美关系将迎来一个新的时期。我很喜欢讲的一个故事是，2007 年我到美国工作时，很多美国朋友说你来得正好，"这是一个有趣的时刻"。2011 年 12 月我离任回国时，他们又说"这是一个有趣的时刻"。当时我并不清楚什么是"有趣的时刻"。后来发现，它几乎就是一个无所不包的表达，非常有意思，所以今天我也用它来形容如今的中美关系——"这是一个有趣的时刻"。

这一次，美国成为中美关系中的变量

我认为，未来中美关系可能迎来一个新的拐点。有两个非常重要的原因。第一，随着特朗普上台，中美关系会发生非常显著的变化。第二，国际形势的变化，使中美关系所处的国际环境大不相同。

在中美关系的变化中，最大的改变是什么？是美国成了中美关系的一个变量，而中国是中美关系的一个常量，这和以前有很大的不同。过去讲到中美关系时，很多人认为中国是一个最大的变数。因为中国在不断发展，从而对中美关系带来新的挑战和问题。但今天谈论中美关系时，最大的变数和不确定因素来自哪？最大的未知因素和未来风险来自哪？来自美国，来自中美关系中的角色发生了非常大的反转。这在1972 年尼克松访华、1979 年中美建交后是没有过的。

在国际形势变化方面，今天中美关系所处的国际大背景，首先还是多极化的发展。多极化和全球化一样是不可阻挡的潮流。与此同时，不是说每一个国家在多极化中都是一帆风顺的，实际上每一"极"、每一个国家当前都遇到前所未有的、内部和外部问题的双重挑战。例如欧洲、美国、俄罗斯，甚至包括中国在内，既有外部的挑战，也有内部的问题。

那么，中美关系的确定和不确定因素在哪？考察一下过去几十年中美关系的轨迹，可以发现美国新旧政府转换时，中美关系基本上都是"低开"。克林顿和小布什，甚至奥巴马，在竞选阶段都对中国有不少的批评，因此在他们担任美国总统之初，中美关系大多是紧张的。克林顿时期，中国花了将近两年时间，才把中美关系修复到比较正常的状态。小布什任期内因为发生"9·11"事件，所以中美关系修复时间缩短了。

奥巴马上台后，第一年中美关系是比较平缓的，这是很罕见的，但好景不长，到2010年，由于奥巴马决定向台湾出售武器，中美关系又遇到了一个很大的波折。

但是，当这些美国总统下台时，中美关系都是上升的。克林顿政府后期，中美甚至谈到建立战略伙伴关系，只是时间不多了。小布什在他任期最后一年，出席了北京奥运会的开幕式，在北京度过了一段非常愉快的时光。如今，在奥巴马即将离开时，他对中美关系的评价和中美关系的状况仍然处在向好态势。

以上这些经验是否适用于特朗普上台后的中美关系，没有人敢打包票。因为特朗普是如此不可预测，需要我们花更多时间去了解他。但可以确定的是，中美关系有起伏是一定的。

特朗普的"神秘战略"落实起来不容易

迄今为止，我们看到特朗普在竞选或者在候任期间有很多关于未来经济、外交政策的表态、讲话，其最大的特点是，试图举着大棒吓唬别人。包括之前他抛出的一些对华经济、外交政策也是如此。但无论是吓唬自己的盟友以提升军费，如日本、韩国、北约盟国等，还是吓唬要在美国与墨西哥的边境修城墙并且威胁必须由墨西哥买单,都是想用恐吓的办法推销自己未来的政策。而且他的言行包装得很严实,让你琢磨不透,这个套路或可被称为"神秘战略"。

在 1 月 20 日特朗普正式当上总统后,这些表态会不折不扣地成为他的政策吗?这需要观察。特朗普想推动自己的政策,但不是想做什么就能做成的,因为他会受到很大的制约,尤其是国内对他的制约。一方面,当前美国的分裂是前所未有的,尤其是这次大选中的极化政治让美国更加碎片化。另一方面,他还要面对来自国会中民主党的牵制,以及共和党建制派对他的制约。从 11 日特朗普召开当选以来的首场记者会来看,他今后必将面临更多的国内抵制和抵抗。

此外,国际制约因素也是存在的。他要把自己的政策、方针落实下来,如"美国优先""以实力求和平"等,都需要其他国家跟他配合,谁能够站出来跟他在一起,这还有很大的不确定性。强调"美国优先"其实并不奇怪,问题是现在强调美国的优先到底对美国意味着什么?美国今后更加内顾,奉行新孤立主义,还是"打左灯往右拐",实际上更具扩展性,采取更极端的对外政策?这些都有很大的不确定性。

中国主动塑造能力不应被忽视

不少人对特朗普上任后的中美关系有些担心,我的看法有两点。第一,中美关系如今已不是一条小船,而是一艘大船,不会说翻就翻。一个很重要的原因是,从 1979 年建交以来,中美关系虽然经历波折,但总体是向上发展的,这个势头就说明这个关系对两国都是有利的,而不是单方面受益的。如果是单方面,就没有可持续性。

第二,中国因素如今不应被轻视。不要认为中国只能适应特朗普,适应他的变化,或者中国只能做一些被动的反应,我认为中国已经有能力和资源甚至意愿做主动的塑造。对于未来中美关系的健康、稳定发展,中国也有责任。中美关系走向何方,不光由美国决定,中国也会积极改善中美关系，所以中国有一个小目标：希望以后中美关系能够比较平稳地过渡。

因此，我认为要实现这一目标，两国最高领导人应尽早见面。这么多问题需要他们见面交流，未来中美关系也需要他们见面对表。一个很好的时机是今年5月中国将举办"一带一路"国际合作高峰论坛，可以邀请特朗普先生到中国来看看。因为"一带一路"的核心在于"通"，政策要通、道路要通、贸易要通，货币要流通、民心要交流也是通，中美现在最需要做的就是互联互通。特朗普政府需要在对华政策上少一些神秘，增加透明度，这有助于打通双方的"障碍"，减少猜测及不必要的疑虑，建立信任的关系。

(《环球时报》2017年1月16日，以笔者在盘古智库
"特朗普时期中美关系前瞻"论坛上的演讲为基础)

特朗普这只 "黑天鹅" 到底有多 "黑"

【2017 年 1 月 8 日，清华大学中国与世界经济研究中心、清华大学经济管理学院校友发展中心联合举办论坛，论坛主题为 "2017：何以稳中求进"，与会人员就如何稳稳守住不发生资本外流诱发金融危机的底线，如何努力振兴实体经济，如何重拾民营经济国内投资信心等核心课题进行探讨。论坛上，阮宗泽先生表示，特朗普当选后表现出的急切以及留给他证明自身执政能力时间的不足，使得他上任后成为更大的 "黑天鹅"。】

2016 年，我们看到的 "黑天鹅" 其实不少。

2017 年，在世界这个大森林里，各种鸟都会有，"黑天鹅" 肯定还会有。最大的 "黑天鹅"，我认为是特朗普。这只 "黑天鹅" 有多黑，是我们最要回答的问题，现在没有一个很好的答案。

即将到来的 1 月 20 日是个分水岭。之前说特朗普有多 "黑" 时或许有一种原谅和宽容。因为他初来乍到，没有做过国际政治和国际关系，对于他说话大多离经叛道，大家还是很宽容的。但到了 1 月 20 日，这种宽容就会消失，代之以严苛的目光来看待他。他把自己置于一个矛盾和尴尬的境地，他已经许诺太多，而且他所说的这些，实际上都让人心里发慌。

他对世界的变化带来的这种影响，是一种破坏性的影响——不是一种建构性的，而是破坏性的。他让美国的形象出现了一个反转，出现了一个我们会越来越多地听到说 "不" 的美国。"冷战" 时期，美国叫苏联 "不先生"，现在这个 "不先生" 的帽子恐怕特朗普自己要戴上。

另外一点，特朗普许诺了那么多，今后怎么兑现，这是大家非常关注的。而且在 20 日就职以后，他在言论上会有多大的变化，他这只"黑天鹅"到底有多"黑"，我们也不知道。但是有一点，他是一个急功近利的人，他的这种着急，他的这种迫不及待，他的这种速战速决的心理，我认为"感动"了每个人。他现在着急想当总统，以至于奥巴马提醒他"美国只有一个总统"。

对此，他就着急了，说奥巴马是不是要破坏总统权力的顺利交接。他现在对任何事情都要在半夜三更发推特，夜不能寐，甚至因为"着急"还出现了一些拼写问题。他的这样一种心态，我认为会延续到他执政。20 日以后，他必须在最短的时间内拿出成绩，来显示他是一个合格的总统，所以他的第一件事是要去奥巴马化，而这一场"战争"已经开始。

此外，这种着急有可能成为他的一个"自黑"。他本来是想"黑"别人来取得美国再一次的强大和伟大，但如果走得过急，那么是"黑"美国，是"黑"自己。他感到自己的时间非常有限。李稻葵主任讲到，有的人说，特朗普能不能干完未来的 4 年，大家甚至都抱有怀疑。如果他实在是操之过急，我认为什么情况都可能发生。

他实际上只有一年多时间来完成现在最想做的事情。20 日他就要上台了，但现在连官员名单都没有安排到位。他要招募 4000 名干部，包括部级领导。现在最多把部长安排好，副部长和部长助理这一级在今后半年内恐怕都不能全部到位。所以你会发现他是真着急着上台，但上台了以后，很多时候要对话，要对接，他是找不到对话对象的。

另外，他对内外政策要进行一个评估，留给他的也只有一年左右的时间。接下来 2018 年就是中期选举，如果拿不出像样的成绩单，恐难交代。中期选举时，尽管共和党占了参众两院的多数，但这也是一把双刃剑，最后他会付出代价。

我们都意料不到的事情还是很多，我们想到的实际上恐怕是错误的判断。

特朗普手上目前大概有 5 张牌，这 5 张牌任何一张使出来，都是

"步步惊心""刀光剑影"。这 5 张牌中，第一个是"一中"问题，也就是台湾问题；第二个是经贸问题；第三个是南海问题；第四个是朝鲜半岛问题；最后还有跟俄罗斯改善关系的问题。

特朗普特别强调基础设施建设。他在内阁里任命了那么多的富翁、"高盛帮"，还有军方人士，但特别的是，他提名赵小兰出任美国交通部部长。任命赵小兰，特朗普有两个考虑，一是赵小兰的老公是共和党的大亨麦康奈尔，"抓"住了赵小兰，就"抓"到了共和党的大佬。二是赵小兰主管交通。所以我认为，今后中美之间的合作，特别是基础设施方面的合作，还是有前景的。

（凤凰网国际智库，2017 年 1 月 9 日，以笔者在
清华大学中国与世界经济论坛上的发言为基础）

特朗普的心思你不懂

各位嘉宾，下午好！非常荣幸受到 FT 中文网和宜信财富的邀请来参加这样一个沙龙。让我更荣幸和高兴的是今天的主题是经济学和美元，但是主办方邀请一个讲国际关系的、讲政治外交的人来做开场白，看来什么都要讲政治。现在讲政治是最大的议题。我之前两次在英国学习和工作，FT（*Financial Times*，《金融时报》）是我每天必看的报纸，有的专栏文章很不错。

我今天跟大家要讲的是谁？是特朗普。他想干什么？中美关系未来会有什么样的走向？

特朗普于 1 月 20 日宣誓就职，任美国第 45 任总统，一下子从一个开发商（特朗普是世界上最成功的房地产开发商之一）变身为总统。他担心美元政策怎么样、美国经济怎么样，他有一天半夜三点跟助手迈克尔·弗林打电话，问他一个问题："你告诉我美国是需要强势美元还是弱势美元？"弗林大吃一惊，因为他是国家安全事务顾问，可以说是美国所有国家安全的核心圈的人物，但是他恰恰不管经济，也不管强势美元和弱势美元。他接到这个电话时非常惊慌失措，他说："总统先生，你这个问题很好，可是我没法给你回答，因为我答不了什么叫强势美元，什么叫弱势美元，你应该去找财政部部长，找经济学家。"特朗普上台以后，经济政策怎么定是非常重要的，因此他的脑子整天在转。

谁是特朗普？他想干什么？

特朗普最大的一个特点就是制造不确定性，可以说"特朗普现象"就包括一个局外人打败了一个局内人。希拉里就是局内人，因为她当过第一夫人，当过国务卿，还当过参议员。特朗普从来没有一天在政府部门干过。去年底在大选白热化的时候，美国一篇文章说："我决不投特朗普的票，因为特朗普从来没在政府部门做过一天，而且他居然不知道核武器有三种发射方式——海上、空中和陆地，你说这样一个人如果当了总统，情何以堪。"这篇文章发布在美国一家大报上。

特朗普非常成功地把自己毫无经验的短板转变为了长项，他说美国今天处在危机当中。特朗普多次讲道："我当上美国总统，接手的是一个烂摊子，是一片混乱，经济不好，美国在中东、在亚太都陷入重重困境。"而且他说："我的盟友在吸我的血，美国也得不到对手的尊重。"所以在他看来，美国已经是一个非常荒败的国家。这些问题都是这些局内人造成的。"美国之所以这么糟，希拉里也负有责任。我没有在政府部门干过，但我会带来答案，会让美国做一个很大的改变。"他说："如果你们选希拉里的话，她将是奥巴马的第三任。"没有从政经历本来是特朗普的短板，却转化成了他的强势。可以说去年最大的一只"黑天鹅"飞了起来。

他现在思维的方式就是制造不确定性。他上台以后，出台了很多政策，包括旅行限制。第二版"禁穆令"出来了，同样引起很多人的惊慌。他有点像一个造反派，就是站起来了，造所有人的反，造美国建制派的反，造华盛顿的反。他起来了，把所有人都吓得够呛。德国总理默克尔跟特朗普见记者时，有人提醒他们握手、照相，可特朗普就是不握手，他心里对默克尔有很大的怨气，因为他曾经猛烈地批评过默克尔，说她把欧盟作为德国的工具，而且其难民政策是一个灾难。他甚至挑战说北大西洋公约组织已经过时了，没有用了。这样一种言论也是无知者无畏呀，过去的美国总统从来不敢这样讲。正因为特朗普过去没有在政府部门工作过，所以他可以讲一些真心话。他把欧洲吓得够呛，现在欧洲人非常紧张，说："如果你不要北约，我们以后怎么对付俄罗斯？"特朗普说："你们要北约的话，就要多出钱，向北约上交保护费。"

有一次在接受电视采访时，主持人问特朗普："你为什么要跟俄罗斯搞好关系？"因为特朗普天天喊着要跟普京在一起，所以美国人非常紧张。在大选期间，不少美国人指责俄罗斯曾经干涉美国的选举，言外之意是说特朗普的当选是俄罗斯人帮的忙。这对很多美国人来讲是不可接受的。在那次采访中，主持人问他："特朗普先生，你为什么要跟普京在一起？"特朗普说："这有什么？难道美国就很清白吗？"这话让人非常震惊。我问了很多美国朋友，他们感到天塌地陷一般，说怎么能把美国跟普京、跟俄罗斯放在一起去比呢。特朗普恰恰制造了很多不确定性。

刚才讲到欧洲、讲到俄罗斯，现在讲讲日本和韩国。特朗普对日本、韩国说："现在美国没钱了，要想我再保护你，得增加保护费，我当保安嘛，应该给我保护费，而且要很大一笔钱。"所以他也把日本、韩国吓得够呛，安倍非常急切地跑去跟特朗普见面，要去进贡，许诺向美国进行大规模投资，这都是吓唬出来的。特朗普有一次得意地说："我才刚刚上台，这么多的投资就来了，要给我创造多少就业，要给我投资多少亿美元。"

特朗普还吓唬他的两个邻国，一个加拿大、一个墨西哥，他说上来之后要把北美贸易协定"砍掉"。这是非常重要的自贸协定，而且美国也获得很大好处，但是他上来以后说把这个协定废掉，重新谈判。加拿大总理特鲁多十分紧张，不得不跑去跟特朗普见面。吓得最够呛的是墨西哥，特朗普不仅说北美贸易协定要重谈，还说要在3000多千米的美墨边境修建隔离墙。因为特朗普上来以后，对美国所有的非法移民问题深恶痛绝，他要阻止墨西哥移民到美国去。他要在美墨边境修这道墙，让墨西哥非常生气。但是让墨西哥更生气的是，特朗普不仅要修这个墙，而且这个钱他一分不出，必须由墨西哥来出。就像你拿着鞭子去抽了别人，还要让被抽的人出钱买这个鞭子。所以墨西哥全国一片愤怒，他们说绝对不会出这个钱。特朗普说："不出钱没关系，我有办法，今后对墨西哥进入美国的商品征税，一年能征收100亿美元，修美墨边境大概需要250亿美元，不到三年，所有费用连本带息就都回来了。"

他的这样一种不确定性，我觉得是他的外交和执政当中非常重要的一块。当然他上来了以后，也有确定的地方，就是告诉所有的人："从此开始是美国优先、美国第一，你们必须得买美国货、雇美国人，反之，我跟你没完。"这就是特朗普上台以后，产生的一个"特朗普风暴"或"特朗普震撼"，叫什么都可以，反正大家非常不适应。

消失的中间

为什么会出现这样一种现象？什么原因导致特朗普"应运而生"？

从美国的文化传统来讲，特朗普之所以"应运而生"，是美国过去一段时间以来民粹主义或经济民族主义滋长的一个结果。他上来以后，会继续放大这种民粹主义和经济民族主义，即什么都是美国优先。过去我们熟悉的美国虽然也讲美国的利益很重要，但是要包装一下，还要强调一下国际主义，强调公共产品，强调大家共同的利益，但是特朗普现在对这些多边国际主义根本不感兴趣。所以他上来以后，做的事就是把美国搁在第一位，什么时候都放在第一位，把过去美国所包装的那些外衣都脱掉，这是让人不可思议的地方。

这是美国过去一些年来自由主义泛滥的结果。美国现在最大的政治现象叫极化政治，一边是民主党，一边是共和党，双方你来我往，不共戴天。美国是两党轮流执政，里根时期，虽然里根是共和党人，但是他得到很多民主党人的支持。过去的美国社会是橄榄型的，两头小、中间大，就是民主党人可以支持共和党人的主张，共和党人也可以支持民主党人的主张，所以他们有达成协调的空间。但是现在不同了，自从小布什当总统开始，美国的极化政治越来越厉害，从橄榄型演变成哑铃型，两头大、中间细。

美国一位学者写的一篇文章叫《消失的中间地带》，讲的是现在的美国要么是共和党，要么是民主党，而且两党不共戴天，共和党支持的，民主党反对；民主党支持的，共和党反对。奥巴马 2009 年上台执政以后，意气风发，他提的口号叫"Yes, we can"，到后来变成"Yes, I can't"。奥巴马是民主党总统，参众两院也是由民主党掌控，他认为民主党占多数，任何议案不需要共和党的支持，就可以达到多数，所以他不跟共和党交易、做沟通。于是共和党发誓，如果东山再起，就要进行报复，2010年美国选举以后，共和党一举拿下众议院多数的席位。众议院非常重要，可以阻碍很多立法的通过，而且管着美国的钱袋子。

从2010年以后，奥巴马就再也没有通过任何一个像样的议案。所以奥巴马在离任时是黯然神伤的，大家送给他一个外号——"行政命令总统"。他由于在国会通不过这些议案，只好以发布行政命令的方式来施政。特朗普最近也非常热衷发行政命令，因为行政命令可以不问大家的观点怎么样，只要他大笔一挥就生效，同样有法律的约束力。

这种极化政治导致特朗普的出现。

现在时代发生很大的变化，甭管是考虑经济、考虑安全，还是考虑政治。2月，在德国的慕尼黑安全会议开幕前两天，主办方发表了一份报告《后真相、后西方、后秩序?》，这是非常令人惊悚的三个"后"字。

后真相，就是今天不要相信媒体，由于政治势力的操作，你不会看到事情的真相。由此我想到特朗普上来以后，他的撒手锏就是发动一场媒体大战：他整天跟媒体打，美国主流媒体都被他骂个遍，主流媒体也天天骂他，他成了真正的网红。他把《纽约时报》、CNN、《华盛顿邮报》《华尔街日报》、NBC等美国各大媒体都拉黑，他说"你们不是我的敌人，你们是全美国的敌人"，把媒体称作美国的公敌。美国的媒体号称"无冕之王"，恐怕只有特朗普才敢跟他们叫板。美国媒体每天都在批评他，他每天占据头条，每天获得媒体的关注，所以这是他的一个特点。特朗普上台以后，采取的政策非常有意思，到现在为止他还没有通过参众两院进行立法，而是通过发布Twitter（推特）或行政命令来施政，立法是下一波要做的事情。

后西方，指的是过去几百年来，西方主导了整个世界和国际关系，可以说从 1648 年以后，西方就占据了主导地位，到今天西方自己已经哀叹：西方主导的世界已经走到了尽头，因为非西方的世界正在迅速崛起，就是以中国、印度为代表的这样一些发展中国家获得了更大的发展，而且他们发展以后要在国际上发挥更大的作用，甚至要挑战西方，这就是后西方的概念。

后秩序，讲的是过去的国际秩序全由西方来主导、来建立，但是现在随着非西方国家力量的崛起，发展中国家要建立新的国际秩序，要改革现行的国际秩序，也就是说他们要增加自己在国际上的话语权，这是至关重要的。

现在的世界确实在发生很大的变化，但我自己并不认同把世界分为西方和非西方的分法，因为这意味着人为地制造了一种对立，从根本上还是反映出西方中心主义。

三个特朗普

这样一种特朗普现象如何影响中美关系？我讲一下中美关系未来的发展。

今天这个时候，美国的国务卿蒂勒森访问中国，这是美国内阁高官第一次到中国进行访问。而且我们知道从去年大选到现在，有三个特朗普：

一是作为共和党总统候选人的特朗普。那时候他发表了很多关于中美关系的言论，而且很多是出格的言论，让大家很担心。

二是在 11 月 8 日选举中获胜以后当选总统的特朗普。当选之后，他喜欢发 Twitter，动不动就发一条，而且还跟蔡英文打了电话等。所有这些做法，在很多美国人看来都是不可思议的，因为他直接挑战了中美关系当中一个非常重要的政治基础，就是"一个中国"的原则。

三是 1 月 20 日正式宣誓就职以后的特朗普，现在叫特朗普总统。

对这三个阶段做出划分是非常有意思的，因为在每个阶段他的身份不一样，所以他发表的这些言论，我们也要区别对待。

近几年来，包括我在美国工作期间，我也观摩了他们竞选的活动，很多时候他们讲到美国的工作、讲到美国的经济时，中国就是一个替罪羊。他们就讲美国人的就业机会都被中国人抢走了，美国的工厂关闭了，都到中国去了，这就是他们非常简单的逻辑，认为中国抢走了美国的饭碗，而且夺取了美国人的就业机会，还让美国经济出现一些问题，等等。

我们更应该注意的是1月20日当政以后特朗普的对华政策、对外政策，这是非常重要的指标。1月20日特朗普上任以后，相当一段时间内，中美关系处于比较紧张的状态。中方也在关注特朗普当了总统以后，他过去说的话要在多大程度上延续或者不延续，这有一个观察期。到2月8日，特朗普给中国领导人发来一封书面贺信，对中国鸡年表示祝贺，在这条消息中，他提出来要和中国建立"建设性关系"。他的女儿到中国驻美国大使馆参加元宵节活动，他的孙女用中文唱了一首新年快乐歌。

2月10日，特朗普和习近平主席有一个通话，我认为这个通话至关重要，非常非常重要。在通话中有两个信息很明显：一是特朗普重申坚持"一个中国"的政策。他说：我充分理解美国政府奉行"一个中国"政策的高度重要性，美国政府坚持奉行"一个中国"政策。他关于台湾问题的表态，等于把前段时间这个问题上的悬念去掉了，如果挑战"一个中国"，中美关系立马山雨欲来，地动山摇。习近平主席对他这样一个政治的表态给予点赞。

二是习近平主席在通话中讲到，搞好中美关系是中美两个大国对世界的应有担当。这话翻译一下，即中美关系不仅对中美两国至关重要，而且对地区、对全世界也非常重要，这是中美两国应该承担的一种责任，是对世界的担当。这话把中美关系的重要性做了充分的阐释。特朗普在回应时也讲道：我当了美国总统之后，要推动中美双边关系达到历史新高度，就是说我要做得比前任都好，要把中美关系推向一个新的高度。看得出来，双方都有非常强烈的合作的愿望，而且这个愿望是中美要成为合作伙伴。但是谈何容易。

我们从历史上看，今年是中美建交38年，两国在政治、经济、安全各方面都取得了长足的发展。以经贸关系为例，1979年，中美刚建交时，我们经贸额不到25亿美元，到去年将近5200亿美元，换句话说，中美经贸额在过去38年间经历了一个巨大的成长，翻了211倍。但去年的经贸额还有所下降，前年更高一些。这样一个大的变化是大国当中极其罕见的。今天美国跟俄罗斯的关系，要好、要缓和，其实有一个软肋或一个短板，即美国和俄罗斯的经贸额就200来亿美元，与我们中美5000多亿美元的规模相比，几乎可以忽略不计，两者不是一个量级。中美经贸关系对美国也带来很大的好处，即压低了美国的通货膨胀，而且给美国创造了上百万个就业机会。

对于过去38年的历史，如果我们画一条曲线，可以看出来今天中美关系发生了一个很有意思的变化。每当美国进行总统选举时，美国政治人物都要批评中国，都要放一些狠话，然而他们上台以后会慢慢修复对华关系，有的修复时间长一点，有的短一点，最后当他们离开时，中美关系都处在一个高点。所以这就是为什么中美关系能在过去38年中，获得如此巨大的发展。

当然，对未来我们还是要系紧安全带。中美关系不是一帆风顺，今后在台湾问题上，在南海经贸、朝鲜半岛等其他很多问题上，中美其实还有很多分歧，但是最重要的一点是中美两个大国一旦迎头相撞，就不是两个国家的问题，而是世界的灾难。为了避免这样灾难的发生，中美没有选择，只有成为合作伙伴，对此我越来越有信心。

谢谢各位！

（在FT中文网和宜信财富举办的沙龙上的演讲，

2017年3月27日，题目为笔者新拟）

特朗普"新愿景"与中国外交选择

2017年1月20日,唐纳德·特朗普宣誓就职,成为美国第45任总统。他在就职演说中强调要以"新愿景"统领美国,"从此时此刻起,只有美国优先",并称"我们即将迎来一个新世纪"。①可见,特朗普"新愿景"的本质是建设一个"美国优先"和"让美国重新伟大"的"新世纪"。

21世纪的国际局势波诡云谲,中美关系面临新的风险与机遇。未来四年将是中国"十三五"规划完成、第一个百年目标实现的关键时期。这期间中美关系会有怎样的波动?还会发生怎样的意外事件?中美关系还有哪些悬念?是"软着陆",还是"硬碰硬"?中国是被动应对,还是主动引导?所有这些至关重要的问题都扑面而来。本文将首先分析特朗普的对外政策主张及执政理念,进而探讨中美关系互动范式的新变化及可能面临的挑战,最后尝试提出一些对塑造中美关系的观察与思考。

一、特朗普"新愿景"

特朗普走马上任以来,雄心勃勃,欲以"美国优先"来实现"让美国重新伟大"。其施政方式有着小圈子决策、雷厉风行、推特治国等特点,他常常语出惊人,希望立竿见影。特朗普对行政命令情有独钟,因为行政命令无须国会讨论,不用给反对者掣肘的机会,只要大笔一

---

① The White House. "The Inaugural Address: Remarks of President Donald J. Trump", January 20, 2017.

挥，便可发号施令，形成"特朗普震荡"。

特朗普的施政清单涉及外交、经贸、国防、能源、移民等诸多问题，体现了"美国第一"，国内优先，兼顾国外。包括打击"伊斯兰国"（IS）等极端恐怖组织；退出跨太平洋伙伴关系协定（TPP），重谈北美自由贸易协定（NAFTA），对违反贸易协定的国家说"不"；推动经济实现4%的年增长，未来10年新增2500万个就业岗位，降低个人和企业所得税税率及简化税制，扩大基础设施建设；重建军队，扩充海空军力量，优先发展网络司令部防御和进攻能力，开发先进的导弹防御系统，以保持美国军事优势；加强能源开发；打击非法移民，加强边境执法，等等。尤其是特朗普于1月27日签署行政命令，在120天内暂停接收任何难民，无限期禁止接收来自叙利亚的难民，并从严加强一些入境规定，还禁止伊拉克、伊朗、叙利亚、苏丹、也门、利比亚和索马里七国公民在90日内进入美国。这一"禁穆令"触犯众怒，在美国国内外引起轩然大波与大规模抗议示威活动。伊朗外长扎里夫评论称，特朗普签署的移民命令是"对伊朗整个国家的侮辱"。联合国秘书长古特雷斯对媒体表示，要求特朗普尽快解除关于禁止难民入境的行政命令。①

为推进"百日新政"，特朗普誓与奥巴马政府的相关政策"一刀两断"。TPP就成为特朗普射出第一颗子弹的靶子。奥巴马视TPP为"亚太再平衡"战略的主要经济纲领，以制定下一代经贸关系的规则，重获贸易主导权。奥巴马曾公开宣称全球贸易规则不能让中国书写，必须由美国主导。特朗普却嗤之以鼻，认为TPP"华而不实"，将致力于签署更能体现"美国优先"的双边协定，还要重谈北美自由贸易协定，将就业机会和好处留在美国。

为了强化其政策的合理性，特朗普在"充满战斗气息"的就职演讲中描述了一个暮色苍茫中衰败的美国景象：工业衰落，军力削弱，边

---

① 《联合国秘书长：希望美国"尽快"解除难民禁令》，中国新闻网，2017年2月2日。

境失控，基础设施荒败，富了别人却穷了自己，美国的财富、力量和自信逐渐消失在地平线上，等等。他呼吁"这场对美国人民的屠杀必须立即停止"，声称只有保护，才能带来繁荣富强。他发誓要尽力阻止企业外迁，降低税率，提高美国产品竞争力，把企业留在国内；鼓励外迁企业回归，拟对外流企业返销美国的产品征收高达35%的惩罚性关税；重振年久失修的基础设施等。

特朗普将"美国优先"作为一切政令的出发点，其深层原因是21世纪的"美国病"。美国虽然赢了"冷战"，却伤痕累累。"9·11"事件之后，美国接连发动了对阿富汗和伊拉克的两场战争。麻烦不断使美国变得越来越愤怒，一直在抱怨，认为费力不讨好，"种了别人的地，荒了自己的田"。国内矛盾丛生，政治生态恶化，而国际上盟友贪得无厌，对手不尊重美国。在不少美国人看来，他们的生活水平下降，公司外迁，制造业空心化，就业机会外流。虽然大公司在国外赚得盆满钵满，但美国工人并无获得感。2008年金融危机爆发，创巨痛深，美国失业率居高不下，经济低迷，中产阶级队伍萎缩，贫富差距扩大。奥巴马用纳税人的钱向华尔街和即将倒闭的大企业输血，加剧了1%的赢家与99%的普罗大众之间的对立。近年来此起彼伏的"茶党"和"占领运动"，正是美国社会撕裂的写照。特朗普提出的"美国优先"和"让美国重新伟大"等口号恰恰戳中美国社会的痛点，其言下之意就是首先要把国内事情办好，方法就是"雇美国人、买美国货"。

从历史角度看，"特朗普现象"并非偶然，既是美国中下层民粹主义运动的结果，也是对美国几十年来大行其道的自由主义的一种纠偏。美国历来自诩"灯塔之国""天定命运""例外主义"，长期以来这些思想被美国快速增长的权力优势所助长，展现出披着国际主义和自由主义外衣的社会意识形态。然而，特朗普刺破了这一气泡，将基督教主义、白人主义、民粹主义与共和党右翼相融合，试图解构为一种新的意识形态。这从特朗普团队的构成即可以窥见一斑：鹰派军人、共和党右翼和华尔街高管扎堆的"超级富豪"内阁，加上具有强烈宗教、保守主义色彩的顾问团队。这也是特朗普成功逆袭的原因之一。尽管特朗普从未担任过任何公职，但他巧妙地将局外人这一短板转化为优势，声称美国眼下堆积如山的麻烦都是希拉里之类的局内人造成的，只有他才能清理"华盛顿污泥"，掌握真正"让美国重新伟大"的钥匙。

特朗普大刀阔斧的"变革"引发了美国国内外的强烈反弹，影响不容忽视。如"禁穆令"就是颇具争议性的话题。1月30日，美国华盛顿州司法部向联邦地区法院提起诉讼，要求冻结"禁穆令"，主审法官詹姆斯·罗巴特判决支持了这一要求。美国司法部立即上诉至华盛顿州所在的美国联邦第九巡回上诉法院，要求法院解冻"冻结令"的裁决。2月9日，第九巡回上诉法院对"华盛顿州诉特朗普"一案做出裁定：维持暂停执行"禁穆令"的判决，持有美国签证的相关国家公民可以继续入境。然而，这场关于"禁穆令"的拉锯战不会轻易结束。美国本来就是一个移民国家，在经济繁荣时，对移民较为宽容；一旦经济恶化，就对移民心生怨恨。为夺回对边境的控制，严控移民，特朗普上台以来忙于修两道高墙：一是有形的墙，即在墨西哥边境修筑高墙，还要让墨西哥埋单；二是无形的墙，即"禁穆令"，这种以邻为壑的做法导致美国与有关国家反目成仇。

特朗普不可能一手遮天，为所欲为，或许在碰壁之后不得不有所收敛。从美国国内看，一是美国当前的社会分裂前所未有，这次大选宛如雪上加霜，不仅红蓝分化更甚，共和党内部与民主党内部的碎片化也有增无减。特朗普不得不同时面对民主党以及共和党建制派的制约。二是由于与媒体交恶，特朗普与媒体的嘴炮之战不会消停。特朗普指责散布虚假新闻的美国媒体为"人民公敌"，在推特上表示"那些散布虚假新闻的媒体——《纽约时报》（*The New York Times*）、全国广播公司（NBC）、美国广播公司（ABC）、哥伦比亚广播公司（CBS）、美国有线电视新闻网（CNN），不是我的敌人，是美国人民的敌人"。特朗普热衷于发推特，原因之一就是想绕过那些传播假新闻的媒体，直接与读者交流。

美国盖洛普民调显示，特朗普走马上任一周后，其支持率下跌到42%，不支持率上升到51%。换言之，有一半以上的美国民众对特朗普的施政表现持负面态度。特朗普总统国家安全事务助理迈克尔·弗林由于在与俄罗斯驻美国大使通电话时做出不当表态而饱受批评。弗林"电话门"事件被曝出后，在美国国内引发轩然大波，民主党对弗林及特朗普穷追猛打，共和党内部也有内讧，弗林不得不于上任23天后挂冠而去，成为特朗普政府首位落马的高级官员，对特朗普是一大挫折。

在国际上，特朗普要兑现"美国优先"等承诺并非易事，仅"禁穆令"便引发国内外的反对；墨西哥边境的修墙行为以及撕毁北美自贸协定又造成与墨西哥和加拿大之间的隔阂。同时，美欧"跨大西洋纽带"将经受考验。特朗普批评欧洲盟友"搭便车"，在控制移民问题上犯错，如发表"北约过时"论、英国"脱欧"伟大论，批评德国总理默克尔移民政策，认为德国打开国门放任移民涌入是一个错误，造成双方之间的嫌隙。另一方面，特朗普想甩开欧洲，改善与俄罗斯的关系，这也引起欧洲盟友的警觉。第二次世界大战后，跨大西洋同盟关系建立在以俄罗斯为假想敌的基础上，如美国与俄罗斯关系改善，必将削弱北约存在的价值与美欧关系。在2月举行的慕尼黑国际安全会议上，虽然美国副总统彭斯试图对此做些安抚，称美国将做欧洲"最好的盟友"，但仍无法消除对方的猜疑。慕尼黑安全会议负责人伊申格尔在《后真相、后西方、后秩序？》研究报告中警告称，当前国际安全环境比第二次世界大战以来的任何时候都更加脆弱，一些西方社会以及自由国际秩序最根本的基础在发生动摇，世界有可能正在迈向"后西方"时代，而"非西方"力量的崛起正日益影响国际事务。①

---

① Munich Security Conference. "Munich Security Report 2017: 'Post-Truth, Post-West, Post-Order?'", February 13, 2017.

二、美国是影响中美关系发展的变量

中美角色互换是当前中美关系互动的新范式。中国自 20 世纪 70 年代末实行改革开放以来，经济社会发生了翻天覆地的变化，撬动了世界政治、经济板块的重组，是影响中美关系的重要变量。而今天美国成为最大变量，特朗普曾在对华政策上开出一些"敏感清单"，为中美关系平添了诸多不确定因素。当今中美两国影响对方和世界的方式有所不同：中国对外政策的可预见性越来越强，而美国的不确定性越来越大；中国在修路，而美国在建墙；中国以合作创造机会和财富来改变世界，而美国以说"不"来影响世界；中国支持并引导全球化向更加均衡普惠的方向发展，支持自由贸易，倡导人类命运共同体，合作共赢，美国则高调反全球化、反移民、反对自由贸易，热衷于"美国优先"、保护主义以及经济民族主义来"让美国重新伟大"。

回首中美建交以来双边关系近 40 年的发展轨迹可以发现，美国新旧政府更替时，中美关系基本上都是"低开"。里根、老布什、克林顿、小布什在竞选阶段都对中国有过不少批评，他们上台之初的中美关系大多是紧张波动的：里根时期，中国花了一年多时间修复中美关系；克林顿时期，约两年时间后中美关系才回到正常状态；小布什在上任之初即遇上"9·11"事件，需要中国在反恐问题上合作，所以中美关系修复的时间大大缩短；奥巴马 2009 年上台后，中美关系平缓过渡，但好景不长，2010 年美方向台湾出售武器的决定使中美关系再现波折。尽管如此，当上述美国总统下台时，中美关系总体都呈上升发展趋势：里根政府与中国发表了《八一七公报》，重申"一个中国"政策，并就美国对台售武问题做出庄严承诺；① 克林顿政府后期，中美甚至谈到建

---

① 美国政府声明，不寻求执行一项长期向台湾出售武器的政策，向台湾地区出售的武器在性能和数量上将不超过中美建交后近几年供应的水平，准备逐步减少对台湾的武器出售直至问题的最终解决。

立战略伙伴关系；小布什在任期最后一年，出席了北京奥运会开幕式，在中国度过了一段非常愉快的时光；奥巴马离任时，对中美关系的评价和中美关系的总体状况均处在向好态势，奥巴马与习近平主席还就建立不冲突不对抗、相互尊重、合作共赢的新型大国关系达成重要共识。

上述历史经验能否适用于特朗普上台后的中美关系尚难确定。作为与众不同的"非典型总统"，特朗普在外交政策上有意打破常规，剑走偏锋，制造不确定性，并对此加以充分利用，这一套路可被称为"神秘战略"。

从特朗普执政一个多月的表现来看，中美关系有喜有忧。总体上，中美正处在艰难的磨合期。令人鼓舞的是，双方保持密切沟通，高层互动不断，有助于校正美国新政府在一些重大问题上的立场，对下阶段中美关系的发展具有积极意义。双方尤其需要妥善处理好涉台、经贸、南海、朝鲜半岛等议题。

关于涉台问题

2 月 10 日，国家主席习近平同美国总统特朗普通电话，传递出两个重要信息。

第一，这次通话表明特朗普回归"一个中国"政策，涉台问题实现软着陆。2016 年 12 月 3 日，特朗普与台湾地区领导人蔡英文通电话，打破了自中美建交以来的禁忌。后来特朗普还宣称美国不必受"一个中国"政策的束缚，或"一个中国"可在谈判之列，在美国国内外引发广泛质疑。眼下台湾岛内"台独"气焰嚣张，特朗普此举可能刺激岛内的"台独"势力铤而走险。

"一个中国"原则是中美关系的政治基础，这早已嵌入中美三个联合公报。自中美建交以来，美国历届政府一直奉行"一个中国"政策，这是中美关系获得长足发展的必要条件。"一个中国"也已成为国际关系准则的组成部分。1971 年 10 月 25 日，第 26 届联合国大会通过决议恢复中华人民共和国在联合国的一切合法权利。任何企图在"一个中国"问题上搞边缘游戏的做法都是极其危险的，中国绝不会坐视不管。

在这次通话中,特朗普强调充分理解美国政府奉行"一个中国"政策的高度重要性,表示美国政府坚持奉行"一个中国"政策。习近平主席对此表示赞赏,并指出"一中"原则是中美关系的政治基础。诚然,这一成果是经过斗争换来的。特朗普在"一中"问题上回归美国历届政府传统立场,为下阶段中美关系发展消除了一大障碍。2017 年正逢中美《上海公报》发表 45 周年,是为中美关系发展温故而知新的重要一年。

第二,双方就建立"合作伙伴"关系达成重要共识。习近平主席在通话中指出,面对当前纷繁复杂的国际形势和层出不穷的各种挑战,中美加强合作的必要性和紧迫性进一步上升。中美两国发展完全可以相辅相成、相互促进,双方完全能够成为很好的合作伙伴。搞好中美关系,符合两国人民根本利益,也是中美两个大国对世界的应有担当。特朗普表示,发展美中关系受到美国人民广泛支持。他相信,美中作为合作伙伴,可以通过共同努力,推动双边关系达到历史新高度。美方致力于加强两国在经贸、投资等领域和国际事务中的互利合作。

这是对 2 月 8 日特朗普致函习近平主席,就元宵节和中国农历鸡年向中国人民致以节日祝福,并表示期待同习近平主席共同推动惠及两国的"建设性中美关系"的延续与深化。2016 年 11 月 14 日通电话时,习近平主席表示:"事实证明,合作是中美两国唯一的正确选择。当前,中美合作拥有重要机遇和巨大潜力,双方要加强协调,推动两国经济发展和全球经济增长,拓展各领域交流合作,让两国人民获得更多实惠,推动中美关系更好向前发展。"[1] 特朗普表示:"美中两国可以实现互利共赢。我愿同你一道,加强美中两国合作。我相信美中关系一定能取得更好发展。"可见,中美领导人一直保持密切沟通,均表达了加强合作的意愿,让人们对中美关系的未来充满期待。

---

[1] 《习近平同美国当选总统特朗普通电话》,外交部网站,2016 年 11 月 14 日。

关于中美经贸关系问题

特朗普曾威胁要将中国列为"汇率操纵国",并对中国商品征收高额关税,以削减美方贸易赤字、提振经济增长、增加就业机会。而自中美建交以来,迅速发展的经贸关系一直是两国关系的"压舱石"和"推进器"。作为世界第二和第一大经济体,中美对共同推动世界经济的稳定发展具有重要责任。假如美国将贸易战强加于中国,必将波及全球供应链上的有关各方,美国企业也难幸免,美国的承受力不会比中国强。中国商务部对此回应说,贸易战不应成选项,但我们也毫不惧怕。事实上,中美贸易失衡的重要原因是美国长期执行对华出口管制的过时政策,与其打贸易战互损,不如通过放宽对中国高技术产品的出口管制,增加对华出口。此外,特朗普还面临一个难以回避的矛盾:既要大规模减税,又要大搞建设,大笔资金从何而来?若美国转换思路,扩大与中国的合作,中美联手可以办成符合两国人民根本利益的大事。

关于南海问题

特朗普政府的一些不当言论,不能不让人担忧中美在南海迎头相撞的可能性。美国国务卿蒂勒森在参议院听证会上扬言要阻止中国接近南海岛屿,称中国在南海花数十亿美元修建岛屿的行为是非法的。美国白宫发言人斯潘塞在首次记者会上妄称不许中国"接管"南海,要捍卫美国在南海的"国际利益"。美国要增加军费,大兴海军,可能会在西太平洋地区排兵布阵,剑指南海。中国尊重各国依据国际法在南海享有的航行和飞越自由,但坚决反对蓄意损害中国主权和领土安全的"横行自由"。自 2016 年下半年以来,中国与东南亚国家的关系大幅度改善,南海问题已经"退烧",各方同意以"双轨思路"解决南海问题,即中国与直接当事国通过磋商谈判和平解决争议,同时,中国与东盟国家共同维护本地区的和平与稳定。域外国家应当尊重这一地区共识,而不是浑水摸鱼、兴风作浪,若执意在南海寻衅滋事,必将形单影只,自毁形象。

关于朝鲜半岛问题

朝鲜半岛形势的变化一直考验着中美关系。2016 年，朝鲜罕见地进行了两次核试验，联合国安理会分别通过两个决议，谴责其核试与导弹试验行为并对朝鲜进行制裁，同时呼呼以谈判方式解决朝核问题。2017 年 2 月 12 日，朝鲜宣称成功试射了"北极星-2"型地对地中远程战略弹道导弹。朝鲜最高领导人金正恩亲自到现场指导发射工作，并对朝鲜拥有又一强力核攻击方式表示满意。一石激起千层浪，再次搅动东北亚局势。特朗普的对朝政策正在评估之中，欲改变奥巴马政府对朝的"战略忍耐"，另辟蹊径，可能会经过一段试错过程。3 月开始，美国将与韩国举行两场规模空前的军事演习，并首次演练"萨德"反导系统，这必将进一步刺激半岛局势升温。韩美两国担心夜长梦多，可能用这种"明修栈道，暗度陈仓"的方式，让"萨德"顺势进入韩国，开启在韩部署的前奏，加速"萨德"部署。

美国与韩国试图通过"萨德"反导系统来对付朝核威胁，开错了药方，损害了地区战略稳定。有人企图将朝核问题的责任"外包"给中国，这是推卸责任的表现。中国外交部发言人明确指出："朝核导问题根源在于朝美、朝韩矛盾。"[1] 这一表态正本清源，明确点出了"朝美、朝韩矛盾"才是朝核问题的实质。中国作为朝鲜半岛的近邻，一直全面、完整执行安理会有关决议，并积极劝和促谈，致力于打破半岛问题的负面循环。中国在综合考虑各方关切和半岛现实情况的基础上，提出半岛无核化和停和机制转换"双轨并行"的解决方案，据此推动恢复六方会谈，这一主张经得起时间检验。

总之，在多极化和全球化背景下，任何人均不可能独善其身，同舟共济才是出路。中美已站在新的历史起点上，中美关系不是说翻就翻的小船。中美两国的合作领域不断延展，无论是在"9·11"事件后的反恐问题上，还是在金融危机后维护国际金融稳定、推动世界经济复苏与

---

[1] 《2017 年 2 月 13 日外交部发言人耿爽主持例行记者会》，外交部网站，2017 年 2 月 13 日。

增长方面，两国均展开了建设性的、互利互惠的合作。中美需要增进互信，精准管控与化解双方的分歧与矛盾。

三、中国的外交选择

当前国际秩序面临重构，全球治理任重道远，各种挑战层出不穷，中美合作并非可有可无，而是必不可少。下一步，中国将积极为两国领导人尽早会晤创造条件，以便通过面对面的交流来校正两国关系的未来方向，增进理解，扩大共识，加强合作，管控分歧。美国是影响中美关系的变量，但中国并非只能被动适应，同样有责任积极增强对未来中美关系的塑造。

共同构建新时期中美关系的战略基础

今天中美关系的战略基础到底是什么？中美关系的新动力何在？中美关系从来不是简单的双边关系，它承载着历史的重托。中美在20世纪70年代建立外交关系，主要是基于当时战略环境变化，即苏联成为中美的“共同威胁”。换言之，当时中美关系改善的动力在于共同“反对”苏联霸权。“冷战”结束后，随着苏联解体，这一战略基础消失，中美关系一度出现漂移。“9·11”事件后双方加强反恐合作，金融危机之后开展经济合作，都成为中美关系发展的驱动力。中美建交近40年来，中美关系虽然有波折，但总体趋势是上升的，这说明两国关系本质上是互利互惠的。21世纪中美关系的战略基础需要从共同“反对”到共同“构建”一个共赢的新世界的形态转化。中美两国人口总和占世界总人口近1/4，两国经济总量占世界总量的1/3以上，双边贸易额占世界总贸易额的1/5。中美关系正在发生显著而深刻的变化，将决定21世纪的国际格局走向。中国梦的实现需要稳定发展的中美关系，美国的“重新伟大”也需要稳定发展的美中关系，两者具有广泛的利益汇合点，而合作共赢是核心，这便是中美关系新的战略基础与动力。

更加主动积极地树立中国开放合作的国际形象

中国国际形象的塑造要么是他塑，要么是自塑。中国正在推进全面深化改革，党的十九大召开在即，中国以何种面貌出现在国际舞台上备受世人瞩目。在国际上反全球化、保护主义思潮兴起的背景下，习近平主席在多个国际场合强调中国对当前国际秩序、全球化和自由贸易等重大国际问题的看法，表明了中国立场。2016 年，中国主办的二十国集团（G20）领导人峰会取得丰硕成果，中国方案功不可没。习近平主席在亚太经合组织（APEC）利马峰会上表示，中国不会对世界关上大门，而是会把门敞开得更大。2017 年初，习近平主席在达沃斯和日内瓦联合国总部演讲，针对国际社会对经济全球化的关切，突出中国开放包容、反对保护主义，积极引导全球化进程向更加包容普惠的方向发展。习近平主席在日内瓦出席"共商共筑人类命运共同体"高级别会议并发表主旨演讲，系统阐述人类命运共同体理念。这些表态增加了国际社会应对未来不确定性的信心，受到广泛点赞。"构建人类命运共同体"首次被写入联合国决议。[1] 上述努力均有助于中国国际形象的重塑和国际话语权的提升。与此紧密相关的是，"一带一路"倡议已成为全球化的催化性力量，5 月中国将主办"一带一路"国际合作高峰论坛，将进一步展示中国开放合作的胸怀，拓展互利共赢的空间。9 月中国将主办金砖国家峰会，将以"金砖 +"模式提升金砖国家的合作水平，扩大朋友圈，增强新兴经济体在全球治理中的地位与作用。

夯实中国与周边国家睦邻友好关系的升级版

周边地区是中国推进合作共赢的试验田，中国与周边国家的利益汇合点无处不在。中国需要更加柔软灵活地与周边国家和睦相处、扩大合作、增信释疑。中国提出"一带一路"、亚洲基础设施投资银行、澜沧江-湄公河合作机制等倡议，增加了中国的政策透明度和未来外交战略走向的可预见性，得到了周边国家的大力支持与积极响应。中

---

[1] 《"构建人类命运共同体"首次写入联合国决议》，人民网，2017 年 2 月 12 日。

国在区域全面经济伙伴关系协定（RCEP）谈判中扮演着举足轻重的角色，RCEP是由东盟10国发起，由包括中国在内的16国组成的区域经济联合体，更加符合亚太地区的一体化特点。同时，中国力推亚太自由贸易区（FTAAP）建设，建立更广泛和更清晰的互惠共赢区域一体化框架，奉行开放包容的区域主义，有助于让不确定的未来化险为夷。

构建良性互动的中美俄新三边关系

特朗普上台以来，与俄罗斯频频互动，改善双边关系的愿望增加。美俄关系变化会对中国产生什么影响？中美俄三边关系前景如何？美俄关系会有所改善，但结构性障碍难除。在经济上，两国贸易额只有200多亿美元，对美国而言，这一数字很难有吸引力。在安全上，双方在中东反恐等问题上有合作的需要，但在北约东扩、乌克兰、反导、网络战等领域的竞争无处不在。欧洲担心美国拿乌克兰问题做交易，损害其安全。1月28日，特朗普与俄罗斯总统普京通电话，双方就改善美俄关系达成共识，同意加强合作，修复关系，但特朗普在俄罗斯最关心的解除制裁等问题上只字不提，俄罗斯难掩失望。"冷战"结束以来，美国对俄罗斯穷追猛打，挤压俄罗斯的战略空间。普京对美国的强烈反弹旨在得到尊重与平等相待。然而，美国对俄罗斯居高临下，国内也有强大的反俄势力，不会原谅俄罗斯对美国构成的威胁。在美国新旧总统交接的当口，奥巴马政府宣布因俄罗斯黑客干政、影响美国大选而对俄制裁。这说明，"俄罗斯因素"已经成为美国内政争斗的一部分。

今天的中美俄关系与"冷战"时期的中美苏大三角关系已经不能同日而语。中俄关系今非昔比，内生动力强大，呈现高水平特殊性，中俄不是同盟胜似同盟。俄罗斯很难为了讨好美国而放弃与中国交好的机会。何况，俄罗斯作为一个自豪感甚强的大国，不会轻易成为依附他国的筹码。中美关系稳步发展，两国相互依存。美俄关系改善有助于消除国际关系的紧张。综上因素，21世纪的中美俄关系并非互损的零和关系，应当成为良性互动的新三边关系。

展现战略耐心与克制，加强危机管控，防止意外事件冲击中美关系大局

当前有一种观点认为，美国已经厌倦了"领导"世界，或将从世界事务中抽身，没有了美国的"领导"，世界将大乱，中国应趁机填补特朗普政府"战略收缩"的真空，取而代之并发挥领导作用。然而，当前的国际形势错综复杂，即使特朗普安全战略出现一些调整，也不意味着美国在地缘政治上退缩，根本不存在什么"真空"。更何况"领导世界"从来就是个虚构神话。诚然，中国需要承担与自身实力增长相称的责任，更加积极主动地管控分歧，而不是任由中美关系滑入"战略对抗"的通道。近年来，中美关系不时受到意外事件的干扰，教训深刻。加强对意外事件的防范与管制，对确保中美关系的顺利发展越来越重要。这需要双方建立沟通机制，确立避险规则。中美已建立重大军事行动的相互通报机制和海空相遇行为准则，今后还应将类似的安排扩展到经贸、网络、太空、极地、地区安全等领域，完善预警机制、危机处置机制建设，为中美关系的顺利发展遮风挡雨。

四、结语

特朗普执政伊始，以"新愿景"为指导，以"美国优先"为路径，以"让美国重新伟大"为目标，四面出击，在国内外形成"特朗普震荡"。美国战略的大转折、大腾挪，必将触动全球其他力量的洗牌与重组。

未来四年，中美关系即将迎来一个历史交叉点。特朗普入主白宫以来，中美关系进入敏感复杂的磨合期。特朗普重申坚持"一个中国"政策，说明其对华政策具有可塑性。尽管如此，特朗普对华政策的不确定性仍然存在，中国不可能高枕无忧。中美关系未来走向何方，不光取决于美国，中国同样负有责任，且随着中国力量的增强，中国塑造中美关系的能力也将有显著提升。中美建交以来的历史经验

有力证明，中美合作之路越走越宽，对抗之路只能越走越窄。为避免重现历史上大国对抗、两败俱伤的悲剧，中美应超越历史，成为建设性合作伙伴，共同"构建人类命运共同体"，开创合作共赢的未来，这正是习近平主席所指的搞好中美关系是"中美两个大国对世界的应有担当"的最佳诠释。

（《国际问题研究》2017 年第 2 期）

合作是中美最大公约数

3月19日，中国国家主席习近平在北京会见来华访问的美国国务卿蒂勒森。习近平指出，当前，中美关系发展面临重要机遇。中美两国完全可以成为很好的合作伙伴。只要双方坚持这个最大公约数，中美关系发展就有正确方向。这一表态有助于推动中美两国关系朝着积极的方向平稳过渡与发展。

蒂勒森此次访华还有铺垫性质。双方将按照两国元首通话精神，精心准备下阶段两国元首及其他级别的交往，确保重要高层交往顺利、成功、富有成果。这向世界发出清晰信号：中美可以并正致力于构建合作伙伴关系，以减少中美关系未来的不确定性，防止误判。

自去年11月特朗普当选美国总统以来，中美之间一直保持密切沟通，高层互动不断，双方就中美关系达成重要共识，对下阶段中美关系的发展具有深远意义。2月10日，国家主席习近平在同美国总统特朗普通电话时指出，中美两国完全可以相辅相成、相互促进，双方完全能够成为很好的合作伙伴。搞好中美关系，符合两国人民根本利益，也是中美两个大国对世界的应有担当。特朗普表示，发展美中关系受到美国人民广泛支持。相信，美中作为合作伙伴，可以通过共同努力，推动双边关系达到历史新高度。

蒂勒森在访华期间多次重申：美方愿本着不冲突不对抗、相互尊重、合作共赢的精神发展对华关系，不断增进美中相互了解，加强美中协调合作，共同应对国际社会面临的挑战。这与中方倡导的新型大国关系内容完全吻合。可见，双方都以"合作伙伴"界定中美关系，期待双边关系有更大的发展。

今天，中美关系站上了新起点。回首建交以来中美近40年的发展轨迹，可以发现两国关系的正常化与中国的改革开放并肩而行。从隔绝到交往，从疏远到紧密，中美关系风雨兼程，虽然有波折，但总体呈上升发展趋势，说明两国关系本质上是互利互惠的。习近平主席强调，要尊重彼此核心利益和重大关切，维护中美关系大局稳定。今年正逢中美《上海公报》发表45周年，可以温故而知新。

中美关系要获得更大发展，双方还需要克服"吃亏"心理。如美国有一种观点认为，在中美交往中，中国获得了巨大的好处与发展，而美国连连遭遇挫折，美国"吃亏"了。其实不然，这一关系中不存在谁"吃亏"的问题。中美在"冷战"时期共同反对苏联威胁，"9·11"事件后共同反恐，2008年国际金融危机后共同拯救世界经济，都是双方合作精神的生动体现，也是中美关系持续前进的动力所在。21世纪中美关系的战略基础需要从过去的反对外部威胁，向构建一个共赢的新世界的范式转化。

中国梦的实现需要稳定发展的中美关系，而美国的"重新伟大"也需要稳定发展的美中关系。两者具有广泛的利益汇合点，其核心就是合作共赢，这便是中美关系新的战略基础与动力。跳出零和观念的窠臼，聚焦合作，中美可以办成许多有利于两国和世界的大事。

（《人民日报·海外版》2017年3月20日）

中美关系：如何起好步、走得稳

【在 2017 年"两会"召开前夕，阮宗泽接受中评社专访，就"两会"的热点问题，如特朗普上台后的中美关系、台湾问题、朝鲜半岛问题、美国的亚太战略，以及党的十八大以来中国大国外交的亮点和党的十九大后中国外交面临的挑战——做出回应。】

阮宗泽认为，习近平主席与特朗普通电话让中美关系的顺利平稳发展呈现良好的开局。尽管美国为中美关系发展带来不确定因素，但中美两国元首对推动中美关系未来健康发展的前景有基本的共识。未来中美两国应引导建立合作伙伴关系，肩负起推动世界和平、发展和繁荣的历史担当。

"1·20"后特朗普出现回摆

1 月 20 日特朗普正式宣誓就任美国总统，这是一个节点。他在当政之前与当政之后，在处理中美关系上的表现有所不同。

在"1·20"之前，他在涉台、南海、半岛、经贸方面都做出一些出格言行。特别是他与蔡英文通话，表示"一中政策"可以谈，违背了中美建交以来美国历任总统在"一中"问题上的立场。在"1·20"之后，特朗普出现某种程度的回摆，这尤其表现在他在涉台问题上的表态。

2 月 10 日特朗普与习近平主席的通话非常重要，特朗普在通话中强调充分理解"一个中国"政策的高度重要性，也会奉行"一个中国"政策。习近平主席对特朗普的这种态度表示赞赏。可以说，习近平主席与特朗普的通话，把中美关系拉回到了正常运行的轨道上，让中美关系的良好发展有了非常重要的开端。

中美关系发展开局不错

在奥巴马执政时期，舆论认为，中美关系中台湾问题的重要性在下降。这有一个前提条件，就是台湾方面是马英九在执政，两岸在认同"九二共识"的基础上实现了和平发展。但现在的情况是，台湾地区领导人蔡英文不承认"九二共识"和两岸同属"一中"，一直在千方百计地回避这个问题。

两岸现在出了问题，大陆很警惕。如果美国的表态不合适，对"台独"势力是一种助长和刺激。因此，特朗普和蔡英文之前的通话就是对"台独"势力发出的错误信号。

中美关系的政治基础是三个联合公报，核心就是"一个中国"。"一个中国"是中美关系的氧气，没有"一个中国"，或挑战"一个中国"，中美关系马上就面临缺氧，就会有窒息的危险。

对于"一中"的重要性，美方也有一个认识的过程。从中国方面来讲，我们也要让美方切实认识到"一中"对中美关系的基础性作用。

而且特朗普在与习近平主席的通话中讲道："推动双边关系达到历史新高度。"这个表述也具有积极意义。我认为，这反映出特朗普对中美关系还是有期待的，他期待在推动中美关系发展中有所作为。中美未来合作所涉及的领域和影响可能超出我们的想象。

总的看，中美关系发展的开局不错。

美国还会继续触碰台湾，在亚太宣示存在吗

我们不能掉以轻心。台湾这张牌，美国不会束之高阁，可能会用"切香肠"的方式行动。比如最近传出美国海军陆战队要进驻 AIT（美

国在台协会)一事。而美国还会继续在亚太存在,特朗普版的亚太战略是混合型的。

第一,现在可以初步判定,特朗普式的亚太战略是要增强美国在亚太地区的军事部署。他会增加军事开支和军舰数量。

第二,特朗普会继续维持联盟体系,强化对联盟的控制。他要求盟友交更多的"保护费",恰恰是他对联盟加强控制的一种方式。美国也会出于控制联盟的目的,推进"萨德"在韩国的部署。而且美国越加强控制联盟体系,日本和韩国的回转空间就越小。

第三,在经贸上,美国在亚太地区将既有合作,也有冲突。特朗普强调"美国优先",退出多边贸易协定,如跨太平洋伙伴关系协定(TPP),转而通过双方谈判达成更符合美国利益的贸易安排。同时,对美国来说排在前十位的最大贸易伙伴主要在亚太地区,所以合作与冲突都会存在。

安倍在美国之行中受到高规格接待,他所做的一切都围绕着让日本实现"国家正常化"。但从他访问的表现来看,他越强化与美国的同盟关系,只能让日本离成为正常国家的目标越来越远。

未来日本会尽量配合美国的亚太战略,为其冲锋陷阵,甚至还会借船出海达到自己的目的。但日本这种做法只会让自己越来越成为美国的一个卒子。

安倍通过做表面文章,表现出日本能够发挥很大的作用,但事实上,这是一个气泡。如果日本要成为正常国家,那就应该在政治、军事、经济领域发挥更大的独立的作用。

美日同盟的加强只强化了美国对日本的控制,日本可以活动的空间缩小了,而不是增大了。安倍的自以为是恰恰是日本战略贫困的一种表现。

美朝有接触的可能

特朗普表示将以非常强硬的态度对待朝鲜。在半岛问题上，美国未来可能会有何动作？

美国对朝政策还在评估之中。我们注意到，朝鲜最近这次射导后，特朗普在朝鲜问题上虽然以强硬的方式做出反应，但仍留有余地。

这说明，特朗普没有关闭和朝鲜方面进行接触的大门。他在选举中曾讲过会与朝鲜领导人见面吃汉堡。这次美国的反应，表现出美国对朝鲜一方面要增加压力，另一方面还是要留下今后接触的空间。

朝鲜发射导弹也是想借此引起美国注意，向特朗普发出了希望接触的信号。双方都在试探和寻找可以接触的机会。

这种背景下，中国在处理朝鲜半岛问题时应注意哪些问题？

朝鲜半岛的紧张形势发展到现在的局面，美朝是关键。从朝鲜战争到现在，双方还没有签署任何和平条约，说明事实上他们还是处于一种准战争状态。

中国已经清晰地阐明了有关政策，包括朝鲜半岛的无核化、和平稳定、谈判协商。如果美朝之间有接触，中国应该乐见，而且鼓励他们有一定的接触，让半岛问题朝着和平的方向发展，这样利大于弊。

我现在担忧的是，美韩3月中旬开始将在朝鲜半岛有两场大规模联合军演。美国、韩国会运用诸多先进武器装备，还会第一次演练"萨德"反导系统，这两场军演显然将增加半岛对立的气氛。

中美不会迎来全面贸易战

现在基本可以排除全面贸易战的情况，但有限的、局部的贸易冲突恐怕在所难免。除了因为中国现在是美国最大的贸易伙伴，美国是中国最大的出口市场，还因为作为世界第二和第一大经济体，中美一旦在贸易领域开战，影响的将远不止中美两国。

我认为，经贸关系还会继续是"压舱石"。因为中美关系中未来增长最快的领域，首先是经贸领域。

特朗普想"让美国重新伟大"，不希望美国公司往外走，但并没有限制国外的公司在美投资，美国是外来投资最大的接受者，这支撑了美国经济的发展。过去美国对中国的投资远远多于中国对美国的投资，但近年来中国对美投资增量大，投资直接会在当地创造就业机会，所以投资将是中美经贸关系的一个增长点。这是中美关系新的积极要素。今后中国可以扩大在美国的投资，同时美国也要给予中国投资者公平的待遇。因此，恰恰在最可能出现冲突的贸易问题上，中美互利合作的增长空间是巨大的。

特朗普想搞基础设施建设，而基建是中国的强项。美国要放松心态，不要因为技术来自中国而有成见。中国高铁技术可以通过招标进入美国。所以特朗普要实现"美国重新伟大"和创造就业机会、增加税收的目标，都离不开中国。中国恰恰是一个可以合作的伙伴。因此，只要换一个方式看中美经贸关系，眼前就是一片光明。

中美关系现在到了一个节点，要转换一些思路和角度，不要总是把这一对关系看成对抗性的，认为中美两国注定要迎头相撞。聪明的决策者会化危为机，挑战可能同时就是一种机会。

习近平主席在与特朗普通话时讲的"担当"，意义也就在于此。"担当"指的就是，中美要推动世界和平、发展和繁荣。

我还要提醒一点，美国一直存在一个误区，认为由于工厂搬迁到中国，就业机会也随之流失到中国。这个说法经不起推敲。一方面，在全球化浪潮中，工厂搬到中国是因为在中国建厂的条件更优厚，有吸引力。另一方面，美国就业机会的流失，与其产业升级有关。此外，现在人工智能的迅速发展，对劳动力市场也带来影响。

新时期，中美应建立合作伙伴关系

过去我们提倡建立"中美新型大国关系"，特朗普就任后，中国应沿着什么样的方向塑造中美关系？

中美可以建立两国的"合作伙伴关系"。这首先强调了中美虽然有竞争，但可以从合作的角度发展成为伙伴。中美关系是一个复杂的多元体。成为合作伙伴不等于中美之间没有竞争或斗争。从大局来看，中美关系是朝着合作的方向在发展。

习近平主席在通话中发出的信息非常明确。首先，美国在"一中"问题上要有交代；其次，他强调了中美合作以及中美不能搞对抗的至关重要性。这已经不再是中美两家的问题，而是对时代和历史的担当问题。特朗普在信函和通话中也有相关的表述，特朗普说要进一步提升中美关系，而且在涉台问题上也有了正确的表述。这为下阶段中美关系的发展清除了障碍。

这种合作伙伴关系需要双方来引导。我认为，特朗普没有想要把中美关系搞坏的想法，中美对推动中美关系未来健康发展的前景有基本共识。

党的十八大以来中国在处理大国关系中亮点频频

第一，主动开拓。现在中国在发展大国关系时，已经不是一个被动的适应者。中国参与了大国关系的塑造，提出自己的想法和倡议。换句话说，中国不是一个光做家庭作业的人，也在给对方布置家庭作业。

第二，中国方案闪亮登场。中国在发展大国关系中尤其强调"合作共赢"的核心。也就是说，我们与大国不是对抗的。现在中国与美国、俄罗斯、欧洲都不存在对抗的问题，而且中国未来也不愿意与其他大国对抗。我们关注的是怎么样做好利益汇合，维护国际和地区的和平。

第三，中国的行胜于言。"一带一路"就是中国带来的一个巨大的外交合作倡议。今年5月，中国还将举行"一带一路"国际合作高峰论坛，届时会有多国领导人出席。中国发出了要与世界其他国家合作的信号，提供了平台和机会，用行动证明我们是一个可以合作的伙伴。在贸易保护主义在全球蔓延的情况下，中国张开双臂，欢迎全球的有识之士，和我们一起奏响全球化的交响乐。

这就是党的十八大以来中国希望展现的形象，党的十九大后，方向不会改变。"大家商量着办事"——这就是中国希望塑造的言行统一的、世界的合作伙伴关系。我们也希望把这样的愿望传递给更多国家，推动世界发展。

让世界更好地理解中国

党的十九大后，中国外交主要面临两个挑战。

第一，世界对中国有越来越大的期待，期待中国发挥越来越大的作用。习近平主席在达沃斯的讲话广受欢迎，因为现在世界期待中国发挥更大的力量与影响。这对中国是一个挑战，中国不是全能冠军，只能在关键和重大的问题上，有选择性地发挥引领作用。

第二，中国和世界要有更好的沟通和交流，塑造友善世界观和中国观。由于中国力量的提升和影响力的扩大，有人认为今天的中国"咄咄逼人"，动了他们的奶酪。中国要在全球范围做好交流和沟通，让世界更好地理解中国。同时中国也要树立客观、友善的世界观，把世界看作可以包容、合作的对象。这是重要的命题。

（中国评论通讯社记者专访，

2017年3月2日，题目为笔者新拟）

海湖庄园会晤为中美未来合作勾画路线图

【中国记协 2017 年 4 月 12 日在京举行第 105 期"新闻茶座",中国国际问题研究院常务副院长阮宗泽以"海湖庄园会晤:中美关系新起点"为主题,与中外记者进行了交流。他认为,习近平主席和特朗普总统在海湖庄园的会晤将成为中美关系的新起点,为中美未来合作与行动计划勾画出路线图,蕴含重要而深邃的内涵。】

阮宗泽认为,海湖庄园会晤"时机关键,成果丰硕,意义重大,影响深远"。第一,会晤时机关键。美国新政府的亚太政策和对华政策尚待形成,这场会晤的时间比预计的要早,旨在加强对中美关系的顶层设计与战略沟通,有助于向世界发出中美可以成为合作伙伴的清晰声音,减少中美关系未来走向的不确定性,防止战略误判。

第二,会晤成果丰硕。两国元首这次在超过 7 小时的深入交流中,就中美关系和共同关心的重大国际地区问题坦率交换意见,达成了诸多重要共识。双方均认为这次中美元首会晤是积极和富有成果的。可以毫不夸张地说,会晤为中美关系发展奠定了建设性基调,指明了双方共同努力的方向。

第三,会晤意义重大。中美双方聚焦合作,同意以"合作伙伴"界定中美关系。会晤增强了中美两国建立合作关系的信心。习近平主席强调中国坚定不移走和平发展道路,不奉行你输我赢的理念,不走国强必霸的老路,愿同美方一道维护世界和平、稳定、繁荣。特朗普表示,中国拥有伟大、令人惊叹的文明。在这次会晤中,双方都提到加强中美两国合作,都视与对方的合作为机遇,这将增强中美克服分歧与摩擦的意愿与能力。

第四，会晤影响深远。中美关系何去何从将考验中美两国的大国担当。中美两国人口总和占世界总人口近 1/4，两国经济总量占世界总量的 1/3 以上，双边贸易额占世界总贸易额的 1/5。中美关系所发生的显著而深刻的变化，已经超越双边关系，将决定国际格局走向。国际社会对中美关系发展有担忧，也有期待。担心"大象打架，草地遭殃"；同时在国际形势复杂性上升与挑战增多，世界经济发展前景阴霾重重的情形下，期待中美关系消除波动和不确定性。当前，中美两国均制定了各自优先的内外政策。美国要"重新伟大"，中国要实现伟大复兴的梦想，两国合作共赢是必由之路。

阮宗泽表示，中美关系站在新起点，面临新机遇。中美关系正常化 45 年来，两国关系不断拓展，共同利益有增无减，得到两国人民的普遍支持，有广泛的社会基础，为两国人民带来了实实在在的利益。这次会晤增强了两国对中美关系未来发展的信心。接下来，双方应将会晤成功转化为实际成果展现出来，同时管控好复杂敏感的分歧。

（新华网，2017 年 4 月 13 日，余申芳）

中美关系：开局良好、挑战不少

【由中国国际经济交流中心主办的第 95 期"经济每月谈"于 22 日举行。阮宗泽就"特朗普执政以来政策变化及应对"这一主题进行了发言，主要从三个方面分享了自己的观点。内政方面，阮宗泽认为特朗普执政以来主要奉行极化政治的理念，主要表现在没有和国会等各个方面的"蜜月期"，导致百日民调结果不尽人意；"ABO"政策明显，导致目前人事安排上人手短缺、损兵折将；对媒体的态度非常特别，把美国的媒体视为美国的全民公敌。外交方面，阮宗泽认为特朗普表现出一种"回摆"态度，包括出访沙特，改善对俄关系，朝核问题背景下军事演习，对气候变化问题、北约问题的态度变化等。而在谈及政策变化下的中美关系时，阮宗泽认为，中美关系由未来不确定性逐渐向云开日出的方向发展，之前习近平主席和特朗普的通话、会晤以及此次美国派出代表团出席"一带一路"高峰论坛都是良好开局的表现，他还表示，自己对中美关系有基本的信心，关键是两国要处理好各种问题和挑战。】

讲美国和中美关系，我觉得是最具有挑战性的，因为美国人人都知道，刚才我打出租车过来，连出租车司机也能讲中美关系。这和讲一个很生僻的话题截然不同，那个你说什么就是什么，对于中美关系，大家都有很多知识的积累，所以挑战性也在这儿。

不过今天机会非常宝贵，我想跟大家分享三个观点。因为这个题目抓得也非常好——特朗普执政以来的政策变化，它变的地方在哪里，或者有一些不变的地方在哪里。我觉得要看清楚它的变化，一是要从内政方面来看，因为内政和外交密切结合在一起。二是从外交层面来看，它的变化是什么样的变化。三是它跟中国是什么关系,对中国意味着什么。接下来我向大家作汇报。

特朗普是非常不同寻常的人,我们经常讲实际上有三个不同的特朗普。第一个是在竞选时期的他,就是 11 月 8 日之前作为共和党总统候选人的特朗普。那个时候,他的言行表露得极其充分,包括对国际形势、中东、中国的态度,等等,因为他有很多政策辩论。第二个特朗普是从去年的 11 月 8 日到今年的 1 月 20 日的特朗普,这时期的特朗普是美国候任总统。第三个特朗普是今年 1 月 20 日后成了美国总统的特朗普。我们进行简单的划分,有助于我们理解他在不同阶段的言行实际上是有"温差"的。

在这之前,有不少美国朋友跟我讲我们不要指望特朗普有多大的改变,因为他已经 70 岁了,世界观已经形成,他不是一个年轻人。而且他的学习曲线不像年轻人那么陡峭,可能就那么平缓。意思是什么?他可能就是说到做到。以前的美国总统的言行在不同时期是有差别的,竞选的时候、候任的时候以及就职以后是不同的,有的差别甚至是 180 度的。但是特朗普的变化可能不那么大。

我们先从内政来看。第一,其实内政上我认为他的变和不变非常清晰,因为从 1 月 20 日当上总统到现在,他有一个很有意思的现象,他和其他的总统都不同。他没有"蜜月",我认为他一天的"蜜月"都没有。到现在为止,他天天在打仗、天天在争论、天天在挣扎。其他总统上来以后起码和国会各个方面还有一个"蜜月期",只是时间长短的问题,但是我认为特朗普没有"蜜月"。从第一天开始到现在,他就是这样的节奏,这是什么节奏?我认为这和他竞选时期的节奏几乎是一致的,天天充满对竞选、对大政方针的评述。所以他没有"蜜月",和其他的总统不一样。没有"蜜月"就意味着有很多张力和悬念。最近民调显示,前段时间百日的时候,他的支持率只有 42%,这已经创下美国总统最低的百日支持率。最近我看到他的民调支持率落到了 38%。

第二,他的"ABO"现象特别明显,这不是他上任以后改的,在竞选时期、候任时候，他的"ABO"政策就非常清晰，就是和奥巴马一刀两断，"Anyone but Obama"，即逢奥必反。从人事安排来讲，只要是奥巴马的人，全部让他们"下课"。他以前做过媒体节目，据说收视率最高的时候就是他讲这句话："你被解雇了。"实际上，他上台之前就声称他走马上任之时，就要把奥巴马所有的官员都解雇。不仅如此，他还把美国所有的驻外大使解雇了。这种做法，我认为也是非常罕见的。因为之前新总统上来总有一个过渡期，然后才慢慢地把人事状况理顺，而不是"一刀切"。但特朗普说了，奥巴马政府的官员全部"下课"，没有例外。所以这么多的驻外大使无一例外，在1月20日之前通通写信辞职。那么问题就来了，他要招聘这么多的干部、这么多的大使，事实上我认为进展会非常缓慢。现在的驻华大使布兰斯塔德是他提名比较早的大使，但到5月初才经过参议院的听证会同意，最理想的是这个月底才能赶到中国上任，其他很多大使现在连提名都没有。所以很多美国驻外机构没有一把手，属于空转状态。还有美国的内阁，内阁虽然成立了，但是很多时候是"光杆司令"。比如国务卿蒂勒森，连副国务卿都没有，就他一个人。在这种情况下，特朗普所为可以说是非常另类的做法。在人事安排上已经出现人手短缺，而且不仅人手短缺，还损兵折将。损兵折将指的就是他的国家安全事务顾问弗林，干了23天以后就辞职了，成为美国最短命的国家安全事务顾问之一。

　　第三，以前美国总统上来以后要向世界，向美国人表明他的内外政策是什么，会有一系列的政策讲话，比如关于中东、伊斯兰世界、亚太等的讲话。特朗普现在是在沙特访问，而在沙特访问之前他没有一次像样的政策演讲，他表述政策是通过发推特，另一个就是接受采访，主要是这两种方式。他发出的信息比较碎片化，不像政策讲话那样有一个清晰的来龙去脉，这也是他非常鲜明的一个特点。当然，他和媒体的关系，和媒体的这场战争，我认为从一开始就已经埋下了伏笔。所以我说他没有"蜜月"，跟媒体也没有"蜜月"，从第一天开始，双方关系就非常紧张。而且他对美国的主流媒体讲："你们不是我的敌人，你们是全美国人民的敌人。"他把美国的媒体说成美国的全民公敌。我觉得只有特朗普才有这种气魄说这样的话。

所以，今天看所谓的美国的主流媒体都在开批斗会，只要特朗普讲了什么不当的话，就对他进行批评。他们也很生气，因为美国以前的总统都会主动跟媒体搞好关系，只有特朗普非常例外。有一次他发推特批评了三大电视广播公司，说他们都是假消息的传播者，而且他用了三次"Fake News"，他是不是也知道中国人有一说法：重要的事情说三遍。而且他还用大写字母，足见他对媒体的态度非常特别。

从内政来讲，"ABO"现象不光出现在人事上，他对奥巴马政策的态度也一样。在他看来，他要奉行的政策跟奥巴马不一样，无论是奥巴马的医保法案，还是TPP这些做法。就是他一定要和奥巴马划清边界，我是我，他是他，我有我的做派。而在这一点上，他表现得非常充分，包括外交上的"再平衡"战略。奥巴马任职八年，在外交上引以为豪且投入那么多精力的就是"亚太再平衡"战略，而特朗普一上来就说这个战略已经"寿终正寝"了。而且特朗普是一个比较重内政的总统，他花了很多时间来清理人事、奥巴马的政策。这样的表现实际上集中反映了美国的极化政治，极化政治并不始于特朗普，也不始于奥巴马，但到了特朗普这儿，我觉得他的当选一定意义上是极化政治的产物，他成了美国总统之后，会进一步放大和加剧美国的极化政治，也就是两党之间的博弈。

在外交层面，我认为从特朗普的日程当中可以看出，他把内政放在第一位，虽然外交也重要，他接待了很多国家领导人，但外交处于第二位。因此也可以理解他为什么口口声声讲"美国第一""美国优先"，这就是要把国内做好。

特朗普最近才有了第一次对外出访，而且这一出访有很大的变化。他不去传统的邻国和欧洲国家，首先选择的是沙特，一个中东的国家。这就是要和奥巴马的政策拉开距离。因为奥巴马时期，美国和沙特的关系非常紧张，这次去沙特，他受到了超规格的接待。他对于中东的投入我觉得说明未来相当一段时期他要花费大量精力打击极端组织、极端势力，这对美国和沙特以及其他国家如以色列的关系等非常重要。

在外交上，我们还看到一个很有意思的变化，特朗普一开始就要改善和俄罗斯的关系，他把改善对俄关系放在外交的一个重要地位。可以说，他在这方面历尽千辛万苦。很辛苦是因为美国国内有一种反俄的力量，只要他说要改善和俄罗斯的关系，必然带来国内强烈的反弹和反噬，而且这种强大的反弹和反噬主要是民主党、情报界、媒体对他的反抗。

实际上，美俄关系不完全是外交问题，还是美国的内政问题在美俄关系当中的一种反映。去年 12 月 29 日，奥巴马在离任之前做了一件非常重要的事情，就是对俄罗斯进行大规模的制裁，制裁了俄罗斯的公司，制裁了普京周围的精英人士、亲信，同时宣布制裁 35 名外交官，让他们 72 小时内离境。奥巴马为什么使出如此大的手笔？我们经常看到的一些说法是给特朗普挖坑，但还没有看到问题的本质。问题的本质是，民主党认为，去年大选中俄罗斯成功干涉了美国的内政，所以暗示特朗普或是由于外部势力的介入才能当选。实际上，美国国内对俄罗斯的打击反过来针对的是特朗普。要看到，美俄关系出现这样一种变化，就是现在特朗普要和普京改善关系时，美国几乎所有的主流声音都是反对的。我觉得美俄问题已经成为美国内政的一部分，成为民主党打压特朗普，进行复仇的一部分。

我们最近一直看到朝核问题的凸显。实际上从他就任到 5 月初，朝核问题一直是高热不下。一方面，美国掌握情报说朝鲜有可能要进行新的核试验，同时朝鲜也在进行发射弹道导弹实验。不管是核试还是射导，都是违反国际法的。从美国方面来讲，它和韩国、日本等举行了一系列几乎是不间断的、大规模的军事演习，而且军事演习加剧了东北亚地区的军事对峙。

这些军事演习和过去的不同表现在两个方面。一个是美国用尽几乎所有最尖端的杀伤武器，要对朝鲜进行威慑。最紧张的时候，就是最大规模演习的时候，可以说就是兵临城下。另一个是演习的内容也发生了巨大变化，将过去的防御型演习变成了先发制人型的演习。所以美国和韩国都有可能对朝鲜进行先发制人。但对于朝鲜来讲，在大兵压境的情况下还继续保持弹道导弹的试验，有它的需要，同时也说明它也非常强硬：先发制人不是美国的专利，朝鲜自己如果需要，也可以做到先发制人。

面对这样的剑拔弩张的形势，中国方面一再出来喊话：必须通过和平方式来解决。这也是中国发挥我们作为朝鲜半岛邻国至关重要的角色作用。当然我们看到美朝双方离战争并不是像想象的那么近，实际上双方都是有条件的对抗，不管是美国威胁的先发制人，还是朝鲜威胁的先发制人，都是有条件的，即假如对方怎么样，实际上这个"假如"并没有出现，所以冲突是不存在的。但是当时谁都摆着一种绝不退让的态度，确实让人捏了一把汗。

从其他的方面看，特朗普在气候变化问题上，又要和奥巴马拉开距离。过去认为美国终于在国际气候变化问题上发挥了领导作用，但是特朗普上来后把"气变"问题挂了起来。还有他对北约进行威胁，说北约已经过时，让西方盟友如坐针毡。

从内政到外交，从北美贸易自由协定到在美墨边境修墙等，有变和不变的方面，事实说明特朗普还是具有相当的可塑性。现在他的外交政策我认为在做某些回摆。在北约问题上，他过去说北约过时了，我认为这是特朗普性格和政策趋向使然，因为他要制造更大的不确定性，也就是他上来要不一样，大家要小心，为了减少他的不确定性，大家要主动开价，由他来选择。

这次他也要去北约。但是他仍然强调，第一，欧洲盟友不能再"搭便车"，要把 GDP 的 2% 用于军事。第二，北约必须要转型，转型干什么？以后跟美国一起打恐。北约是第二次世界大战结束以后跟苏联（后来俄罗斯）进行对抗的最重要的军事平台，但是现在要转变重点，变成打恐的工具，所以北约也要转变方式，这是一种调整。在盟友问题上，现在也出现一些回摆。中东问题上也很显然，这次他去访问，包括今天下午到以色列，他在中东问题上有很多表态，现在我认为他是在某种程度上回摆到美国比较传统的政策上。这是他在内政和外交方面发生的一些变和不变。

对中美关系意味着什么？在中美关系中也出现了特朗普执政风格所造成的困扰。他成功地制造了中美关系的不确定性。首先，他在竞选和当选时在"一中"问题上的剑走偏锋，造成大家对中美关系不看好。对中美关系不看好，在历史上可以寻到一定的规律，但是像特朗普这样的，很罕见。因为中美关系每当美国政府换届的时候都有波动，但这种波动可预期。特朗普成功制造了不确定性，他走的步伐太大，我们甚至很难预期他下一步做什么。

中美1979年建交以来，其实每一届美国政府、美国总统上台，中美关系就会产生变化。而且尤其明显的是不同党派的总统上来，比如民主党在执政，共和党上台，变化就更大一些。如果共和党执政，民主党上来，这个变化就要更大。

1979年建交，经历包括里根等这么多位总统，实际上新总统一开始上台的时候，中美关系都有波动，这是我们得出的经验。同时，通常当这些总统离开的时候，中美关系曲线会出奇走高，也就是他们离任的时候，中美关系都非常好，好的你都难以置信。当年里根一开始对中国有很多威胁性的言论，但是1982年中美达成了《八一七公报》。《八一七公报》成为中美三个联合公报之一，奠定了中美关系的政治基础。

再说克林顿，他一开始对中国有一些出言不逊，但在任期快要结束的时候，他甚至谈想和中国建立战略伙伴关系。这个画风的转变很大，因为美国一般是和盟友和亲密的伙伴才讲建立战略伙伴关系的，和中国讲"战略伙伴"是很罕见的。小布什在上任的时候也是一样，对中国也是出言不逊，但是离开的时候，中美关系稳定发展。这就是中美关系的曲线，一开始有波动，最后都是上升。

这个经验能不能适应特朗普？第一，特朗普成功制造了中美关系未来的不确定性。考虑到特朗普过去的言行，考虑到他和蔡英文的通话，挑战"一中"政策，其实大家对中美关系有很多担心，甚至说中美关系不被看好。而且他要对中国商品征收 45% 的关税，要把中国列为"汇率操纵国"。但到现在为止，中美关系开局良好。

为什么开局良好？相当一部分原因是特朗普制造了不确定性，大家对中美关系的期望相对变低，所以这时候如果有不错的事情出现，大家倒觉得还挺好，有种心理上的安慰，觉得中美还是可以打交道的。

有两个事件特别值得关注。一个是 2 月 10 日习近平主席和特朗普的通话，我认为这是非常关键的通话。特朗普在通话中重申了美国政府将坚定奉行"一个中国"的政策，扫清了中美会晤和中美高层进一步交流的主要障碍。第二个是 4 月 6 日至 7 日习近平主席和特朗普在海湖庄园的会晤。这个会晤比我想得早一些，我曾以为要到 7 月 20 国峰会上两位领导人才会进行会晤，但是看来双方都有非常强烈的早日见面的愿望。海湖庄园的会晤成果相当丰硕，我们也看到了，双方决定建立四大对话机制，包括外交安全、经贸、执法与网络安全、人文方面。这四大机制就是对过去中美之间众机制的一种提升和更新。当然中美在经贸方面还有很多问题，展开经贸对话很必要。

这次会晤的成果之一是特朗普应邀今年访华，大幅度降低或者减少了中美关系未来的不确定性。从过去到这之前，大家忧心忡忡，总担心中美之间什么时候要爆发问题，要迎头相撞。但是会晤之后，有点烟消云散的感觉，双方都表达了非常强烈的愿望：要友好。大家可以再看一下特朗普发的推特和他接受的记者采访，他甚至讲和习近平主席关系不错。这样的评论，说明他非常正面和积极地看待这场会晤。可以说这场会晤让中美关系云开日出。

当然，一次会晤不会立竿见影地解决中美之间的诸多问题。但他之前宣布的对中国的两大威胁没有兑现：45% 的关税没有兑现，人民币汇率问题在财政部发布的报告中也没有兑现。所以很多记者就问他，他当时信誓旦旦，要对中国这样那样，但为什么到现在还没有兑现？他说中国人在朝鲜问题上正在帮美国的忙。所以他是有一种交易思维的人，在他看来，中国在帮他的忙，他好意思再做对不起中国的事情或者挑起贸易战吗？

最重要的是中美关系不像他想象的那么简单，他在竞选的时候作为反对派说什么都可以，不用负责。但一旦坐到这个位置上，成了美国总统，要兑现说过的话，完全是另外一回事情。他的"美国优先"也是如此，"美国优先"是要拯救美国经济，创造就业机会，在这些问题上中国都能提供帮助，而且美国和中国合作有助于解决这些切身问题，如果和中国作对，就别想解决这些问题。如果今后他要花1万亿美元在大型基础设施建设上，那么中美在经济基础设施建设方面有巨大的合作空间，中美合作可以为美国创造就业机会，而且拉动美国经济的增长。

实际上我们看到这段时间以来，中美关系在朝着正面、稳固的方向发展。特朗普和习近平主席见面之后，意犹未尽，又打了两次电话，还有话要说。这说明中国领导人与特朗普的交流确实是有效的。当时特朗普对中国的威胁不光在贸易方面，不光是朝鲜半岛问题，当然还有南海问题等。但到现在，白宫否决了军方提出的南海巡航计划，我认为这也是他在看到没有"蜜月"的情况下，意识到若跟中国之间有这么大的麻烦，是不值得的，他在行动时还是有选择的。但并不是说有关问题就得到解决了。

现在还看到另外一种令人鼓舞的现象：特朗普派出代表团出席"一带一路"高峰论坛，这是美国对"一带一路"和亚投行比较重大的政策转变。亚投行刚出来时，美国很抵触、很消极，这次却派出了官方代表团来，这不排除在可见的将来美国会加入亚投行。因为基础设施建设是中美未来合作中非常具有潜力而且可以实现互利共赢的领域。美国政策的转变，也带动了其他国家对"一带一路"以及亚投行的态度转变，所以美国的影响不可小视。

最后一点，不是说现在我们就高枕无忧了，其实每一天中美关系都不简单，都不容易。但现在有了一个良好的开局，应该说成功地减少了相当一部分的不确定性，但未来中美关系的挑战还是存在。因为这些问题并没有得到解决，有的只是暂时被搁置，或者被别的问题遮掩起来。特朗普本身也是可变的，这种可变性也对中美关系注入了不确定性。

由此可见，从 1979 年中美建交以来，因为中国改革开放的发展，中国成为一个主要的变量，我们的变化要相对大一些，而美国的确定性、稳定性相对要强一些，但是特朗普上来以后，中美角色产生了 180 度的互换。这个互换是什么？在中美关系中，中国成了一个可预见性更强、更稳定的因素和力量，中国成了常量，而美国成为不确定性、变化更大的一方，所以它成了变量。这就是中美现在的状态，我对中美关系还是有基本的信心，但是两国要处理好各种问题和挑战。

（在中国发展网第 95 期"经济每月谈"

上的发言，2017 年 5 月 23 日）

中美关系正朝着稳固方向发展

【日前闭幕的"一带一路"国际合作高峰论坛，是我国近四年来围绕"一带一路"建设所举办的规格最高、影响力最大的活动，来自130多个国家的约1500名代表出席论坛，美国亦派出总统特别助理、白宫国家安全委员会亚洲事务高级主任波廷杰率团参加了此次论坛。

"这是一个令人鼓舞的现象。"中国国际问题研究院常务副院长阮宗泽在接受《中国改革报》、改革网记者专访时表示，这段时间以来，中美关系在朝着正面、稳固的方向发展。】

态度转变，美国或将加入亚投行

"特朗普派出代表团出席'一带一路'国际合作高峰论坛，说明美国对'一带一路'的态度发生了一个非常积极的转变。"阮宗泽坦言，过去美国对"一带一路"一直持比较消极、迟疑，甚至观望的态度。

"近四年来，中国一步一个脚印，和有关国家推进'一带一路'建设，而且有了很多早期收获，已经渐成气候，这次开这么大一个论坛，对美国来讲，不能继续在门外徘徊了，也要参与进来。"阮宗泽说。

什么原因让美国对"一带一路"的态度发生了转变？阮宗泽表示，特朗普非常重视国内的基础设施建设，今后要增加1万亿美元的基建投资。"在基建领域，中国是最理想的合作伙伴，有资金和技术方面的优势，这也预示着今后中美在基础设施建设方面有广阔的合作空间。"

"美国当年错过了加入亚投行的机会，这是一个错误的决定，现在美国国内已经有人写文章批评当年的奥巴马政府了。"阮宗泽认为，美国正在调整对亚投行的政策，而且不排除在可见的将来，美国会宣布加入亚投行。

今年 3 月 23 日，亚投行宣布批准 13 个新成员加入，成员数增至 70 个，超过欧洲复兴开发银行和亚洲开发银行，亚投行成为仅次于世界银行的全球第二大多边开发机构。"事实上，西方七国集团（G7）中的 5 个加入了亚投行，加拿大是第 5 个，现在就剩下美国和日本没有加入。"

阮宗泽直言，美国态度的转变，也将带动其他国家转变对"一带一路"包括亚投行的态度。日本自民党干事长二阶俊博在参加"一带一路"国际合作高峰论坛期间表示，日本加入亚投行一事，已经到了"是否决心尽快加入"的阶段，日本政界应当加快准备，避免在此事上"大幅落于人后"。

云开日出，"百日计划"成果初显

"特朗普竞选时一些剑走偏锋的言论，让大家对中美关系有很多担心，或者说中美关系不被看好。"阮宗泽认为，到现在为止，特朗普任职 4 个多月时间，中美关系开局良好。

在他看来，特朗普在不同阶段的言行，实际上是有"温差"的。谈及特朗普的对华政策变化，他分为三个阶段：第一个阶段是特朗普竞选时期，即 2016 年 11 月 8 日以前，作为共和党总统候选人期间；第二个阶段是 2016 年 11 月 8 日到今年 1 月 20 日，这时期的特朗普是候任美国总统的身份；第三个阶段是今年 1 月 20 日至今，特朗普正式就职美国总统以后的时期。

阮宗泽表示，在中美关系近期的改善过程中，有两个事件特别值得关注。一个是今年 2 月 10 日习近平主席和特朗普总统通话，特朗普在通话中重申了美国政府将坚定奉行"一个中国"的政策，扫清了中美会晤和中美高层进一步交流的主要障碍。另一个是今年 4 月 6 日至 7 日习近平主席和特朗普总统在海湖庄园的会晤。

"这个会晤比我想的要早一些，双方对'早日会晤'都有非常强烈的意愿。"阮宗泽说，此次会晤的成果相当丰硕，中美元首宣布两国建立外交安全对话、全面经济对话、执法及网络安全对话、社会和人文对话四个高级别对话机制。"这四大机制就是对过去中美之间的机制的一种提升和更新。"

中美在全面经济对话框架下，提出了经济合作"百日计划"。5月12日，"一带一路"国际合作高峰论坛前夕，中美两国同步发布了中美经济合作"百日计划"早期收获，双方就农产品贸易、金融服务、投资和能源等领域的问题达成了共识。

"特朗普也应邀今年访华，可以说这次会晤让中美关系云开日出。"阮宗泽说。

渐入佳境，中美角色 180 度互换

"中美关系的未来不光取决于美国，也取决于中国。"阮宗泽表示，中美关系趋稳是因为中国采取了主动进取的方式。过去在中美关系中，美国是比较主动的一方，现在中国的主动性增强了。

阮宗泽说："中美关系变得不一样了，就是在于中国开始主动塑造中美关系。比如说'百日计划'是中方提的，换个比较通俗的表达，以前美国布置家庭作业多一点，现在中国也开始给美国布置家庭作业了。"

在他看来，中美关系目前成了大国关系中相对最乐观的。"在可见的未来几个月，我看不到哪一个点会让中美关系急转直下。相反，我看到了机制性的对话，从经济到政治、外交、安全，这四大支柱的建立，对中美关系是一个支撑。"

阮宗泽认为，特朗普上台以后，中美角色产生了 180 度的互换。1979 年中美建交以来，由于中国推动改革开放，在中美关系中，中国是一个主要的变量，中国的变化相对要大一些，美国的确定性、稳定性相对要强一些。

现在中美角色是怎样的呢？中国的对外政策和中国的发展，让中国成了一个可预见性更强、更稳定的力量，而美国成了不确定性更强、变化更大的因素。这就意味着美国在中美关系中成了变量，相对而言，中国成了常量。

"现在有了一个良好的开局，但这并不意味着从此可以高枕无忧了，未来中美关系的挑战还是存在。"阮宗泽强调，中美关系中有些问题只是暂时被搁置，并没有解决，特朗普的可变性也给中美关系带来了不确定因素。我们在对中美关系保持基本信心的同时，还是要处理好各种问题和挑战。

（《中国改革报》2017 年 5 月 26 日）

中国开始给美国出题　美国人一时难以接受

【9月22日至9月28日，习近平对美国进行首次国事访问。此举有何深意，中国为何主动塑造中美关系？披露详细行程释放哪些信号，如何规避实质性冲突？在中国"一带一路"大格局下，中美关系对中国国家建设的意义是什么？凤凰评论《高见》栏目专访中国国际问题研究院常务副院长阮宗泽，深度解读习近平访美。】

一、中国主动塑造新中美关系：攻守有度、软着陆

凤凰评论《高见》：针对这次习近平访美，有人猜测"习奥会"会有颇多惊喜，有人警告中美关系到了临界点。曾经中美经济实力差距悬殊，而今却同为世界上仅有的两个 GDP 超过 10 万亿的大国，您怎么看这种背景下中美关系的走向？在您看来，中国、美国会针对各自现实处境，在双边关系上有哪些新意向？

阮宗泽：这是习近平第一次对美国进行国事访问，我觉得两个方面要特别关注，一是实际上今天的中美关系和几年前中美关系已经很不一样，中美关系越来越朝着均衡方向发展，而以前中美关系是很不对称的。美国在看待中美关系时，实际上不是看待今天的中美关系，而是中国经济增长三五年之后的中美关系。今天中国的发展行情对美国有很大冲击，中国的实力在朝着接近美国的方向增强。

另一方面是中国在塑造中美关系上变得越来越主动，这也是习主席提出来的"建立中美新型大国关系"的倡议，恐怕这种提法在以前的中美关系当中是比较罕见的。过去是美国人在出题，他们设立中美关系的条件、要求，我们就像做考试题一样。现在我们也开始出题，所以这

对美国而言，一时或许难以接受——"中国怎么也积极参与建构话语权了？"

凤凰评论《高见》：所以对美国而言，一方面要强调实力绝对超越所有国家，不允许有一个相近或平等的对手出现，另一方面在话语权上也想绝对占据优越地位，中国现在提出"建构""参与"，美国不适应也是情理之中。您怎么看待美方对于中国主动参与话语权建构的态度？接受、肯定、怀疑、抵抗，这些呼声在美方各界好像都有。

阮宗泽：中方提出"不冲突不对抗，相互尊重合作共赢"，这个话不是一出来就在美国受到热烈欢迎的，这个过程实际上也需要双方建构。美国可能会因为中国的积极主动感觉自己在中美关系、国际体系当中的主导地位受到了削弱。

其实今天美国国内对中美关系的看法是多元的，决策层、媒体、智库、五角大楼等，看法都不太一样。从政府层面来讲，他们特别希望习主席的访问是"一次成功的、里程碑式的访问"，在这一点上跟中方完全契合。

凤凰评论《高见》：新兴大国和守成大国之间的关系确实很微妙。一方想建构自己话语体系同时不希望引发争端，另一方力守阵地但又希望对方承担责任，其实关键还在双方处理的"度"上。您认为中美双方如何在互为攻守的过程中维持这种相对平衡？您认为中方如何能准确表达自己的意图？

阮宗泽：美国话语权在世界上的影响力还是非常大，没有国家能与之平分秋色，中国也做不到，但是这不等于说中国无所作为，有所作为恰恰是一个发展中大国自身所应承担的历史责任。换句话讲，美国实际上也在鼓励中国承担更大责任，也要求过中国不能再"搭便车"。但中国一发力，它又不适应。

把握这个平衡尺度，个人觉得两国高层沟通非常重要，特别是领导人沟通，习主席到美国访问，跟奥巴马、美国各界人士接触，我觉得有利于让中国日益扩大的影响力软着陆。我们既要成功地提出自己的意向，也要让对方放心。这需要中方有意识的引导。

二、不挑战话语权，我们要发言权

凤凰评论《高见》：主动引导是很有意思的事情，不是任由冲突猜忌满天飞，而是主动告诉对方我们到底想要什么。此次出访时带商界精英团队随行，人员配置上的特点和事前披露行程的用意，您觉得释放了哪些中方想主动表达的意向？

阮宗泽：商贸往来是中美关系转型的突破点。这次十五位商界大佬和美方欢迎团对垒，我觉得有两个鲜明特点：一是互联网行业和金融行业比重突出，这是中美未来合作的重要方面，中国正在做"互联网＋"，我国经济需要新的增长点，互联网和金融行业都是下一阶段中美维护世界金融秩序稳定的重要方面。二是中方商界团队里相当一部分公司在美国都有非常好的业务，有很多投资，比如联想、中远、万向等，这些投资都给当地带来很多就业机会。

美国人最关心的是实惠，虚头巴脑的东西不行，就业机会就是实际的好处。今天中国对美投资热情高涨，中国日益成为一个投资大国，这个前景还是很可观的。

凤凰评论《高见》：但是在之前我们也注意到，虽然我们界定的关系是"不冲突、不对抗、互相尊重、互利共赢"，但当时美方没有正面回应相互尊重这一原则，对于合作共赢，美方也强烈要求中方解决美方具体关注的问题，要求双方深化军事对话，要求中方改变出口型经济发展模式，还强调中国网络商业窃密的问题，朝核协议等。让以自己利益为优先的国家在国际交往中理解、让步，只引导、呼吁，作用或许不会太乐观，您怎么看这个事情？

阮宗泽：中方提出新型大国关系，虽然中国是主动的，但这并不是说要强加给对方，因为中美关系这个探戈需要两个人来跳，一个人就是独舞。对方的回应态度、接受程度、认知程度都很重要。

中美在处理国家事务层面思维是不同的，中国希望有大的原则框架，大目标要清楚；美国要具体方案，要务实合作。两国优势可以在合作中结合，我们也不能光要原则，美国也不能只见树木不见森林。

凤凰评论《高见》：国家关系和人与人之间的关系在某种层面上有相似性，有亲密关系的人需要互相关心，关心不够不行，关心太多会让人害怕，有实质利益冲突时争执难以避免。对于中国而言，美方对南海问题、人权问题的态度都是绕不开的争执点，如何在新型大国关系的基础上，在现在"还不错"的中美关系里，让双方找到在实质性问题上达成可履行的共识的方法？

阮宗泽：美国经常会用"以盟友画线"的做法，不管问题的是非曲直，只要是我的盟友就行。比如对南海问题上的菲律宾，对钓鱼岛问题上的日本，美国不以是非论，只以阵营论，其实这是伤害美国信誉的做法。不能对自己的伙伴盟友就随便包庇纵容，否则在世界各国面前不好看。

出现问题时，如果美方摒弃以盟友画线的做法，从谁是问题的始作俑者、谁挑起来的争端、争端缘由和导向是什么的角度来考虑问题，清清楚楚以事实说话，通过好好沟通，很多问题不是解决不了的。

凤凰评论《高见》：所以在争执之外，解决问题、互利共赢才是长久之路。既然无论如何都绕不开，重点谈合作、谈可行性或许才是让关系维持稳定的办法。建交以来中美双方关系不断变化，您怎么看其中主导因素的发展？

阮宗泽：中美交好而不是交恶对双方都有巨大好处。比如随着日益发展起来，中国可以有更多资源跟美国一起做更多事情，过去是心有余而力不足。现在让中美走到一起的是利益，是互利。

中美关系现在来说更多是"那人却在灯火阑珊处"的状态，不再是开始建交时那么热烈兴奋，日子久了也会有磕磕绊绊，但是过了很多年之后因为这段关系很重要，多种原因导致没法舍弃，既然无论如何都要交往下去，倒不如重点谈互利合作好了。

三、智库交流成大国往来新形式：做缓冲，可前瞻

凤凰评论《高见》： 现在全球兴起了发展智库热潮，中国各类智库的建设也非常迅猛，您怎么看待智库在国家发展中所能发挥的作用？

阮宗泽： 总的而言，智库的作用在迅速上升，而且非常独特。智库起到一个承上启下的作用，上对决策者，下对公众。智库可以左右逢源，既跟决策者有接触，同时又更多知道公众的需求和倾向，其建议有相当参考意义。

今年，中国智库确实出现了井喷式的发展。中办发文件鼓励智库建言献策，产生这种势头很自然，但它有大浪淘沙的过程。大家都关注智库本身也是好事，思想市场需要培育，如果只有一个孤零零的商店，市场不会繁荣。通过竞争，造成羊群效应，让市场里各主体利益均沾。

另一方面，智库也不能太自恋，觉得"我是唯一"，而是应当踏踏实实地做专业研究，给出专业参考意见。

凤凰评论《高见》： 如果说智库在国内发展中可以起到承上启下的作用，那么怎么看待智库在国际交往中所能发挥的功效？

阮宗泽： 在国际交往中，智库一定程度上可以为国家交流起到补充黏合作用。如果只是官方交流，谈话要点说完就完了，而智库可以在此基础上，组织相关领域的资深专家、学者、官员等进行解读，让他们根据自己专长有所发挥，很多精彩内容就会在这里碰撞出来。

现在越来越多国外到中国访问的高层官员已经不满足于官方活动，

要找智库发声，他们需要这样一个平台，以此更多地表达自己的看法。互联网下的世界已经扁平化，每个人都是发声器、自媒体，在这种环境下，智库作用也会更大。

凤凰评论《高见》：怎么看待智库作为国际交往新形式，与已有交流方式的异同？

阮宗泽：智库是国际交往的平台之一，现在中美交流途径非常多，如果做得不好别人不会选你。在挑战和机遇同时存在的情况下，智库所具备的后发优势在于：政府交流有的时候说不到位，智库可以解读；民间商贸往来主要体现在经济领域的互相竞争学习上，对于基本道理说不透，智库在其中可以起到缓冲作用。

智库可以进一步做一些对未来的探讨和假设，官方是不愿做假设的，"万一这个事情出来了怎么办"这种想法会逼迫你去思考更深层的问题。从这个角度来说，智库有前瞻性功能。

四、从"一带一路"把握中美关系中的中方立场

凤凰评论《高见》：其实从中美关系中跳出来看，中美问题虽然对于中国、美国都很重要，但其实只是各自大国战略的一个部分，是为自己国家整体外交战略服务的，比如中国现在致力于"一带一路"建设。如何从一国整体发展角度看大国交往？

阮宗泽：这点很有意思，中美关系对于双方来说确实都很重要，但如果放到区域，放到全球层面来看，又会有很大不同。

中美关系涉及从双边关系到多边关系，应该是从双赢到三赢、多赢的发展。你说的"一带一路"，是中国提出的要和周边国家资源共享的倡议，这也涉及美国参与的机会，比如海上丝绸之路涉及东南亚，对美国海上运输影响很大。中国在和自己邻国打交道的时候美国因素实际上一直存在，这个躲避不开。就像美国在放眼全世界时，在拉美、非洲等

国，也是一睁眼就有中国的影子。从这个角度看，中美关系也不能太僵。

我觉得中国有必要在自己大战略的背景下，制造机会，把国家间的合作引导过来。

凤凰评论《高见》：把双边关系放到多边关系里，可能中美双方对中美关系都会有更全面的理解。

阮宗泽：我觉得会增加一个新视角，中美更有理由、更有必要建立合作共赢的关系。如果在对方国家周边挖墙脚，搞得鸡犬不宁，实际上也对中美关系有伤害。亚太地区其实是一个中美可以尝试多种合作形式，让双方、三方、多方共赢的一个最好的地方。

凤凰评论《高见》：国家利益说到底落地是在每个人身上的，其实可以很具体地考察。对于个体而言，大环境让他生活安全安逸，就是很真实的国家利益了。

阮宗泽：实打实的福祉是最重要的，老百姓需要买到价廉物美的东西，通胀也不能太高，还要有工作做，其实这也是中美双方合作所应该带来的最接地气的好处。美国产品在中国受欢迎度还是很高的，中国现在也是美国增长最快的出口市场。

凤凰评论《高见》：前段时间中国股市的变化在世界范围内影响巨大，美联储反馈也很让人玩味。牵一发而动全身，中美的双边关系也不局限于两国范围，这种情况下对于两国之间摩擦解决的探讨也更有了全球性。

阮宗泽：今天世界上问题很多，需要中美合作应对。尽管中美合作也不可能都解决掉这些问题，但是如果我们不合作，就更没有希望解决。我觉得这是比较现实的考虑，现在国际上一有风吹草动，世界眼光就都会投向中美，无论是中国股市波动，美联储加息，还是今年巴黎气候变化会议，等等。世界需要中美合力，很多具有全球性和巨大进步意义的协议条款，如果没有中美推进，很可能没戏。中美应求同存异，为所在地区和世界带来公共产品。

两国不可能没摩擦，但一定要把这种摩擦限制在一定范围，不能让它失控或被随意放大，而应当努力做更多切实有效的合作。当两国努力做务实合作的时候，民众可以看到，也会乐于接受有利于自己的选择。

（凤凰评论《高见》专访，2015 年 9 月 24 日）

中美应该多栽花少栽刺

7月9日至10日，第六轮中美战略与经济对话和第五轮中美人文交流高层磋商将在北京举行。习近平主席将出席对话和磋商联合开幕式并发表重要讲话。汪洋副总理、杨洁篪国务委员作为习近平主席特别代表，将与奥巴马总统特别代表约翰·克里国务卿、雅各布·卢财长共同主持战略与经济对话。刘延东副总理将与约翰·克里国务卿共同主持人文交流高层磋商。本轮对话和磋商是今年中美之间一次高层战略沟通，将充实中美新型大国关系的内涵，推动两国关系持续健康稳定发展。

近几个月来，中美之间一些分歧凸显：美方有人认为，中国推行"示强外交"，不守规则，称中方提出的亚洲新安全观是在"去美国化"，要把美国从亚洲挤走，甚至质疑中国的和平发展道路。而中方则有人担心，美国在东海、南海问题上的介入加深，利用中国与邻国的领土主权和海洋权益争端，拉偏架，有偏离其在领土争端中不持立场的危险。美国的言行不一也颇受诟病，美方一边说"欢迎一个和平与繁荣的中国崛起"，一边却对中国使绊子。

出现上述分歧的原因主要是，美方缺乏对中国的客观认识，美国政府内缺乏对中国有深入了解又有影响力的声音，加上其"亚太再平衡"战略已经沦为食之无味、弃之可惜的鸡肋，遂将一些在其他地方积攒的怨气撒到中国身上。而中方对美国立场的担忧主要源于美政策的摇摆性。

今年正值中美建交35周年。从历史经验看，中美关系的本质是互利共赢的，双方的共同利益大于分歧，所具有的巨大潜力超出想象。35年前，没有人能预料到中美能取得如此骄人的成就。1979年两国建交时，中美贸易额不足25亿美元，到2013年中美双边贸易额已达到创纪录的 5210 亿美元。据有关研究报告测算,中美将在 2022 年成为彼此间最大的贸易伙伴,届时中美双边贸易额将突破 1 万亿美元。不仅如此,两国在政治、安全、人文等领域的交往也成就斐然。今天中美关系早已经超出双边范畴,而日益嵌入了全球意义。

中美关系取得的每一点成就都凝聚着双方的艰苦努力,然而,要伤害这一关系却很容易。如今影响中美关系发展的因素多种多样,既有结构性的障碍,也有双方历史、文化的差异,还有一些新兴领域的问题以及一些第三方因素的挑战。增加对话、消除误解、管控分歧,需要双方相向而行。

鉴此,保持中美之间经常性的高层接触与对话必不可少。本轮战略与经济对话议题丰富,包括中美关系、各自对外政策、双边重要敏感问题、两国在亚太地区的互动及国际地区问题和全球性挑战,有助于及时疏导双方关系中的负能量,巩固战略共识。因此应该用好这一对话机制,让它结出硕果。

总之,中美关系是 21 世纪最令人牵挂的故事,共建、共享中美新型大国关系是历史的选择。不畏浮云遮望眼,双方都多栽花少栽刺,中美就没有过不去的坎儿。

(《人民日报·海外版》2014 年 7 月 9 日)

塑造中美关系，中国可以更主动

【嘉宾介绍】阮宗泽　中国国际问题研究院常务副院长，曾任中国驻美国使馆公使衔参赞

【访谈动机】自今年5月被誉为"中国通"的美国学者戴维·兰普顿发表"中美关系正在迫近'临界点'"的观点以来，美国学界不看好中美关系发展的声音正在加速涌现。一些鹰派人物借机造势，甚至鼓动政府放弃延续40多年的对华"接触"国策，重新考虑用"遏制"和"围堵"应对日益强大的中国对美国所构成的所谓"战略性挑战"。

在这种氛围下，不少中国学者坦承，目前中美关系的发展确实可能将进入一个"比较困难的时期"。所谓"比较困难的时期"，与美国继续在亚太推行战略再调整有关，更与中国成长为世界第二大经济体且行将继续发展壮大密不可分。

近几年来，中美两国的利益交锋点似乎也越来越多：南海问题、钓鱼岛问题、网络安全问题……阮宗泽曾于2007—2011年在中国驻美使馆工作，恰好见证了金融危机前后的美国。相较于美国学者，现在从事研究工作的阮宗泽对中美关系发展"较为乐观"。

"两个人关系不太好时，大家有不同意见，却不敢随意讲，生怕对方一下子不高兴了。但中美现在可以坦率地说出我们之间的不同，坦率地进行互动甚至是批评，我觉得这恰恰反映出中美关系的坚韧性在增加，这是中美关系过去几十年发展积累的一个结果。"8月11日，接受《国际先驱导报》专访时，阮宗泽这样强调道。

中美都在进行两国关系大讨论

《国际先驱导报》：为什么最近会有这么多美国学者发声，表示中美关系到了"转折点"或者不看好中美关系？

阮宗泽：现在确实形成了一个对中美关系的大讨论，甚至是大辩论，我觉得主要有三个原因。

首先，中美关系最近浮现出的问题比较多，比如南海问题、网络安全问题等，尤其是涉海问题近来比较突出。

在涉海问题中，美国有一些新的动作，已经改变了它过去在南海相对超脱的一种姿态，是从幕后走到了台前。在中国与地区国家的涉海争端中，美国奉行"联盟优先"原则，即使盟国有错，美国也不批评、指责，却对中国"横眉冷对"。

美国对盟友的支持在相当意义上影响了中国对美国的看法。中美关系的发展好坏，其实有时可以通过美日关系反映出来。比如日本解禁集体自卫权，强推安保法案，美国都给予支持和鼓励，对日本企图美化侵略战争的做法也视而不见，这都会影响中美关系，显现出美国借鼓励日本发挥更大军事作用，以达到在亚太地区牵制中国的目的。

其次，美国进入大选季，容易出现各种声音。美国有一个惯例，就是大选期间老想把中国问题扯进去，或者说"打中国牌"，以此获得好处。过去，"打中国牌"就包括如声称"中国人使美国人就业机会流失"，人民币升值，以及所谓人权问题，等等。但我观察到最近几年，在至少两届到三届的美国大选中，美国政客"打中国牌"反而得不了分。最终，竞选者还得回到美国国内的问题上，如金融危机后如何恢复经济，创造更多就业，拯救美国制造业，等等。

第三，今年是世界反法西斯战争胜利 70 周年。我们看到日本右倾安倍政府在"摆脱战后体制"上一路狂奔，若没有美国的纵容，日本不可能跨越那么多的障碍，安倍政权不可能如此胆大妄为。所以，在中国抗战胜利 70 周年之际，中日关系波折不断又可以追溯到美国价值观对日本的影响上。

其实，现在不光形成了美国对华关系的大讨论，在中国国内也形成了中国对美政策的大讨论，大家对美国的看法更加多元化。不光是学者，一般老百姓也能对中美关系侃侃而谈。这既说明了知识与资讯的传播更加扁平化，也凸显了中美关系的重要性。

南海问题不是也不应该成为中美之间的问题

《国际先驱导报》：您有一个观点：不要让南海问题成为中美之间的问题。但您刚才也说到了，涉海问题是当下影响中美关系的焦点问题之一。

阮宗泽：的确，南海问题不是也不应该成为中美之间的问题，但现在让人担心的是，照美国目前的做法，有可能把南海问题变成中美之间的问题。这是我们要尽量避免的。

南海问题之所以不应该成为中美之间的问题是有依据的。首先，美国不是南海问题的当事方，在南海，美国属于域外力量，没有任何的主权诉求；其次，美国对南海问题的实质其实知根知底。王毅部长也讲过，第二次世界大战后，当时的中国军队是坐着美制军舰收复南沙群岛的。比如现在菲律宾非法侵占的中业岛，就是当年中国开着"中业"舰收复的，然后以军舰名命名岛屿，美国对这段历史很清楚。

如今美国在南海问题上的态度发生了变化：一是逐渐地走向台前，二是鼓动它在亚太地区的盟友挑衅中国在南海的正当权益。具体方式上，包括强化和盟友之间的军事关系，通过军事演习、武器出口等，让个别国家在南海肆无忌惮。

美国一直以"航行自由"为由干涉南海问题。但事实上，航行自由必须得到国际法准许，而不能损害沿岸国的主权和领土完整。最近，王毅部长在出访新加坡和东盟外长会上，都强调了中方对南海问题的"五个坚持""三点倡议"，其中都含有依法行使和维护航行自由、飞越自由的承诺。换句话说，不能滥用"航行自由"，这是我们必须要坚持的。

《国际先驱导报》：在南海问题上，中国如何与美国打交道？

阮宗泽：中国要有两手准备，一手是对话，一手是反制。一方面，要跟美国沟通，虽然中美有这么多的分歧，但中美之间也有很多沟通的机制，比如亚太事务磋商机制。我认为我们需要提升这些机制与对话的质量。另一方面，中国要坚决反制美国蛮横无理的做法，要对美国损害我主权与领土完整的行为予以坚决回击，美国不能想干嘛就干嘛。

网络安全，不能美国自己一家说了算

《国际先驱导报》：除了南海问题，网络安全问题也是当下中美关系的热点问题。

阮宗泽：对于网络安全，中美的理解是不一样的，所以我们先要厘清网络安全问题的内涵，知道美国说的是什么，中国说的是什么。现在，中美说起网络安全，其实是错位的。

美国所说的网络安全，是指一种商业窃密行为。美国认为中国黑客窃取了美国的商业机密，让中国的公司获得了有利的竞争，破坏了美国的知识产权。而中国理解的网络安全更宽泛，与国家安全、军事安全密切相连，很难把它们与所谓的商业窃密分开。

哪种理解对？说实话，美国被披露出在全球进行大规模的监视窃听，你分得清楚这种监听是为了商业利益还是军事安全？所以，在网络安全问题上，我认为中美之间的对话必须有。现在大家对此争吵不断并不奇怪，毕竟网络安全是一个新事物，是伴随互联网的发展而出现的新问题，对此问题，尚无国际法或国际准则来管理、约束。网络安全与气候问题等全球事务一样，属于全球治理上的"赤字"。

那么中美在网络安全方面可以进行怎样的对话？这就需要大家一起

来商谈，共同制定有关规则。不能美国自己一家说了算，需要中国和其他国家一起参与制定规则，因为各国在网络安全方面都有重要的利益考量。所以面对全球治理的"赤字"，中美合作和商谈的空间很大。

新型大国关系是中美合作的新动力

《国际先驱导报》：您认为，新时期中美合作的动力是什么？

阮宗泽："冷战"之后，中美一直在寻找合作的动力，可谓"众里寻他千百度"。我觉得，新型大国关系应该成为中美 21 世纪发展关系的动力所在，这同样是 21 世纪中美关系的管理之道。

这些年来，中美关系发生了两个显著的变化。一是中美关系的内涵和外延已经被大大拓展。现在讲中美关系，并不是都在讲双边关系，很多内容涉及地区问题以及全球事务问题。二是过去是靠外来的某种威胁把中美两国凝聚起来，但现在，中美合作的动力已经内化，中美自身的利益就是两国发展的动力。

中美都有一种历史责任，即要打破过去强国争霸、强国必霸的历史窠臼，然后走出一条新路。这将是中美为世界提供的一个公共产品，也是中美对世界的贡献。如果中美还在按照过去大国零和游戏的范式发展，那只能说明我们的智慧不够。

中美新型大国关系的建设既有必要性，也有可能性。必要性是说，中美谁也承担不起迎面相撞的后果。对此，中美都有共识。尽管现在有些人对中美关系的发展有些批评，有些悲观看法，但实际上在他们看来，中美关系需要很好地去维护，避免摊牌。

今年是中美建交 36 周年，中美只携手走过了 36 年的发展历程，时间不长但已经书写了一个传奇。中美关系今天的广度和深度超出了很多人的想象。中美现在仅政府间的对话机制就有近 100 个，社会交往、民间交往都处于井喷状态。过去美国对华投资多，现在中国对美投资越来越多。美国的利益日益和中国的发展连接到一起，这就是中美建设新型大国关系的可能性。

我对中美关系的发展较为乐观的原因，还在于看到了中美两国的领导人、决策者一直在深入考虑中美关系的未来。大家都愿意看到合作共赢的中美关系：中国发展，美国也发展，美国发展，中国也发展，彼此相得益彰。

确保新型大国关系能够传承下去

《国际先驱导报》：这正是中国国家主席习近平今年 9 月访问美国的意义？

阮宗泽：习主席的访问，就是要确保中美新型大国关系能够传承下去，这是未来中美关系发展的一个希望。化解目前的分歧，处理好当下的问题，让中美关系更加平稳地向前推进，是习主席访问的目的所在。

对习主席的访问，美国方面非常重视。目前，中美已经安排好了一系列高官的互访，为习主席 9 月下旬的访美做铺垫。中美双方都强烈希望确保这次访问取得成功，为中美关系注入新的活力。

《国际先驱导报》：您预计习主席访美的行程中会有哪些看点？

阮宗泽：习主席访美的行程肯定将是精心安排的。我期待习主席接受美国电视媒体的采访，让美国人听见中国国家领导人的声音。

现在中国需要在美国加强公共外交，通过公共外交让中美关系落地生根，让更多的民众参与到对中美关系的维护、塑造中来。

换个说法，对美公共外交一定要"走出 495"（495，指美国首都哥伦比亚特区的环形公路 Belt Way 495，通常以此指代美国首都华盛顿）。只有到地方上去跟美国的民众进行广泛接触，才能影响更多人对中美关系的认知。

《国际先驱导报》：除了加强公共外交，您对未来中美关系的发展还有哪些建议？

阮宗泽：现在，中美关系中一个良好的势头是，随着中国力量的增长，中国越来越主动地采取行动来塑造中美关系。中美共同塑造未来的中美关系，这一点非常重要。

今后，中国需要更加积极主动地与美方进行沟通和交流。

中美并非注定要走向冲突，但这一关系未来如何走下去，将决定亚太地区的未来发展方向。在亚太地区，中美合作的空间宽、潜力大，并不是只有问题。即使在解决亚太地区的诸多问题上，中美的合作也必不可少，关键是要切实做到"相互尊重"，只有这样才能合作共赢。

（《国际先驱导报》2015 年 8 月 19 日）

规则博弈：中美竞争新领域

2012 年 1 月 24 日，美国总统奥巴马在国情咨文讲话中，五次提及中国，特别强调："当我们的竞争对手（中国）不按规则行事时，我不会袖手旁观，我们提出的针对中国的贸易案几乎是上届政府的两倍。"言外之意，美国企图对中国打"规则"牌，要以所谓的"规则"来约束中国。

1 月 18 日奥巴马接受《时代》周刊专访时，对这一点说得更加直白：美国认为维护亚太地区和平、安全与经济繁荣的一个重要原则，是人人都得按游戏规则行事，都得遵守国际准则；无论是海上问题还是经贸问题，中国都不能为所欲为，规则面前"人人平等"；美中之间的摩擦冲突"源于中方"，因为中国仍自视为发展中国家或穷国，可以推行于己有利的重商主义政策，却不遵守那些适用于美国、欧洲或其他大国的规则。

上述言论充分反映了美国已把"规则"视为对付中国的新工具，并将其作为推动"战略重心东移"的新抓手，以便制定符合自身利益的游戏规则，编织其"太平洋世纪"。

那么，美国所谓的"规则"到底为何？

在海上安全方面，美国以所谓的"航行自由"为由，并利用一些国家与中国有领土争端，介入南海问题。美国要求其他国家遵守国际海洋法有关规则，自身却并未签署《联合国海洋法公约》。

在经贸方面，美国试图对亚太地区的现行机制进行改造和利用，确立自己在该地区的主导地位。美国近来大力推动《跨太平洋战略经济伙伴关系协定》就是一例。美国有意把它改造成一个"高质量和具有约束力"的经贸框架，建成"下一代"自由贸易的样板，"其他国家若想参与，须符合同样的高标准，包括知识产权、劳动力及国有企业"等，实质是要订新的规则，立新的标杆。

在军事战略方面，1月5日，奥巴马罕见地亲临五角大楼，推出新军事战略报告。这份题为《维持美国的全球领导地位：21世纪国防的优先任务》的报告提出，将把美国的军事重心转向亚太，加强在本地区的军事存在。为此，美国海军高官宣称，今后将把美国三分之一的海军力量部署在西太平洋地区。可见，"维持美国的全球领导地位"，不许任何潜在挑战者出现，也成为其"规则"之一。

其实，美国向来对"规则"采取实用主义态度，有用则用，无用则弃。比如在气候变化问题上，国际社会早已确立了"共同而有区别的责任"原则，美国为逃避责任，反而要求发展中国家承担超出自身能力的责任。

美国必须放低身段，学会尊重亚太地区的多样性、多元性以及他国的核心利益。更重要的是，任何想在亚太地区制造不和甚至分裂的做法，均不合时宜，必将受到该地区多数国家的反对。

当前，国际秩序正经历深刻变革，规则博弈将是中美竞争的新领域。中国应更主动、更前瞻性地参与国际规则的制定和议题的设置，并运用规则来维护自身利益。只有这样，才能更有效地增强自身的国际话语权，并进一步提升中国在塑造国际规则方面的竞争力。

（《人民日报·海外版》2012年1月30日）

中美关系新动力：建立合作共赢的新世界

我今天要讨论的题目是"聚焦探讨中美关系的动力何在"。首先要问这样几个问题，中美关系的发展要不要一个动力？如果要的话，这个动力是什么？这个动力有什么变化没有？

41 年前的 2 月 21 日，美国总统专机于北京时间早上 11 点左右降落在北京首都机场，从飞机上走下了尼克松总统和他的夫人。尼克松走下舷梯后，主动同前来迎接他的周恩来总理握手。周总理说："你的手伸过了辽阔的太平洋。"这就是中美关系史上最有名的"跨越太平洋的握手"。它开启了中美关系的时代。1979 年 1 月 1 号中美正式建交。从此，中美关系从过去的隔离对抗走向了携手合作，改变了世界政治和大国关系发展的轨迹。

那么是什么原因促成中美的接近？是什么把中美两国推到一起？我认为一个很重要的因素就是"冷战"期间苏联的威胁。在"冷战"期间，中美两国能走到一起是因为有一个强大的外部压力，这就是苏联的威胁。中美关系逐渐正常化，中美两国又共同签署了三个联合公报，这又增加了中美关系的政治基础。所以在"冷战"期间，中美关系是一路上升，合作得很好。

但是到了 80 年代末 90 年代初，苏联解体，"冷战"结束，过去把中美关系拢在一起的战略基础消失了，再加上 1989 年春夏之交北京发生的那场政治风波，所以相当一部分美国人认为中美关系不再重要了。第一，过去的战略基础没有了。第二，中国和美国走不到一起。所以很多人开始发问：中美关系要不要继续发展？怎么发展？

直至"9·11"事件发生后，中美开始在反恐问题上加强合作，双方关系取得一定的发展和稳固。很多人发问，这个突然出现的契机会不会成为中美关系的动力？但是恐怖主义毕竟不同于"冷战"期间苏联威胁这样一种动力，所以随着反恐战争逐渐走向疲软，大家又开始怀疑，又继续寻找中美关系所需的动力。之后找到的是经济合作。今天，经贸合作是中美关系最大的一个亮点，中美双方经贸关系已经超过5000亿美元。中美交流基金会的报告显示，到2022年，中美将互为最大的经贸伙伴。经济上的合作固然重要，但似乎还不能替代当时"冷战"时期的那种坚固的战略伙伴关系。

现在，中方主动提出"构建新型大国关系"。我认为，这完全可以成为中美在21世纪关系发展的一个新的动力。这个动力就是"不冲突、不对抗、相互尊重、合作共赢"的"新型大国关系"。首先，"不冲突、不对抗"的提议让美国无话可说，因为它不可能说"要冲突、要对抗"。但是，对于"相互尊重"，美国心里有点儿打鼓。因为现在美国有这样一种看法："相互尊重"似乎就是"中国我做什么你美国最好闭嘴"。美国对中国的"说三道四"就是对中国的一种不尊重。

总结来说，如果过去中美关系的动力是两国联合起来反对一个外部威胁，那么现在中美关系的动力已经发生一种根本性的变化，这个变化就是从反对到我们要共同建立一个新的世界，一个合作共赢的世界。

再回到尼克松那次对中国的访问。在周总理为他举行的欢迎宴会上，尼克松讲道："让我们开启一段长征吧，我们将从不同的道路去实现一个共同的目标，这个目标就是建立一个和平、正义的世界框架。"我想，这也是符合中美今天要建立新型大国关系的最基本要务。

（新华网，2013年12月23日，原标题为
《建立新型大国关系是中美关系的新动力》）

美国智库如何影响决策

　　美国有世界上最多、最活跃、最有影响力的智库。智库在美国的决策体系中扮演着什么角色？美国智库到底如何影响决策呢？如何将研究成果转化为生产力？要回答这些问题，必须从智库与政府的关系、人才流动、成为舆论领袖、举办研讨会、推出研究成果、在国会作证等方面来阐述。

智库与政府如影随形

　　美国智库通常以影响决策为己任，热衷于输出思想，制造话题，影响政府决策，通过各种方式向政府提供咨询或研究报告。在这个思想产品的"超市"中，美国政府可算作最大的买家，对各种眼花缭乱的研究报告、成果挑挑拣拣，选择中意的思想产品为己所用。智库热衷于影响公共政策，政府也乐得有更多的政策选择，双方配合默契。这种心照不宣的合作，有助于提升美国的软实力，塑造有利于美国的国际舆论环境，使得美国占据话语霸主地位。所以说，在智库的所有活动中，政府的影子虽若有若无，但无处不在。

　　尽管美国智库标榜自由、独立，强调学术性和严谨的科学研究精神，不受政治力量的左右和影响，以凸显其干净、纯洁、独产的思考者身份，但这并不是说智库与政府毫不相干。相反，二者之间保持着盘根错节的关系，政府在资金、人力资源等方面为智库提供的支持力度很大，有的是公开的，有的是隐蔽的。与美国的政治生态一样，美国智库的政治倾向大致有三大类，即自由派、保守派和中立派，自由派与民主党关系密切，保守派则倾向于与共和党合作。

　　智库的地理分布形态，也直观地显示出它们与美国权力中心的密切联系，极大地方便了智库与美国政府部门之间频繁的人员往来。在 60 万人口的首都华盛顿哥伦比亚特区有 100 多家智库，约占全国的十分之一。市中心的马萨诸塞大街有"智库一条街"之称，其周围就集中一些重量级智库，如布鲁金斯学会位于马萨诸塞大街 1775 号，在国会东北边，二者只相距 5 千米。其邻居 1779 号，坐落着另一顶尖智库——卡内基国际和平基金会华盛顿中心。在白宫西北方仅 1 千米处的 K 街上，则坐落着知名智库国际战略与研究中心。

　　大名鼎鼎的兰德公司的总部虽然在加利福尼亚州，但其主要客户是国防部，其与空军的关系十分密切。为加强与国防部的联系，兰德公司在华盛顿设有分部，位于华盛顿哥伦比亚特区连接弗吉尼亚州的 I-395 高速公路旁边，与五角大楼隔街相望，独享地缘优势。而传统基金会的主要客户或工作对象是国会，因此，传统基金会的办公楼就在国会山附近。形象地说，如果国会议员或其助手需要有关背景材料或说帖，智库的员工只需过一条街就能直接送到他们的手上。

　　从智库的资金来源上同样能见到政府的影子。资金充足是智库生存和发展的基础。美国智库的资金往往源于政府委托研究的合同收入、出版物收入、培训收入、企业和个人的资助等。有的研究机构为了保证研究的独立性、观点的多元性，对政府资金来源的比例有较严格的规定。为此一些智库宣称，其 90% 以上的资金来源是基金会。这些私人的基金会是美国权势集团的一个重要组成部分，但游离于政府之外。大企业、个人，比如继承了大笔遗产的个人，也可能给智库资助，避税是出发点之一，但公益精神也起了重要作用。

　　以美国著名的综合性政策研究机构布鲁金斯学会为例。在资金规模和影响力上，布鲁金斯学会在美国都排名第一，它最初由圣路易斯的实业家罗伯特·布鲁金斯资助创立，以自由派观点著称。到 2004 年底，它的资产达到 2.58 亿美元，2009 年的预算达到 8000 万美元，资金主要来自皮尤公益信托基金、麦克阿瑟基金会、卡内基集团。即便这般有钱有势，它也与政府有着说不清的关系，甚至还有一些外交政策捐助的影子，捐助者中除美国政府外，还有日本政府和英国政府等，他们也想借用这一重要平台传递自己的思想与立场。

有些智库的大部分资金均直接来自政府。比如和平研究所，它本身就是由美国联邦国会资助成立的，可以说就是一个"官办"的智库。自 1985 年以来，25 年中，国会共为其拨款 7.2 亿美元。仅 2010 年，和平研究所就从国会获得了 3400 万美元的资助，其中的 1700 万美元来自国务院和五角大楼；国会还专门为其新办公楼拨款 1500 万美元。该办公楼紧邻美国国务院，俯视宪法大街，占地 15 万平方英尺，设计前卫，有着大玻璃窗和明亮的玻璃天花板，远远看去仿佛一座现代艺术博物馆。和平所 2011 年的预算经费达到了 5400 万美元。[①]

可见，美国智库的活力源于社会需要，以适应国际政治、经济、军事、文化、全球化等的新形势，以及美国政府和社会的需求。从智库的研究课题上，同样可以见到政府的指挥棒在发挥作用。智库具有独特的敏感性，总是紧跟形势，对当前的热点、难点开展研究，以便随时为决策部门提供咨询与政策建议。同时，智库的课题研究还突出全球性、跨学科性和综合性，与政府的协作有增无减。

"旋转门"将思想转化为政策

美国智库与政府的密切关系，还体现在人力资源的相互支持与共享上，智库有着很重要的人才培养、储备和交流功能，它能直接输送专家到政府部门供职，使他们由研究者变成决策者。因此，在美国能时常看到，某一教授或研究人员转眼即成政府的高官。反之亦然，高官也能在瞬间变成普通的研究人员或大学教授。智库通过这种人才流动方式巧妙

---

① Jason Chaffetz and Anthony Weiner. "Small Budget Cuts Add Up", *Wall Street Journal*, February 16, 2011.

地对决策施加影响。

美国总统四年一选，人员流动和官员上下稀松平常，特别是另一政党上台后，人员变动更大。这些官员离开政府后，有相当一部分将智库作为发挥影响力的理想场所，一则调养生息，待本党东山再起后重出江湖；二则凭借丰富的实践经验，充实智库的研究人员队伍，提高研究的实用性和前瞻性。

智库还有蓄水池的功能，将各种人才储备起来，等待机会。因此各思想库也乐于聘用这些前政府官员，他们能够带来在政府内任职的经验和见识，提升本机构的影响力。这使美国的智库有如一池活水，总有新鲜的思维和见地，有着迫切的、影响公共政策的冲动与自我诉求，更保持着十分广泛的人脉关系，信息灵通，研究也就更具有针对性和实用性。

有意思的是，布鲁金斯学会、战略与国际问题研究中心虽都宣称自己是独立性研究机构，但在奥巴马 2009 年上台执政之后，这两个机构分别向奥巴马政府输送了数十名官员，他们也就从昔日的智库专家，变成了政府官员、驻外大使等重要的决策者，这有助于将其研究成果或所思所想转化为具体政策。如前美国国务院常务副国务卿斯坦伯格，白宫前国安会亚洲事务高级主任贝德，现美国总统国家安全事务顾问、前美国驻联合国代表赖斯，美国国防部负责东亚事务的部长帮办、后任缅甸大使的米德伟，以及曾经在兰德公司从事研究的现任美国国家安全委员会亚洲事务高级主管麦艾文，等等。

与奥巴马政府关系密切的另一个智库，是 2007 年创办的新美国安全中心，它位于宾夕法尼亚大街 1301 号，其创办者后来进入美国政府，一位是国务院主管东亚和太平洋事务的助理国务卿库尔特·坎贝尔，另一位是国防部副部长米歇尔·弗卢努瓦，负责国防部的全球政策制定。该中心的研究人员多有军方、国防部背景，重视国际安全方面的研究。它虽然成立时间很短，但较活跃，推出了不少研究报告，比如 2009 年 9 月发表的题为《中国来了》的研究报告，为刚刚起步的奥巴马政府的对华政策献计献策。美国进步中心是另一个与奥巴马政府关系密切的智库。该中心的总裁波德斯坦是在奥巴马当选总统后新政府的重要召集人。

需要指出的是，任何事情都有两面。"旋转门"现象，使美国很多政府官员、国会议员随着换届选举或退休，经常是前脚离开政府，后脚立即踏入私营部门，或者私营企业的老板从私营部门跳进政府。这种一会儿是参赛者、一会儿是裁判的角色转变，涉及各方面的利益冲突，因此非议颇多。因为身份在智库、政府部门、私营部门之间频繁转换，所代表的利益群体不同，行为规则就各有不同。难怪有人担心，如此众多的高官均来自智库，这一现象可能与智库"独立的、不代表任何党派"的口号相矛盾。

舆论领袖、塑造话题

美国智库热衷于召开或举办各种学术交流活动，为官员、专家学者、企业家、媒体和自由撰稿人提供交流的机会，也对公共舆论产生影响。智库对舆论的影响越大，对决策的影响也就越大。这些研讨会调动专家积极发表意见，宣传支持其立场的实例、数据和民意调查结果。有的智库还建立了培训项目，帮助行政当局培训那些新上任的官员，使之尽早顺利地进入角色。比如，布鲁金斯研究所专门设有公共政策教育中心，举办多种专题研讨班，为公共和私人部门的领导者提供研讨、进修的机会。智库的活动有较大的开放性、专业性、权威性，常常有政府官员参与；智库举办也注重时效性，紧跟当前国际国内的形势、动向，往往一旦有重要的事件发生，就举办相应的研讨会。

要搞清楚智库是如何发挥这一作用的，就要了解美国国内外政策的制定过程：从经济、社会到外交政策的制定，往往伴随着较长的公开讨论的过程，包括智库、利益集团、各式各样的社团组织等都积极参与讨论。这个讨论过程，正是各方表达诉求、发挥影响的良机。智库在这方面具有不可替代的优势。相当程度上，美国的智库也是美国政治圈内炙手可热的游说力量之一，智库的态度、看法可以对政府及公共政策产生重要的左右作用。

美国智库的大小活动总围绕某个议题，反反复复、没完没了地辩论，出报告，办研讨会，等等。这些活动并非为了找出谁对谁错的唯一答案，而是通过对当前的国际事务进行的解读、评论，激励人们思考这些事件可能给美国带来什么影响，美国应当如何有效应对，如此周而复始，不停地重复，引导国内外公众的注意力和意见倾向，塑造有利于美国的舆论环境，逐渐形成某个智库进而美国的话语权。这些活动大都以专业的方式进行，或者有专业的包装，更接地气，更有说服力。尽管有些思想短期内在政治上未必可行，但有时形势一变，就有可能逐渐为决策人所接受，然后转化为政策。

智库充当话语霸权急先锋的另一大途径是大力利用传媒，影响公共舆论。智库的一大功能，就是传播思想、信息，对有关政策或事件进行评估、诠释，引起公众关注，进而影响社会舆论或教育公众，开展公关和舆论活动，宣传自己的立场；同时，让政府官员及其手下工作人员了解新政策方案的有利或不利效应。

各智库对此均十分重视，都有专门负责与媒体联系的公关机构和人员。智库也鼓励专家学者走出办公室，接受电视、电台、报纸杂志以及网站的采访，或通过撰写有关评论，最大限度地扩大影响。智库专家学者的出境率，是衡量其影响力的指标之一。随着网络技术的迅猛发展，各种新兴媒体层出不穷，脸书、推特等成了智库推销、宣传自己的新平台。

大量的著名专家学者是智库的领军人物，是美国话语霸权的源头活水。一定意义上，智库的名气与影响，是建立在其拥有的专家学者的名气与影响的基础之上的。而大批通晓各行各业的专家学者，既给智库增添了权威性，也借智库这个平台成为舆论领袖。他们通过研讨会、媒体采访、研究报告、评论文章等确定话题和讨论方向，对公共政策、对外事务等产生不容忽视的引导作用。

多管齐下影响决策

如上所述，作为美国政府的军师、幕僚，美国智库以多种方式影响公共政策和舆论。

一是通过出版书籍、专著和提交各种政策报告，影响政府决策，将研究成果转化为生产力。智库首先依仗自己的研究和分析，形成新的政策主张，再通过出版物、报告、各类交流活动、媒体宣传等方式，力图使这些主张获得公众的支持和决策者的认同。

智库大都有自己的出版物，如美国外交关系委员会的《外交》、卡内基国际和平基金会的《外交政策》、布鲁金斯学会的《布鲁金斯评论》、战略与国际问题研究中心的《华盛顿季刊》、国家利益中心的《国家利益》等。此外，智库还出版各种专著，直接承担政府的课题，提供政策建议。

二是通过出席听证会直接输出思想。智库可以通过出席国会的听证会来影响立法部门，是因为美国智库的专家学者经常受邀出席国会听证会，被视为公共政策问题的权威，长期活跃在公共政策的辩论中。每年针对不同的话题和事件，美国国会要举行各种各样的听证会，这时需要邀请有关领域的专家作证，向国会议员陈述有关看法和研究，以及提供建议。而这时候的美国智库，好似由军师瞬间变身为游说者。出于扩大影响、推销思想产品、为背后的各种利益集团发声等种种目的，各智库均积极安排有关人员到国会的听证会上作证。他们发表的著作文章也常被引为支持某一立场观点的论据。比如，美国彼德森经济研究所所长博格斯滕，既是所谓中美两国集团（G2）的鼓吹者，同时又是人民币汇率低估论的大力炒作者，经常在报刊发表文章，要求美国政府就人民币汇率问题向中国施压。

三是积极为企业提供咨询，扩大社会影响，并获得丰富的资金支持。也就是说，它们不满足于当独立的思考者、政府的军师，为美国的世界霸主地位充当排头兵，也极愿意作为各利益集团、企业公司的军师，为他们出谋划策，为客户的利益奔走呼号，成为美国国内各方力量博弈的话语霸权急先锋。

而企业也希望借助智库聪明的大脑、四通八达的渠道、深厚的人脉关系，解决问题，反映诉求，并通过深谙公共外交之道的智库，与政府、媒体之间保持畅通的联系，以营造有利于己的舆论环境。美国智库与企业的联系非常密切，企业要对外投资以及顺利经营，需要随时掌握有关地区或国家的政策方针及其变化，要理顺各方面的人脉关系，要随时对投资地区的政府部门、相关政策施加影响，这都需要专业人士的加盟与帮助。智库不仅为企业的海外投资担当咨询者，还为企业培训人才。

当然，谈到美国智库的影响，不能忽视美国发达的媒体。媒体与智库结合，智库思考，媒体传播思想，各取所需，相得益彰，相互利用，相互促进，共同为美国的利益服务。现在美国各智库都十分重视新媒体的运用，不少研讨会等活动可以在网上同步直播，或将研讨活动的视频、讲话稿等直接挂在网上，以扩大社会影响。

当前，美国智库的发展呈现出以下趋势：跨国交流增多，通过国际交往引入更多的国际资源。有的智库寻求在世界各地设分支机构或办公室，"出口"研究成果，或与其他国家的智库合作，出版研究报告，接待国际访问学者，以扩大国际影响。

美国虽然是全球实力最强的国家，但从来不缺乏忧患意识，这种忧患意识往往来自智库。在美国，智库的影响无处不在。从历史上看，美国智库与美国崛起相伴而生，是美国"思想强国"的智力支撑，政府与智库之间相互依存，是利益攸关方。21 世纪大国竞争的关键是话语权之争，而国际话语权之争就是智库之间的竞争。

（《当代世界》2014 年第 5 期）

美国制造悬念，中国提供稳定

环顾全球，国际形势波谲云诡，国际格局加速演化，机遇与挑战交错并存的两面性尤为突出。"当前，人类社会正处在一个大发展大变革大调整时代。世界多极化、经济全球化、社会信息化、文化多样化深入发展，人类已经成为你中有我、我中有你的命运共同体。同时，我们也处在一个挑战频发的世界，地区热点持续动荡，恐怖主义蔓延肆虐，和平赤字、发展赤字、治理赤字是摆在全人类面前的严峻挑战。"这是国家主席习近平 2017 年 7 月 4 日在《为了一个更加美好的世界》的文章中对当前国际形势所做的深刻观察与判断。

正是国际形势中这种变化不定的两面性，让世界悬念重重。那么，当前国际形势有哪些突出特点，大国关系如何复杂演变，中国应当怎么办？

一、国际形势的几个重要特点

美国成为牵动国际格局的最大变量

当地时间 2017 年 1 月 20 日，唐纳德·特朗普宣誓就职，成为美国第 45 任总统。他在就职演说中强调要以"新愿景"统领美国，并信誓旦旦地说："从此时此刻起，只有美国优先。"原先并不被看好的特朗普最终问鼎白宫，成为国际社会中最引人注目的"黑天鹅"，对国际局势产生了强烈冲击。

"非典型"领导人特朗普在竞选期间和当选之后常常剑走偏锋，语出惊人。其执政团队的军人、右翼保守派商人标签格外显眼，施政方式是小圈子决策，雷厉风行，"推特"治国，孤立主义与鹰派色彩浓厚。特朗普提出的"美国优先"和"让美国重新伟大"等口号戳中美国社会的痛点，言下之意就是首先要把国内的事情办好，发展是硬道理，方法就是"雇美国人，买美国货"。人们担心，一个怒气冲冲、唯我独尊的美国，可能"灼伤"这个世界。

特朗普的新政清单涉及外交、经贸、国防、能源、移民等诸多领域，处处体现了"美国优先"。这包括：致力于击败"伊斯兰国"等极端恐怖组织；退出跨太平洋伙伴关系协定，重谈北美自贸协定，对违反贸易协定的国家说"不"；促进实现4%的经济年增长，未来10年内新增2500万个就业岗位，降低个人和企业所得税及简化税制，扩大化石能源收入以保障基础设施建设；重建军队，扩充海空军力量，保持美国的军事优势，优先发展网络司令部防御和进攻能力，开发先进的导弹防御系统；加强能源开发；打击非法移民，加强边境执法；等等。特朗普还两度签署行政命令，限制一些伊斯兰国家的人进入美国。

"特朗普现象"的出现并非偶然，深层原因是21世纪的"美国病"，既是美国"吃亏"心理的反映，也是对美国近几十年来大行其道的自由主义的一种纠偏。在不少美国人看来，国内矛盾丛生，政治生态恶化，他们的生活水平有降无升，企业外迁，制造业空心化，就业机会外流，虽然大公司在国外赚得盆满钵满，美国工人却沦为"输家"。2008年金融危机爆发，美国失业率居高不下，经济低迷，中产阶级队伍萎缩，贫富差距进一步扩大，造成了1%的赢家与99%的普通大众之间的对立。近年来此起彼伏的"茶党"和"占领运动"正是美国社会撕裂的写照。

国际上，美国虽然"不战而胜"，并最终赢了"冷战"，但是也伤痕累累。在"9·11"事件之后，美国又接连发动了阿富汗和伊拉克两场战争，至今仍深陷泥潭，不能自拔，自己的盟友却个个贪得无厌，对手也不尊重美国。由此，美国变得越来越愤怒，认为自己吃大亏了。

特朗普雄心勃勃，希望政令措施立竿见影，但是他不可能一手遮天，为所欲为，或许在碰壁之后不得不有所收敛。从国内看，一是美国的分裂前所未有。这次大选中，不仅红蓝分化更甚，而且共和党内部与民主党内部的碎片化也毫不逊色。特朗普不得不同时面对民主党以及共和党建制派的掣肘。二是由于与媒体交恶，特朗普与媒体的嘴炮之战不会消停，执政舆论环境欠佳。特朗普指责散布虚假新闻的美国媒体为"人民公敌"。特朗普之所以热衷于发"推特"来表达喜怒哀乐，主要原因就是想绕过那些传播假新闻的媒体，直接与读者交流。特朗普的执政表现充满争议，据美国盖洛普的民调，特朗普走马上任一周，支持率仅为42%。迄今为止，上任半年来，支持率只有36%左右，为历任总统中的最低者。

从国际看，特朗普要兑现"美国优先"等承诺并非易事，仅"禁穆令"便引发了国内外的反对。联合国秘书长古特雷斯要求特朗普尽快解除关于禁止难民入境的行政命令。特朗普要在美国与墨西哥边境修墙，以及撕毁北美自贸协定的行为，被视为以邻为壑之举，使美国与墨西哥、加拿大之间的隔阂增大。同时，他还要面对欧洲盟友的怀疑与批评。

全球治理面临赤字

2008年国际金融危机爆发后，世界经济进入慢速增长、新旧动能转换期。2011年至2015年，全球贸易增长已连续多年低于5%，国际贸易增速低于GDP增速。热点地区冲突频现，恐怖主义、难民潮等全球性难题日趋严重；世界面临和平、发展和治理三大"赤字"，制度供给严重不足，治理体系亟待完善。贫困、失业问题加重，两极分化加剧，不少国家民粹主义思潮泛滥，并影响一些国家的政治架构和政治生态，削弱了国际社会对全球化的民意支持。

大国力量此消彼长，博弈较劲，使全球治理的进一步"失序"难以避免，全球治理的难度增加，比如，特朗普对全球治理领域的许多机制与规则说"不"，以便追求更大的利益。但今日的世界已经形成了一个世界各国利益休戚与共的共同体，已经无法退回到原先的孤立主义状态，任何国家均不能独善其身。

要完善全球治理，就需要提升发展中国家在全球体系中的地位和话语权。然而，国际机制中发达国家长期占据主导，发展中国家的心声得不到有效表达，诉求得不到满足。世界范围的金融危机发生以后，发展中国家在推动世界经济发展中厥功甚伟。在未来，世界经济要继续发展，还得靠发展中国家的推动力量。发展中国家要联合自强，不能妄自菲薄，要经得起风雨，合作共赢，共同争取在国际体系中获得更大的话语权。

国家主席习近平2017年7月7日在二十国集团领导人第十二次峰会上，发表题为《坚持开放包容 推动联动增长》的重要讲话，指出，"我们要继续完善全球经济治理。国际金融危机爆发以来，二十国集团在加强宏观政策协调、改革国际金融机构、完善国际金融监管、打击避税等方面取得积极成果，为稳定金融市场、促进经济复苏做出了重要贡献。下一步，我们要在上述领域继续努力，特别是要加强宏观政策沟通，防范金融市场风险，发展普惠金融、绿色金融，推动金融业更好服务实体经济发展"。这是中国对完善全球治理开出的"中国药方"。这与2016年中国主办的二十国集团杭州峰会的精神一脉相承。

世界多极化势不可当

如今世界多极化迅猛发展。一方面，西方陷入前所未有的困境。尽管很多西方国家并不愿意承认，但在金融危机之后，西方国家的力量和引领全球治理的能力下降，思想破产。另一方面，新兴经济体、发展中国家群体性崛起，更加积极主动地参与国际事务。发展中国家的崛起正在改变全球力量对比的格局，使之更加多元均衡，大大增强了自己在国际事务和全球治理中的作用。

"冷战"结束以来，西方经历了从"历史的终结"到"后西方"时代的变换，国际格局多极化由远而近。美国的全球领导者地位、联合起来的欧洲、苏东的剧变，让美国学者弗朗西斯·福山发出了"历史终结论"的狂言。然而，时移境迁，"后西方"时代随之而至。在"冷战"结束 20 多年后，福山对其观察进行了大幅度的修正，认为民主既可能是有效的，也可能是破坏性的，并认为民主并不是第一位的，强政府才是。

2017 年 2 月，慕尼黑安全会议主办方发表了题为《后真相、后西方、后秩序?》的研究报告，耐人寻味。该报告广泛汇集西方政要和专家的言论以及智库研究成果，具有一定代表意义。慕尼黑安全会议负责人伊申格尔在报告序言中发出警告称，当前国际安全环境比第二次世界大战以来的任何时候都更加动荡不安，一些西方社会以及自由国际秩序最根本的基础在发生动摇；世界有可能正在迈向"后西方"时代，也就是说西方主导的自由世界秩序正走向终结。

世界何以走向"后西方"时代? 应当说，根源在于西方内部政治、经济、安全及社会等方面均出了问题，落入了唯我独尊、故步自封、零和思维的陷阱。西方精英日益脱离民众，治理体系日渐失灵。面对种种挑战，西方苦无良策。越来越多的西方人安全感下降，反思并质疑西方的自由主义秩序是否与现实脱节，已经不能适应世界的快速变化。例如，近年来西方热衷于推动"阿拉伯之春"，从利比亚到埃及，再到叙利亚内战、阿拉伯世界的街头民主运动，造成了一系列严重灾难。再如，"伊斯兰国"等极端组织制造了从中东到欧洲，并蔓延至全球的恐怖主义袭击，难民涌入将使欧洲的人口结构发生巨大改变。

世界变得扁平化、多极化，一批新兴经济体群体性崛起。这是时代的进步，因为这些国家的崛起，让世界变得更加多元、包容、平衡。这不应该是个问题，而是化解当前诸多矛盾的有利因素。当西方从全球化的旗手变为全球化的阻力之时，发展中国家却快速崛起为捍卫全球化、构建开放型世界经济的力量，这正是多极化的进步意义。

二、大国关系进入深度调整关键期

大国兴衰和大国关系演变是国际格局重新洗牌的主线，美国对外战略的急转弯必然影响其他大国，并带动其他大国调整战略。

美欧关系波涛汹涌，出现"分水岭时刻"

特朗普上台后，大西洋两岸关系嫌隙增加，欧美关系难以风平浪静。一方面，欧洲自身面临多重危机，英国"脱欧"，令作为一体化全球样板的欧盟遭遇历史性的重挫。同时，欧洲经济不振，右翼势力抬头，难民涌入，恐袭增加，未来步履维艰。

特朗普不断向欧洲盟友"开火"，火星四溅。他批评欧洲盟友搭便车，称北约这一军事同盟已经"过时"，称欧洲国家是"寄生虫"，称赞英国"脱欧"的举动伟大，批评德国总理默克尔的移民政策，称德国打开国门放任移民涌入是一个错误决定。

2017年5月，特朗普"首秀"欧洲。本来欧洲希望借此弥合分歧，结果却大失所望。特朗普出席在布鲁塞尔举行的北约峰会，实质就是上门"催债"，收保护费。特朗普指责"28个成员国中有23个没有支付应承担的费用，这是他们为防务工作应付的费用"。特朗普"特立独行"的表现使峰会不欢而散，加深了欧洲盟友对特朗普的不信任。

同样，特朗普在参加七国集团峰会后即宣布退出《巴黎协定》。作为2017年二十国集团峰会东道主的德国，曾寄望于美国能回心转意，虽软硬兼施，但特朗普去意已定，这让欧洲很受伤。反对自由贸易是特朗普的一个政治标签，这意味着美国和欧盟的"跨大西洋贸易和投资伙伴关系协定"谈判落空。欧洲人甚至担心，未来双方在经贸问题上的争端恐怕难以消停。

面对我行我素的特朗普，心事重重的德国总理默克尔呼吁："欧洲人必须把命运掌握在自己手中。"默克尔的这一罕见表态非同寻常，舆论一片哗然。这意味着跨大西洋联盟正在分裂。美国外交关系协会主席哈斯称之为一个"分水岭时刻"，而这恰恰是美国自第二次世界大战以来一直想方设法要避免的局面。

显然，特朗普上任后虽然不会颠覆以北约为核心的美欧防务合作，但将继续威逼欧洲盟友在北约体系内承担更多军力和资金投入，由此产生的矛盾可能动摇大西洋两岸关系的基石。尽管欧美盟友关系不会破裂，但裂缝扩大已经是不争的事实。欧洲一些舆论警告说，美国一意孤行地从全球事务中退出，是将西方的全球领导地位拱手相让。

美俄关系"重启"谈何容易

特朗普上台伊始就口口声声要与普京改善关系，但效果不彰。其实，自 2014 年以来，美国与俄罗斯在乌克兰问题、叙利亚冲突、北约东扩、反导系统等方面矛盾不断叠加，难以调和，两国关系逐渐陷入"新冷战"状态。美俄军机在波罗的海上空多次"交锋"，美俄双方在叙利亚等问题上尖锐对立就是佐证。

美国绝大多数政治精英都对俄罗斯政府怀有敌意，对俄罗斯的不信任根深蒂固。民主党力争对俄罗斯干预美国大选进行调查，公开质疑特朗普当选的合法性，怀疑特朗普当选总统是俄罗斯用黑客手段种下的"恶果"。特朗普执政后，民主党、情报界与媒体合流，继续就此问题对特朗普死缠烂打。

正是在此强大压力下，2017 年 7 月 7 日，特朗普与普京在 G20 汉堡峰会期间实现首次会晤，在这场引人瞩目的会谈中，特朗普不得不"不止一次地"提及俄罗斯干预美国大选一事，普京则一如既往地否认相关指责。这显然是要对美国国内舆论有所交代。美俄双方就叙利亚、乌克兰、网络安全、反恐等一系列问题进行了讨论，并取得一些共识。虽然在叙利亚西南部地区冲突降级问题上达成了协议，但前景难料。2016 年美俄曾就叙利亚停火达成过协议，但无果而终。关键是美俄在叙利亚问题上的政策目标南辕北辙，美国是要推翻巴沙尔政权，俄罗斯则是要打击反对派，双方的利益相悖，造成了叙利亚新的代理人战争。

尽管特朗普在竞选期间就向普京隔空示好，"双普"会却在特朗普就任总统半年之后才得以实现，说明美国与俄罗斯在一系列战略问题上存在结构性冲突和严重的利益对立，双方关系有触底反弹的可能，但空间有限。果不其然，2017 年 8 月 2 日，特朗普签署了一项针对俄罗斯等国的制裁法案，引起俄方强烈不满。俄方决定采取回应措施，要求美方裁减驻俄外交人员数量，禁止美使馆使用其位于莫斯科的多处房产。

而且，美俄关系的改善还受到欧洲因素的拖累。欧洲一些国家依然有强烈的忌俄、惧俄和排俄情绪，乌克兰危机加剧了这种担心。不少欧洲国家害怕特朗普牺牲欧洲的利益与俄罗斯修好。第二次世界大战后跨大西洋同盟关系建立在以俄罗斯为假想敌的基础之上，如果美国与俄罗斯关系改善，必将削弱北约存在的价值和美欧的安全纽带。

中美关系平稳向好，但挑战不少

中美两国人口总和占世界总人口近 1/4，中美两国经济总量占世界总量的 1/3 以上，双边贸易额占世界总贸易额的 1/5。中美关系正在发生显著而深刻的变化，这一变化将决定 21 世纪的国际格局走向。

中美关系一度"不被看好"，这是因为特朗普的对华政策存在不确定性。特朗普在竞选期间和当选总统之后，对中国出言不逊，比如，威胁要对中国商品征收高额关税，将中国列为"汇率操纵国"，甚至不惜挑战"一个中国"原则。为减少美国新旧政府更迭对中美关系造成的影响，中国积极作为，引导和塑造美国新政府的对华政策。2017 年 2 月 10 日，习近平主席同特朗普通电话。特朗普强调：充分理解美国政府奉行"一个中国"政策的高度重要性，美国政府坚持奉行"一个中国"政策。这次通话为中美元首会晤扫清了障碍。

2017 年 4 月 6 日至 7 日，中美元首在美国佛罗里达州海湖庄园会晤。此次会晤时机关键，成果丰硕，意义重大。中美关系过渡期里两国元首在较短时间内实现了首次会面，建立了个人友谊和工作关系，开启了经常会面、直接沟通的模式。这次会面还搭建了新时期中美对话的主要架构，建立了外交安全对话、全面经济对话、执法及网络安全对话、社会和人文对话 4 个高级别对话机制。这有助于提高对话效率，挖掘对话潜力，也顺应了当今世界多议题跨领域联动的趋势。特朗普将于2017 年内对中国进行国事访问。上述成果减少了两国关系自特朗普当选以来明显增加的不确定性。

2017 年 6 月 21 日，首轮中美外交安全对话在美国举行。双方认为首轮中美外交安全对话是建设性和富有成果的，同意继续用好这一平台，不断增进互信，扩大共识，促进合作，管控分歧，使其为推动中美关系取得更大发展发挥积极作用。

2017 年 7 月 8 日，习近平主席与特朗普总统在德国实现第二次会晤，为下一阶段扩大合作画出了路线图。习近平强调，双方要尊重彼此核心利益和重大关切，妥善处理分歧和敏感问题。7 月 19 日，首轮中美全面经济对话在美国首都华盛顿举行，双方总结了中美"百日经济行动计划"的成果，并就中美经济合作一年期计划进行讨论，确立了宏观经济政策、贸易、投资、全球经济和全球经济治理四大合作领域。中美双方还决定将尽快举行首轮执法及网络安全对话、社会和人文对话。值得指出的是，双方还同意促进两军关系发展。两国国防部部长要早日互访，要共同做好美军参联会主席 2017 年 8 月访华，两军联合参谋部 11 月举行首次对话，中国海军参加 2018 年"环太平洋"军演等工作。两军关系的加强将有助于推动两国关系全面发展。

总体来看，中美关系一路风雨兼程，虽仍有分歧，但存在诸多共同利益，中美相互依存，合作仍将是双边关系的主线。

三、中国的智慧与担当

面对怒气冲冲的美国、遍体鳞伤的欧盟，越来越多的人将目光投向中国，期待中国发挥更大作用。中国不能缺席，而要顺势而为。

首先，中国参与全球治理面临难得的契机。改革开放以来，中国已经深度融入国际体系，具备为世界作更多贡献的能力。自 2008 年金融危机以来，中国对世界经济增长的贡献率超过 30%，让其他国家望尘莫及。2016 年中国经济增长率为 6.7%，在全球主要经济体中名列前茅，继续领跑。这有力地提升了中国在国际事务中的影响力。一方面，中国靠推动全球经济治理体系改革，获得了更大的制度性权利。比如在 2016 年 1 月生效的新一轮国际货币基金组织投票权份额中，中国占比从之前的 3.996% 上升至现在的 6.394%，排名从第六位跃居第三位，仅次于美国和日本。这增强了中国在全球治理体系中的话语权，又推动了全球治理向公平合理的方式转变。另一方面，面对当前存在的贸易保护主义、反全球化思潮、民粹主义思潮等多重风险，中国激流勇进，积极推动全球治理与区域一体化，提振了国际社会的信心。这为中国更深更广地参与全球治理提供了良机。

其次，中国站在新的历史起点上，与世界深度互动，积极参与并引领全球治理，这是新时期中国维护自身利益的有效路径。中国正在从全球治理的参与者向引领者的角色转变，并努力为促进世界经济增长和完善全球治理贡献中国智慧、中国力量。

近年来，中国在联合国等国际组织和多边机制框架场合，越来越主动地建言献策，发出中国声音，提供中国方案，成为推动全球治理的重要力量。中国重视在可持续发展、气候变化、能源安全、网络安全等重大议题上加强与国际社会的协调和配合。不仅如此，中国还是脚踏实地、身体力行的实践者，比如提出"一带一路"倡议、倡导建立亚洲基础设施投资银行，主办亚信、亚太经合组织、G20 峰会等国际会议，创造了多个"第一"，成功地将中国方案转化为国际共识。

2017 年 5 月中旬，"一带一路"国际合作高峰论坛在北京举办，取得巨大成功。习近平主席在开幕式上发表重要讲话，为会议定下基调。29 位外国元首或政府首脑、联合国秘书长等 3 位重要国际组织负责人、来自五大洲 130 多个国家和 70 多个国际组织的共约 1500 名代表出席。曾持观望或消极态度的美国、日本也派出官方代表团出席。如此豪华的嘉宾阵容是世界对中国倡议投出的信任票。论坛结束后发表的《"一带一路"国际合作高峰论坛圆桌峰会联合公报》和《"一带一路"国际合作高峰论坛成果清单》标志着中国方案跃升为"国际共识"，成为国际社会共同的事业。

此外，中国是维护和平的坚定力量。中国派出维和部队守护和平，帮助战乱国家重建家园。在联合国安理会 5 个常任理事国中，中国是派出维和部队人数最多的国家。中国加入新的联合国维和能力待命机制，率先组建常备成建制维和警队，并建设 8000 人规模的维和待命部队。中国军队积极参与国际维和、反恐和人道主义救援，参与管控热点敏感问题等，而中国军力的现代化也有助于更好地维护地区和世界和平。不仅如此，中国还积极支持非洲常备军和危机应对快速反应部队建设。

最后，中国特色的全球治理观特点鲜明，国际认同与日俱增。习近平主席曾指出，要推动全球治理理念创新发展，积极发掘中华文化中积极的处世之道和治理理念同当今时代的共鸣点，继续丰富打造人类命运共同体等主张，弘扬共商共建共享的全球治理理念。

自党的十八大以来，中国日益形成了具有中国特色的全球治理观，即坚持共商共建共享原则。正如习近平主席在接受美国《华尔街日报》书面采访时所说，全球治理体系是由全球共建共享的，不可能由哪一个国家独自掌握。同时，要完善世界经济治理，就必须更多地调动发展中国家的积极性，只有这样，才能为世界经济强劲、可持续、平衡、包容增长做出更大贡献。因此，如何提高发展中国家在全球治理体系中的地位和作用至关重要。在 2016 年 9 月召开的 G20 杭州峰会上，中国广泛邀请了发展中国家的代表出席，既弥补了 G20 代表性不足的问题，又提升了发展中国家对全球治理的参与度，这就是一个多赢的成功实践。

万山磅礴必有主峰，龙衮九章但挚一领。在国际体系深度嬗变的紧要关头，在世界在迷茫、焦虑和不确定中前行之际，中国积极倡导建立以合作共赢为核心的新型国际关系，构建人类命运共同体，为促进世界经济增长和完善全球治理贡献中国智慧和力量。这不是另起炉灶，也非"填补真空"，恰恰是中国的大国担当，中国名副其实发挥了稳定锚作用。

（《时事报告大学生版》2017 年第 1 期）

为什么说美国会越来越愤怒

特朗普治下的美国是会变得更好还是更糟？是会走向大治还是走向大乱？

我倒不觉得它的未来是大治还是大乱、更好或者更糟，但有一点是肯定的，美国会越来越愤怒。

过去美国是一个全球公共产品的提供者，它其实是最高兴的。第二次世界大战后美国获得了最大的利益、最大的制度性权力、最大的发言权。但是今天它觉得人人都在占它的便宜，都在欺负它，所以我觉得美国现在变得越来越愤怒。这个愤怒的代表就是特朗普。

去年，特朗普当选是"黑天鹅事件"，但今年世界上的"黑天鹅事件"就是"特朗普有多黑"。

实际上在快一年的时间里，我们看到他在兑现自己的一些诺言。特朗普的做派确实和已往的美国总统不一样，现在我们也可以说美国在经历一场"美国反对美国的战争"，特朗普的美国在反对以前的美国这样一场战争。

从美国和特朗普来讲，我们觉得他比较孤单和孤独。但这恰恰可能是他最需要的。什么叫孤独？孤独就是一个人的狂欢，我觉得美国非常享受一个人的狂欢，不跟你们在一起，要不然你们占我的便宜。

他除了"退群"，还提出要修墙。美国过去是自由开放的美国，现在自己要修墙，而且最有意思的是有 6 家公司已经提出开始招标。判断这个墙的质量的标准就是月黑风高的时候人能不能翻不过去。所以它一定意义上是在进行自我封闭，希望从中收获自己的狂欢。

所以我觉得未来的美国一定是一个更加愤怒的美国。而且你不知道它今天对谁愤怒，明天对谁愤怒，对什么事情愤怒，或者它愤怒到一个什么样的程度。这也是对世界、对所有国家都提出的非常尖锐的挑战，也是未来美国内外政策走向不确定的原因。

特朗普时下施政是短期现象还是长期化现象？

我也一直在考虑这个问题：这个现象的出现是必然还是偶然，或者他带来的变化是暂时性的还是长远性的。因为现在实际上，在美国国内或者在欧洲其他国家，特别是在它的盟国，都有一个一厢情愿的想法：他们再忍几年，忍到最后特朗普挂冠而去，一切又云开日出。这种心情可以理解，但是我要告诉大家的是，恐怕特朗普带来的变化是一个长远的、根本性的变化，美国可能再也回不到过去。

有两个重要的原因：

第一，2016 年，《时代》周刊把特朗普评为封面人物的时候，标注的是"美利坚分裂国总统"。但特朗普不是造成美国分裂的原因，而是美国分裂的产物，或者说是一个体现。他的上台会进一步加速和强化这种分裂，这种分裂在美国国内叫极化政治。

这种情况已经持续了很长时间，从小布什一直持续到奥巴马，都没有得到改善，到特朗普，我认为他还会继续加速带来美国政治生态的重大变化。

美国过去有相当一部分中间阶层，有一个中间地带。不管是民主党还是共和党，大家对重大问题是有共识的。这个中间地带维持了美国的正常运转，而且保护了美国的重大利益。但现在有人提出这么一个问题，美国的中间阶层在哪里？事实上美国正在面临"消失的中间"这一问题，没有中间阶层了，现在它的这个社会就变得越来越哑铃型。民主、共和两党中间越来越细、越来越脆弱，很难达成像样的共识。

举个例子，特朗普到现在为止，唯一庆幸的是税改问题得到了国会的批准，其他都是靠行政命令。为什么靠行政命令？因为他知道他拿到国会时肯定会遇到重重阻碍，并且是旷日持久的辩论。所以他靠行政命令，这是最简捷明快的。

第二，我认为国际上对美国的做法现在还处在一个消化的阶段，这种消化实际上还面临着越来越多的问号。

对特朗普反应最大的，其实是美国的盟友而不是其他国家。美国退出 TPP，受到的伤害最大的是日本。对北约的承诺越来越少，实际上伤害的是欧洲。再比如，他过去强调英国"脱欧"是件伟大的事情、好事情，这对欧盟是很沉重的打击。所以他的盟友都在重新思考怎么和愤怒的美国相处。

所以我觉得从各个角度讲，恐怕特朗普给美国带来的变化是一种长远性的。他给美国政治生态、美国内外政策打下的烙印会越来越深，美国恐怕再也回不到过去了。

特朗普给中美关系带来了怎样的影响？

今天中美关系进入了"纠缠状态"。实际上，中美的"纠缠"会越来越紧密。

第一，我认为，实事求是地讲，特朗普从今年 1 月 20 日宣誓就任美国总统以来，到现在为止中美关系相当不错。特朗普在竞选期间，甚至当选期间，对中国放出了很多狠话，而且实际上大家都并不看好中美关系。但事实上，中美关系度过了一个较为险峻的时期，也就是美国新总统刚上任的时候。这时候中美关系一般都会大起大伏，这样一个险峻的时期已经过去，中美关系实现了平稳的开局，现在进入了相对巩固发展的时期。特别是特朗普对中国的访问，我觉得也非常成功。这种成功体现在他对中国有了特别的了解，特别是对中国历史文化的了解，他看到中国所发生的一切，这一切给他留下了很深的印象。

我举一个小例子说明这一点。今年特朗普会见中外企业家那场活动中，他对中国有很多不满，认为中国的贸易顺差太多，他吃亏了，要平衡贸易顺差，一定要在贸易问题上下狠招。但他说了一句话：我不怪中国。我觉得他说这个话还是难能可贵的。

他说要怪怪谁呢？怪前任美国人。

所以我觉得，未来美国会逐渐兑现自己的诺言——不怪中国，这是美国自己的问题。

第二，在美国的内政方面，特朗普就任以来没有蜜月期。他不像其他总统，刚就任的时候短则几个月，长则一年两年都有蜜月期。特朗普一开始就是战斗、斗争、喧嚣，这种喧嚣也带来很多迷茫。在这种情况下，跟中国保持一个可以合作的关系，不是大起大落的关系，我觉得也符合美国本身的利益，所以这种纠缠状况还会持续下去。

当然，中国也不是被动的。中国现在在中美关系上，越来越主动地发挥更多的塑造、引导和规范作用。

未来中美关系往哪儿去，不能光由美国说了算，中国必须有自己的声音。

（新华网第八届"纵论天下"国际问题
研讨会上的发言，2017 年 12 月 26 日）

"一带一路"越走越宽广

"一带一路"开辟合作共赢新天地

2017 年 5 月 14 日至 15 日，举世瞩目的"一带一路"国际合作高峰论坛在北京举行，习近平主席出席开幕式并发表主旨演讲。作为 2017 年中国主场外交的重头戏，此次论坛是"一带一路"倡议提出三年多来中国就此召开的规格最高的国际性会议，得到国际社会广泛支持。来自 29 个国家的元首和政府首脑，110 个国家的官员、学者、企业家和来自金融机构、媒体的各界人士，61 个国际组织的 89 名负责人和代表云集北京。论坛承上启下，凝聚更多共识，明确合作方向，推动项目落地，完善支撑体系，规划未来合作蓝图。

三年多来，"一带一路"合作不断开花结果，影响迅速席卷全球，成为迄今为止最受欢迎的国际公共产品，也是目前前景最好的国际合作平台。"一带一路"之所以取得成功，根本原因是中国秉持共商、共建、共享的开放包容理念，回应了沿线各国加强互利合作的迫切愿望。尤其在当前保护主义、单边主义抬头的形势下，"一带一路"是各国"撸起袖子一起干"的共同事业，是推动世界经济可持续发展的新增长点，是构建以合作共赢为核心的新型国际关系的重要实践。

一、"一带一路"为世界经济增长注入新动力

当今世界经济处在一个关键当口，虽然总体保持复苏态势，但面临增长动力不足、需求不振、金融市场反复动荡、国际贸易和投资持续低迷等多重风险。地缘政治紧张，反全球化、保护主义、民粹主义思潮抬头，"黑天鹅"频现等挑战，更是加剧了世界经济的脆弱性和不确定性，加大了全球宏观经济政策协调的难度。如何为世界经济增长提供正

能量、注入新动力，引导全球化向更加平衡、普惠、包容的方向发展，是国际社会面临的重大课题。"一带一路"倡议是解决这一重大课题的"中国药方"。三年多来，这一"药方"的疗效日益得到国际社会广泛认可，逐渐进入全面务实合作新阶段，迄今有100多个国家和国际组织积极响应支持，中国同40多个国家和国际组织签署了合作协议。"一带一路"成为多方竞相参与、开展互利合作的重要平台，成为21世纪和平与发展的康庄大道。

作为"一带一路"的首倡国，中国是当今世界第二大经济体，近年来一直是世界经济增长的重要动力。据国际货币基金组织2017年4月预测，今年中国经济将增长6.6%，继续领跑世界主要经济体，对世界经济增长的贡献率高居榜首。作为负责任的发展中大国，在推动构建"一带一路"的过程中，中国秉承共商、共建、共享的理念，努力让合作项目更接地气，让世界人民更有获得感。诚如习近平主席所指出的："'一带一路'倡议来自中国，但成效惠及世界。"在这一思想指导下，中国遵循新发展理念，海陆统筹、东西兼顾，构建新的大开放格局，不断深化改革、提升开放水平，增强与世界各国的发展衔接，使中国从"世界工厂"转型为"世界市场"，为世界经济增长注入宝贵动力。

与"一带一路"相辅相成的亚洲基础设施投资银行、丝路基金、金砖国家新开发银行独立运作、各有侧重、相互合作，成为新兴经济体和广大发展中国家促进全球基础设施建设、推动世界经济增长、完善国际经济治理改革的重要抓手。亚投行开张运营一年多来，起步稳健，运转顺利。2016年6月，亚投行通过了首批4个项目，总计约5亿美元，涉及孟加拉国、印度尼西亚、巴基斯坦和塔吉克斯坦的能源、交通和城市发展等领域。2017年3月23日，亚投行宣布批准13个新成员加入，成员数增至70个，超过欧洲复兴开发银行和亚洲开发银行，成为仅次于世界银行的全球第二大多边开发机构。亚投行队伍发展壮大是国际社会对中国投出的重要信任票。丝路基金专注于"一带一路"中长期投资，是中国规模最大、规格最高的政府多边合作基金。2016年初，丝路基金首个投资项目——位于中巴经济走廊的卡洛特水电站主体工程——开工。金砖国家新开发银行也是"一带一路"的重要合作伙伴。

二、"一带一路"是沿线国家的发展之路、机遇之路

习近平主席指出："我们必须以更高的站位、更广的视野，在吸取和借鉴历史经验的基础上，以创新的理念和创新的思维，扎扎实实做好各项工作，使沿线各国人民实实在在感受到'一带一路'给他们带来的好处。"三年多来，中国的对外开放与合作辐射"一带一路"沿线，带来良性互动，为中国和沿线国家经济发展提供了难得的历史机遇。

中国是诸多沿线国家的最大贸易伙伴、最大出口市场和主要投资者。"一带一路"沿线国家共同聚焦政策沟通、设施联通、贸易畅通、资金融通、民心相通，亚投行、丝路基金牵引的金融合作不断深入，一批有影响力的标志性项目开花结果。2016 年，中国与沿线国家进出口总额为 6.3 万亿元人民币，中国对沿线国家直接投资 145 亿美元，累计投资超过 185 亿美元，为这些国家创造了近 11 亿美元税收和 18 万个就业机会。2017 年以来，中国与"一带一路"沿线国家的投资合作持续升温。一季度，中国企业在沿线 43 个国家又新增非金融类直接投资，合计 29.5 亿美元，占同期对外投资总额的 14.4%，较去年同期上升 5.4 个百分点。

"一带一路"成功搭建合作平台，通过各层次双边、多边合作机制，中国与沿线国家和地区的发展战略实现交会对接。目前，"一带一路"倡议已经与俄罗斯"欧亚经济联盟"、蒙古国"草原之路"战略、哈萨克斯坦"光明大道"、欧洲"容克投资计划"、越南"两廊一圈"、沙特"2030 愿景"、英国"北部振兴"计划、土耳其"中间走廊"计划、澳大利亚"北部大开发"计划、老挝"变陆锁国为陆联国"等多个国家和地区的战略规划形成对接，这充分体现了"一带一路"合作的包容性、开放性。作为"一带一路"倡议的旗舰项目，中巴经济走

廊对其他地区的"一带一路"建设和布局具有很强的示范效应。目前，中巴经济走廊建设稳步推进，掀开了本地区互联互通新的一页。中蒙俄经济走廊建设也稳步开展，实现了"一带一路"在多边经济走廊方面的突破。

"一带一路"连接亚欧大陆两端，一头是充满活力的东亚经济圈，一头是发达的欧洲经济圈，中间是潜力巨大的腹地。在"一带一路"倡议的引领下，中国与沿线经济体的发展诉求一拍即合，催生了一系列合作成果。例如，作为铁轨上的"丝绸之路"，中欧班列宛如一条条大动脉，将亚欧大陆两大经济体串联起来，实现互联互通，提升贸易和投资水平，推动国际产能和装备制造合作，打造亚欧大陆超级发展板块。中欧班列已成为国际物流陆路运输的骨干通道。

三、"一带一路"是构建以合作共赢为核心的新型国际关系的重要实践

世事如棋局局新。随着新兴经济体和广大发展中国家的发展壮大，世界多极化趋势日益不可阻挡，人类社会变得更加多元、包容与平衡。这是时代的进步，不仅不是问题，而且是化解挑战的答案。全球化之势不可逆转，任何国家都不可能独善其身，应对全球性挑战需要全球性努力。然而，西方一些人却一叶障目，认为自己在全球化过程中吃了亏，开始打退堂鼓，从全球化的旗手变为全球化的阻力。一度甚嚣尘上的"历史终结论"沉寂下去，西方日益担忧其优势丧失、辉煌不再，人类社会或迈向"后西方"时代，因此不惜祭出保护主义、以邻为壑的武器。可见，"冷战"结束20多年来，人类和平与发展的事业仍面临重重挑战，国际形势的发展变化错综复杂、波谲云诡，全球性挑战层出不穷，增加了未来的不确定性。

"弄潮儿向涛头立，手把红旗旗不湿。"越来越多的人将目光投向中国，期待中国发挥更大作用。中国因势而谋、应势而动、顺势而为，

站在关注人类前途命运的高度，提出构建人类命运共同体的理念，为塑造新型国际关系、完善全球治理贡献了中国智慧。中国还坚持正确义利观，以义为先、义利并举，不急功近利，不搞短期行为，着力描就命运与共的恢宏画卷，成为世界乱局中的稳定之锚。围绕"一带一路"倡议，习近平主席多次进行出访并做出系列重要论述，充分体现了合作共赢的精神。2017 年 1 月，习近平主席在联合国日内瓦总部发表重要演讲，深刻阐释了共建人类命运共同体的理念，为推动世界发展和人类文明进步提出了令人耳目一新的中国方案。"一带一路"化身为中国与国际社会坚定推动经济全球化、共同构建开放型世界经济、支持自由贸易、构建人类命运共同体的新动力。尽管你输我赢的零和思维在当前国际关系中仍有一定市场，但"一带一路"所倡导的共商、共建、共享理念具有时代的先进性，旨在构建全球伙伴关系网络，结伴不结盟，有助于重塑国家之间的互动模式，让各国聚焦合作、分享机遇，散发着无法抗拒的魅力。

"一带一路"已经从中国方案变成"世界方案"，其蕴涵的合作共赢理念得到越来越多国家及国际组织的欢迎和支持。2016 年 11 月，在秘鲁利马举行的亚太经合组织领导人非正式会议上，共商、共建、共享等"一带一路"核心理念首次被写入领导人宣言。11 月 17 日，"一带一路"倡议首次被写入第 71 届联合国大会决议，体现了国际社会对"一带一路"的广泛认同。2017 年 3 月 27 日，中国与新西兰签署关于加强"一带一路"倡议合作的安排备忘录。新西兰是首个与中国签署"一带一路"合作文件的西方发达国家，具有重要示范意义。

4 月初，习近平主席在美国佛罗里达州海湖庄园同美国总统特朗普举行会晤时表示，中美加强经贸合作前景广阔，双方要抓住这个机遇。中方欢迎美方参与"一带一路"框架内合作。这实际上是向美国发出了参与"一带一路"合作大计的邀约。4 月 11 日，外交部部长王毅与联合国亚太经社委员会执行秘书阿赫塔尔在北京共同签署《中国外交部与联合国亚太经社委员会关于推进地区互联互通和"一带一路"倡议的意向书》。这是中国与国际组织签署的首份"一带一路"合作文件，旨在扩大双方开展"一带一路"合作的共识，加强交流对接，深化务实合作。

"一带一路"开辟了世界各国合作共赢的新天地，为中国赢得了更多朋友与伙伴。"一带一路"唱响合作共赢的主旋律，不仅拉近了中国与沿线国家的关系，推动了世界经济的可持续增长，为相关国家民众带来了实惠，而且是对国际关系理论的丰富和发展。"一带一路"虽然是中国倡议的，但所创造的红利与机遇是世界的，正如习近平主席强调的，中国"不是要营造自己的后花园，而是要建设各国共享的百花园"，这正是"一带一路"的吸引力。"一带一路"国际合作高峰论坛必将成为促进沿线国家实现和平与繁荣、推动构建人类命运共同体伟大实践中一座崭新的里程碑。

（《求是》2017 年第 10 期）

"一带一路"：中国献给世界的礼物

5月14日，中国国家主席习近平出席"一带一路"国际合作高峰论坛开幕式，并发表题为《携手推进"一带一路"建设》的主旨演讲，强调坚持以和平合作、开放包容、互学互鉴、互利共赢为核心的丝路精神，携手推动"一带一路"建设行稳致远，将"一带一路"建成和平、繁荣、开放、创新、文明之路，迈向更加美好的明天。习近平主席的演讲立意高远、气势恢宏、力透纸背，为"一带一路"的未来走向勾画出清晰的路线图。

毫不夸张地说，"一带一路"是21世纪的"凿空之旅"，是由中国发起的世界最浩大的超级工程，是中国贡献给人类和平发展梦想的礼物，而"五通"（政策沟通、设施联通、贸易畅通、资金融通、民心相通）与"五路"（和平、繁荣、开放、创新、文明之路）承载着中国与世界共同的梦想。

国际社会的期待和中国自身发展的需要决定了"一带一路"的诞生是历史必然。一方面，历史上大国的崛起必然会对国际关系格局产生重要影响，过去不乏通过扩张、战争的方式来实现崛起的事例，留下了经久的伤痛与苦难。而中国则走出了一条崭新的大国崛起之路。习近平主席指出：和平赤字、发展赤字、治理赤字，是摆在全人类面前的严峻挑战。倡导共商共建共享"一带一路"这一中国方案，无疑具有时代的先进性。

另一方面，站在新的历史起点上，中国的发展需要对外开放的新格局，中国也有能力向国际社会提供合作共赢的国际公共产品。习近平曾说过："中国发展得益于国际社会，中国也要为全球发展做出贡献。我们推动共建'一带一路'、设立丝路基金、倡议成立亚洲基础设施投资银行等，目的是支持各国共同发展。"中国走的正是一条和平发展、合作共赢的康庄大道。中国的发展不仅实现着自己的国家利益，而且给其他国家带去红利，美美与共。

三年多来，从陌生到熟悉，从相知到相守，从共商到共建共享，从理念到行动，越来越多的国家踊跃搭上"一带一路"倡议这一"中国高铁"。"一带一路"建设冲破藩篱，契合了沿线国家和地区以及联合国的发展目标，生动地把中国梦和沿线各国人民的梦想紧密相连，不仅有助于促进沿线各国经济繁荣和区域经济合作，也有助于加强不同文明交流互鉴，促进世界和平发展，是一项造福沿线国家人民的伟大事业。

中国是连通未来的桥梁。错过中国机遇，就将错过未来。此次高峰论坛参与度高、代表性广，除了 29 位外国元首、政府首脑和联合国秘书长等 3 位重要国际组织负责人外，美国、英国、法国、德国、欧盟、日本、朝鲜、韩国等均派出高级代表团出席论坛。此次高峰论坛标志着中国方案已经化身为世界方案，中国将自身的诉求国际化，提升了中国的国际影响力和感召力。

"一带一路"倡议来自中国，成效惠及世界。"一带一路"是一场世界各国共商共建共享的盛宴，是构建人类命运共同体的伟大实践，是"撸起袖子加油干"的共同事业。"一带一路"国际合作高峰论坛的成功不仅是中国的成功，也是所有参与者的成功，同样是世界的成功，而中国所扮演的角色正愈加光彩夺目。

（《人民日报·海外版》2017 年 5 月 15 日）

"一带一路"绝非零和博弈的战场

　　"一带一路"俨然已经成为中国倡导的、最受欢迎的国际公共产品，也是前景颇佳的国际合作平台，势不可当。自 2013 年提出至今，"一带一路"已经进入全面务实合作新阶段，其"朋友圈"不断扩大，影响席卷全球。迄今已有 100 多个国家和国际组织积极响应支持，40 多个国家和国际组织同中国签署合作协议。中国秉持共商、共建、共享的开放包容理念，互利合作已开花结果。在反全球化、保护主义抬头、民粹主义浪潮反噬的背景下，"一带一路"迎难而上，这边风景独好。

　　"一带一路"已晋升为中国与国际社会坚定推动经济全球化进程、共同构建开放型世界经济、支持自由贸易、"构建人类命运共同体"的新动力，其国际认同与日俱增。联合国安理会 3 月 17 日一致通过关于阿富汗问题第 2344 号决议，呼吁国际社会凝聚援助阿富汗共识，通过"一带一路"建设等加强区域经济合作，敦促各方为"一带一路"建设提供安全保障环境、加强发展政策战略对接、推进互联互通务实合作等。这是联合国安理会首次将"构建人类命运共同体"重要理念载入重要决议，体现了国际社会的广泛共识，彰显了中国理念和中国方案对全球治理的重要贡献。这是对以往联合国及安理会决议关于"一带一路"表述的继承和发展，进一步强化了国际社会的认同。

　　前段时间还有两条消息引人注目，一是新西兰成为首个与中国签署"一带一路"合作文件的西方发达国家，其示范意义显而易见，意味着将会有越来越多发达国家加入"一带一路"合作大潮中来。二是亚投行扩员，成为仅次于世界银行的全球第二大多边开发机构。亚投行成员数已扩大至 70 个，一举超过欧洲复兴开发银行和亚洲开发银行的成员规模。需要特别提及的是，加拿大是西方七国集团中第 5 个加入亚投行的国家。

然而，和大多数新生事物相同，"一带一路"也有被唱衰、误读的时候。部分美国学者谈到"一带一路"时，会流露出担心与顾虑，他们受三种情绪困扰。一是怀疑，猜测中国的战略意图，称"一带一路"是中国版的"马歇尔计划"，是一个地缘战略工具，中国企图通过"一带一路"打造自己的势力范围，逐鹿欧亚大陆。二是观望，他们从美国曾染指中亚和欧亚大陆的失败经验出发，并不看好"一带一路"的前景，称"一带一路"成功不易，风险甚大。三是抵触，认为"一带一路"倡议虽然不错，但正因为是中国提出的，美国不能轻易为中国的倡议背书，反之会失去话语权。上述看法反映出一些美国人很难摘下陈旧的零和思维的有色眼镜。

尽管如此，在"一带一路"蓬勃发展、越来越成气候的大环境下，美国学界与舆论界不得不感叹形势比人强，态度近来还是有些微妙转变，从一开始的漠不关心，到不得不重视对其的研究与投入；而美国的企业，更是希望从中获得发展机会，分一杯羹。

今年 5 月，中国将在北京举办"一带一路"国际合作高峰论坛，届时众多国家元首、政府首脑和国际组织，以及"一带一路"的企业代表、专家学者、媒体人士将会聚一堂，共商"一带一路"大计，共谋互利共赢大道。

总之，"一带一路"虽是中国倡议的，但其制造的红利与机遇是大家的。美国需要转换思路、放下成见，并与中国探讨和释放在"一带一路"上合作的可能与潜力。美国国内要大兴基础设施建设，中国可以成为合作伙伴。中美还可联手开拓第三方市场，利益共享。中美可以在推动亚太自贸区建设、双边投资协定谈判中加强合作。在"一带一路"上的合作可以丰富中美两国关系的内涵，惠及亚太地区和世界的和平、稳定与繁荣。

（《环球时报》2017 年 5 月 2 日）

中国是北极事务的重要利益攸关方

1月26日，国务院新闻办公室发表《中国的北极政策》白皮书，第一次全面准确地阐述了中国如何看待北极的形势与变化、中国与北极的关系、中国的北极政策目标和基本原则、中国参与北极事务的主要政策主张，具有重要意义。白皮书明确了中国作为"北极事务重要利益攸关方"的定位，提出稳步推进北极国际合作的原则与主张，旨在增加中国北极政策的透明度，消除对中国参与北极开发的疑虑，发出中国致力于与国际社会共同维护北极的和平、稳定和可持续发展的积极信息。

随着经济全球化、区域一体化深入发展，北极在战略、经济、科研、环保、航道、资源等方面的价值提升，国际社会对其的关注日益增多。北极问题已超越北极国家间问题和区域问题的范畴，涉及北极域外国家的利益和全人类的共同命运，北极治理迫切需要各利益攸关方的参与和贡献。中国作为联合国安理会常任理事国和一系列涉北极国际条约的缔约国，作为世界贸易大国和能源消费大国，对北极跨区域和全球性事务肩负重要责任。国际社会希望更多了解中国在北极事务上的立场，而中国已逐步形成对北极各具体领域的立场主张，具备总结提炼北极政策主张的基本条件。白皮书此时出台顺理成章。

中国参与北极事务由来已久，与北极的跨区域和全球性问题息息相关。白皮书指出，中国在地缘上是"近北极国家"，是陆上最接近北极圈的国家之一。北极的自然状况及其变化对中国的气候系统和生态环境有着直接的影响，关系到中国在农业、林业、渔业、海洋等领域的经济利益。早在1925年中国就加入了《斯匹次卑尔根群岛条约》，开始参与北极事务。自20世纪90年代以来，中国在北极事务广度、深度的参与方面均提速，已成为北极活动大国。2004 年，中国建成"中国北极黄河站"。截至 2017 年底，中国在北极地区已成功开展了 8 次北冰洋科学考察和 14 个年度的黄河站站基科学考察。经过多年努力，中国在北极地区逐步建立起海洋、冰雪、大气、生物、地质等多学科观测体系。如今中国的北极活动重点是北极科研、北极保护和北极合作，已拓展至全球治理、区域合作、多边和双边机制等，涵盖科学研究、生态环境、气候变化、经济开发和人文交流等北极事务的众多领域。全球变暖使北极航道有望成为国际贸易的重要运输干线，中国企业开始积极探索北极航道的商业利用价值。

中国是北极事务的积极参与者、建设者和贡献者。白皮书确定了"认识北极、保护北极、利用北极和参与治理北极"的政策目标，提出了"尊重、合作、共赢、可持续"的基本原则，并阐释了五项具体的政策主张，是指导中国参与北极事务的纲领性文件。展望未来，中国将加强与国际社会合作，抓住北极发展的历史性机遇，积极应对北极变化带来的挑战，推动"一带一路"倡议涉北极合作，共建"冰上丝绸之路"，推动构建人类命运共同体，为北极的和平稳定和可持续发展贡献智慧与力量。

（《人民日报·海外版》2018 年 1 月 29 日）

通向"命运共同体"的必由之路

中共十八大以来，以习近平同志为核心的党中央在外交领域开拓进取，锐意创新，成就斐然。习近平主席站在历史与未来的交汇点，倡导"一带一路"与人类命运共同体，形成气势恢宏的"五通"思想（政策沟通、设施联通、贸易畅通、资金融通、民心相通）。这表明中国正以构建合作共赢的人类命运共同体为目标，以共建"一带一路"为新机遇、新起点，弘扬和平合作、开放包容、互学互鉴、互利共赢的丝绸之路精神，书写新世纪中国与世界新型关系的宏伟篇章。

今年1月18日，习近平在瑞士出席"共商共筑人类命运共同体"高级别会议，并发表题为《共同构建人类命运共同体》的主旨演讲，深刻、全面、系统阐述人类命运共同体理念，主张共同推进构建人类命运共同体伟大进程，坚持对话协商、共建共享、合作共赢、交流互鉴、绿色低碳，建设一个持久和平、普遍安全、共同繁荣、开放包容、清洁美丽的世界。而"一带一路"正是这一进程中意义重大、卓有成效的世纪工程。

习近平在提出"一带一路"时，已清晰地阐述了"五通"的深刻内涵。"五通"是通向"共同体"的必由之路，包含互联互通的硬件与软件两方面。设施、贸易、资金是硬件，而政策、民心是软件，两者相辅相成，相得益彰。硬件、软件有机结合，才能有效以点带面、从线到片，逐步形成区域大合作，构筑真正意义上的互联互通。

"五通"和"共同体"思想内涵丰富，是中国新时期统筹对内深化改革、对外扩大开放两个大局所撞击出的思想火花，是中国梦与世界梦的一场美丽邂逅，有助于塑造中国和平合作的国际形象，引领中国对外合作大方向，也是对"中国想要一个什么样的世界"的有力回答。

　　开放是自信的体现。从历史上看，中国自身的发展道路在正反两方面都有经验教训，中国改革开放则兴，闭关自守则衰。从现实看，中国的命运与世界的命运紧密相连，今天的中国已经深度嵌入国际体系，成为其中不可或缺的一员。习近平强调，中国始终认为，世界好，中国才能好；中国好，世界才更好。以 2008 年国际金融危机为例，中国不仅积极参与二十国集团对全球经济的大救援，而且中国自身经济保持中高速发展，为世界经济的复苏与增长注入了巨大的正能量，中国对世界经济增长的贡献超过 1/3。

　　当前全球性问题层出不穷，全球治理体系亟待完善，而一些国家和地区却不断滋长保护主义、民粹主义，以邻为壑的现象不断增多。在此情形下，中国没有随波逐流，而是坚定不移地推进"一带一路"，呼唤同舟共济与全球性合作，更显得难能可贵。

　　尽管有人会以有色眼镜来看待中国倡议，但"一带一路"与"人类命运共同体"思想已经被写入联合国的决议，得到国际社会的点赞与支持。这说明国际社会期待并希望中国在推动全球发展、维护世界和平方面发挥更大作用，提供更多的公共产品。"一带一路"是全球形势复杂多变时期的中国答案，必将为中国赢得更多朋友与伙伴。

（《人民日报·海外版》2017 年 5 月 8 日）

金砖合作迎来第二个"金色十年"

一个月后，世界的目光将投向中国厦门。金砖国家领导人第九次会晤将于 9 月在中国厦门举行。目前，中国正同各方紧锣密鼓地对表，商讨如何巩固成果、规划未来、做大做强，保持金砖合作机制强劲、蓬勃、旺盛的生命力，进而让金砖合作焕发出更耀眼的光彩。

金砖合作走过了从无到有的 10 年历程，实现了从概念到实践的蜕变，成为国际体系中独特的"金砖现象"，也是全球治理中一支生机勃勃代表未来的力量。在过去 10 年中，金砖国家经济总量不断提升，占全球经济比重从 12% 上升到 23%，贸易总额比重从 11% 上升到 16%，对外投资比重从 7% 上升到 12%，对世界经济增长的贡献率超过 50%。金砖国家金融合作基础不断夯实，新开发银行开业运营，同时，金砖国家还建立了总规模为 1000 亿美元的应急储备安排，成员国若出现美元流动性危机，其他国家央行便会提供美元纾困。

以金砖国家为代表的新兴经济体发展壮大，正在重划世界政治经济版图，成为完善全球治理的助推器。自 2008 年国际金融危机以来，二十国集团取代了七国集团成为全球经济治理的主要平台。与此同时，金砖国家合作机制正式登场，有力地撬动了国际秩序的转型与改革，也为建立新型国际关系进行了有意义探索。

上一次中国主办金砖峰会是 2011 年，会议的亮点是金砖四国扩员为五国，新成员南非首次参加会晤。由于南非的加盟，金砖成员的代表性更充分，实现了对亚洲、欧洲、拉丁美洲和非洲的全覆盖。可以说，金砖机制跨越了世界上最遥远的地理距离，超越了不同发展道路和社会制度，凝聚了五国发展的时代共识。这次中国仍将创造性地推动金砖机制的拓展，通过"金砖＋"模式搭建新的更大的合作平台，使之成为南南合作的支柱，共同维护发展中国家的整体利益。在经济全球化深入发展的时代条件下，金砖国家还需要大力推动建设全球发展伙伴关系，促进各国共同繁荣。

尽管当前国际上有一些唱衰金砖合作的声音，所谓"褪色论"有所抬头，但这并不能阻挡金砖国家迎难而上的雄心。事实上，金砖国家正蓄势待发。在一些西方国家对全球化、自由贸易、气候变化等世界性问题的合作持消极态度之时，国际社会更加期待作为新兴经济体领头羊的金砖国家发挥更大作用。金砖国家必须在谋求本国发展的同时，大力促进各国共同发展，特别是有针对性地推动各国加强宏观经济政策协调，改革国际货币金融体系，推动贸易和投资自由化、便利化，促进全球经济更加强劲发展。

在当前复杂多变的形势下，金砖国家合作如逆水行舟，不进则退。唯有加强团结协作与能力建设，共同应对逆全球化、恐怖主义等经济、安全领域的诸多挑战，才能增强金砖国家在世界事务中的影响力。习近平主席强调，金砖国家是为了共同的利益和目标走到一起的。只要我们秉持开放、包容、合作、共赢的金砖精神，携手建设更紧密的金砖伙伴关系，就一定会迎来金砖合作第二个"金色十年"。

（《人民日报·海外版》2017 年 8 月 4 日）

从中国方案到国际共识

今年是金砖合作的"中国时间",美丽的海滨城市厦门将喜迎八方来宾。前不久,以建筑和历史著称的厦门鼓浪屿被列入联合国教科文组织的世界文化遗产名录。厦门曾是海上丝绸之路的重要节点,现在同样是连接世界的重要桥梁。

厦门会晤为何格外引人瞩目?有何成果值得期待?如何开启第二个"金色十年"?中国方案如何增强金砖合作成色?这需要从本次会晤的主题中寻找答案。本次会晤主题为"深化金砖伙伴关系,开辟更加光明未来",既有关注当下的脚踏实地,更有伏脉千里的运筹帷幄。当然,这次会晤将是又一次见证中国方案转化为国际共识的重要时刻。

5年来,中国国家主席习近平站在新的历史起点上,总揽全局,前瞻性地提出一个又一个令人耳目一新的倡议和方案,如"一带一路",发起成立亚洲基础设施投资银行、金砖国家新开发银行,践行正确义利观,推动构建以合作共赢为核心的新型国际关系,打造人类命运共同体,构建全球伙伴关系网络等,收获了众多点赞。

5年来,中国以主场外交为抓手,以创新为驱动,积极运用议题和议程设置的主动权,让中国方案转化为国际共识,引导会晤形成具有开创性、机制性的成果,书写了中国特色大国外交的斑斓画卷,展示了中国锐意进取的坚定意志,拓展了中国与世界的共同利益。

今天的中国宛如一块"超级磁石",吸引着世界的目光。中国实现了从"站起来"到"富起来"到"强起来"的历史性飞跃。这既包括中国硬实力的进一步增强,又包括以治国理政新理念新思想新战略等中国方案为代表的软实力的同步提升。两者相辅相成、相得益彰,真正托举中国的强势发展。中国方案广受青睐,根本原因在于人们目睹了中国改革开放的伟大实践是成功的实践，中国的发展道路是成功的道路，这就是中国方案的底气。

当前国际形势波谲云诡，国际格局加速变化，机遇和挑战相互交织。一方面，新兴力量的崛起，有助于国际秩序的调整与改革；另一方面，世界充满悬念，西方越来越担忧辉煌不再，或滑入"后西方"时代，因此不惜祭出保护主义、以邻为壑的武器，拖累世界经济增长。在此背景下，作为南南合作重要平台的金砖机制走向备受关注，而中国对此机制未来发展的引领作用就更显关键。

面对国际上一些唱衰"金砖"的声音，金砖国家尤其需要增强信心。作为东道主，中国将本着"开放包容、合作共赢"的金砖精神，与各方加强沟通，大力倡导深化合作、推进机制建设，通过"金砖＋"模式扩大朋友圈，推动金砖国家合作机制为世界和平与发展做出更大贡献。

（《人民日报·海外版》2017 年 8 月 31 日）

期待"金砖+"大放异彩

中国将全面推进深化金砖国家伙伴关系，为打造下一个"金色十年"贡献新倡议、搭建新平台、注入新活力

金砖国家领导人第九次会晤将于 9 月 3 日至 5 日在中国厦门举行。这是继 2017 年上半年中国成功举行"一带一路"国际合作高峰论坛之后，又一场引人注目的主场外交活动。中国自今年初接棒金砖国家主席国以来，精心筹划并和其他成员国一道总结经验，规划未来合作新蓝图，为打造金砖国家合作第二个"金色十年"奠定了良好的基础。

近年来中国积极"走出去"，在联合国等国际组织和多边场合主动建言献策，成为维护世界和平、促进世界经济增长、完善全球治理的重要推动力。同时，中国主动"请进来"，主办了多场重大主场外交活动。从雁栖湖畔的亚太经合组织第二十二次领导人非正式会议，到西子湖畔的二十国集团（G20）领导人杭州峰会，再到"一带一路"国际合作高峰论坛，惊喜连连。主场外交让中国更主动地设置议程，更多拥有话语权，有助于将中国方案国际化，把中国理念转化成国际共识，提升中国在国际事务中的影响力。

去年 G20 杭州峰会之所以取得巨大成功，这一方面是因为中国携手各方一道达成杭州共识，为世界经济走上强劲、可持续、平衡、包容增长之路贡献了中国智慧；另一方面，中国以东道主身份，邀请 G20 历史上最多的发展中国家代表出席。这既弥补了 G20 代表性不足的短板，又让许多发展中国家有机会以平等的地位参加世界经济、全球治理等重大问题的讨论，可谓一举两得。

今年 5 月在北京举行的"一带一路"国际合作高峰论坛同样成果丰硕。这又是一次将中国方案转化为"国际行动"的成功实践。"一带一路"建设坚持共商、共建、共享原则，带来的是机遇的分享、利益的分享，这是此项倡议在国际上引起强烈共鸣的根本原因，也是中国站在新的历史起点上，与世界深度互动的体现。

这次金砖国家领导人厦门会晤的主题为"深化金砖伙伴关系，开辟更加光明未来"。会晤将着眼于如何深化务实合作、加强全球治理、开展人文交流、推动机制建设等，谱写金砖国家合作新篇章。

金砖国家合作已经走过了从无到有的 10 年。这一合作机制的建立，有力地促进了世界多极化、经济全球化和全球治理民主化进程。2017年 6 月 19 日，习近平主席在会见金砖国家外长时，强调金砖合作是一个创新，超越了政治和军事结盟的老套路，建立了结伴不结盟的新关系；超越了以意识形态画线的老思维，走出了相互尊重、共同进步的新道路；超越了你输我赢、赢者通吃的老观念，实践了互惠互利、合作共赢的新理念。

毋庸讳言，当前金砖国家同样面临不少挑战，如国际上反全球化、保护主义思潮滋长；经济增长动力不足；一些国际舆论还吐槽金砖国家含金量不足，金砖国家之间互信存疑等。这恰恰说明，如何保持信心，创新思维，推动未来金砖合作从大到强，争取更大国际话语权和制度性权利的紧迫性和重要性。

对此，中国将以"金砖 +"模式为切入点，尤其是做好" +"这篇大文章，再续惊喜。这需要创造性地搭建金砖国家与其他发展中国家和国际组织对话协商合作的新平台，为金砖合作机制的不断壮大提供更大的国际空间。中国将探索"金砖 +"的拓展模式，通过金砖国家与其他发展中大国或发展中国家组织开展对话，建设更广泛伙伴关系，扩大金砖"朋友圈"，把金砖合作打造成当今世界最有影响力的南南合作平台。换言之，金砖国家不仅属于金砖五国，而且属于广大发展中国家，两者相得益彰。

作为世界最大的发展中国家和今年金砖国家主席国，中国将全面推进深化金砖国家伙伴关系，为打造下一个"金色十年"贡献新倡议、搭建新平台、注入新活力，这符合国际社会的期待，也是中国的责任所在。

（《人民日报》2017 年 8 月 5 日）

千年发展目标的中国之路

联合国将于今年 9 月举行发展峰会，评估千年发展目标进展，并通过 2015 年后发展议程，指导今后 15 年国际发展合作。

几天前，中国外交部与联合国驻华系统共同举办《中国实施千年发展目标报告》（2015 年版）发布会。外交部部长王毅、联合国开发计划署署长海伦·克拉克分别发表视频讲话。报告肯定了中国落实千年发展目标取得的举世瞩目的成就。

2000 年，《联合国千年宣言》确立了一个宏伟的人类发展愿景，即以减贫为核心的千年发展目标（MDG），在卫生、健康、性别平等、环保等领域提出了具体指标和落实时间表。这是人类发展史上的一个创举，凝聚了各国人民对未来美好生活的憧憬。15 年来，全球落实千年发展目标取得显著进展。国际社会已经实现或基本实现减贫、提供安全饮用水、男女平等接受初级教育、抗击疟疾、改善贫民窟等 5 项指标，这对广大发展中国家来说，意义尤其重要。

作为世界最大发展中国家，中国是全球发展合作的重要参与者和贡献者，在实现千年发展目标方面的成就可圈可点。截至 2014 年底，中国已经实现或基本实现 10 多项千年发展目标指标，在消除贫困方面，更是遥遥领先，得到国际社会的一致认可。笔者近年来在参加联合国开发计划署讨论《人类发展报告》的有关会议时，对此深有体会，特别是中国的发展为广大发展中国家做出了表率，具有激励意义，他们说："13 亿人口的中国能，我们也能。"

30 多年的改革开放创造了中国的发展传奇。中国在发展中走出的独特道路，有三个重要特征：第一，视发展为"硬道理"，其高效统筹至关重要。笔者在参加国际会议中有关人类发展的讨论时，发现一个有趣现象：发达国家有意淡化政府在发展领域的作用，强调要更多依靠民间力量；发展中国家则强调政府的作用是根本，对中国的经验颇感兴趣。第二，强调"共同发展"，将自身发展与世界的发展紧密结合，机会共享。自己发展也要让别人发展，中国为120多个发展中国家落实千年发展目标提供了帮助。中国所倡导的"一带一路"，就是进一步推进共同发展的重要倡议。第三，发展援助不附加条件，而且重视授人以渔。中国不断创新合作模式，加大对外援助力度。60多年来，中国共向166个国家和国际组织提供了近4000亿元人民币的援助，建设成套项目2700多个，派遣援助人员60多万名，为受援国培训了各类人才1200多万名。

展望未来，在全球化时代，世界的和平与福祉取决于世界各国人民的共同发展和进步。因此需要确立"以人为本"的发展理念，倡导共同发展，加强建立全球发展伙伴关系，南北合作，南南合作，同舟共济，命运与共。在2015年后发展议程中，发达国家应切实履行向发展中国家提供发展援助的承诺，建立健全向发展中国家进行技术转让的机制，支持发展中国家能力建设。而发展中国家应根据自身实际情况，探索符合自身特点的发展道路，增强在发展问题上的话语权与参与度。

(《人民日报·海外版》2015年7月28日)

中俄关系：冬天里的暖意

应俄罗斯联邦总统普京邀请，中国国家主席习近平2月6日至8日赴俄罗斯索契，出席第22届冬季奥林匹克运动会开幕式。这是中国最高领导人打破惯例，首次出席境外大型国际体育赛事。习近平此次索契之行，是马年中国首脑外交的开篇之作。去年习近平担任国家主席后出访的第一站就锁定俄罗斯，今年再次以俄为开端，中俄关系快马加鞭。

索契冬奥会早已打上了普京的烙印，大手笔投入，以展示俄罗斯的活力与开放。索契盛装登场，将是奥林匹克运动精神的一次激情释放。然而，这样一场全球体育盛会却受到一些因素的干扰。前不久，俄罗斯南部城市伏尔加格勒发生连环恐怖袭击造成重大人员伤亡，习近平向普京致慰问电。有些人将体育政治化，以人权为由，称俄罗斯选择外高的索契为冬奥会的主办地，就是要显示普京的强人形象，发出抑制索契冬奥会的杂音。在此情形下，中国领导人的到来更显得宝贵，习近平以体育外交行动支持普京为成功举办索契冬奥会所做的努力。

中俄关系是当今世界高度活跃的大国关系，影响至深至远。自去年3月以来，习近平主席与普京总统5次会晤或见面，3次互通电话，16次互致信函，建立起密切的工作关系和深厚的个人友谊。尤其令人难忘的是，去年在印尼出席亚太经合组织领导人非正式会议期间，正值普京的生日，习近平主席专门为他送蛋糕庆贺。普京近日在接受采访时兴致勃勃地回忆起这一情形，说生日时与习近平一起喝伏特加。普京说，他在中国有很多"粉丝"，是"因为我们和中国有着特殊关系，我对中国也有着特殊的感情"。

习近平的"中国梦"与普京的"二十年复兴俄罗斯"不谋而合，是新时期推动中俄关系前行动力的最好诠释。首脑外交对中俄关系的战略引领和顶层设计作用凸显，两国在双边、地区及国际事务中的合作有增无减。在双边层面，中国连续四年是俄罗斯第一大贸易国，务实合作和战略项目合作稳步推进，俄罗斯对华增供原油等一批大型合作项目先后上马，联合研制远程宽体客机和重型直升机等合作按计划顺利进行。双方还在探讨如何加强在共建"丝绸之路经济带"方面进行合作。两国人文交流精彩纷呈，新一轮国家级主题年活动——"中俄青年友好交流年"——将拉开帷幕，在两国青年中播下友好的种子。

近来，中俄在叙利亚、伊朗核、朝鲜核等问题上的合作更加密切。特别是中国海军"盐城"号护卫舰与来自俄罗斯等国的护卫舰一道，为运送叙利亚化学武器的北欧船只提供护航行动中，中俄合作良好、配合默契，体现了两国对维护国际和平与安全的担当。

此时的索契尽管已经被冰雪覆盖，中俄关系却保持着浓浓的暖意。在索契期间，习近平与普京就今年双边关系发展、推动大型务实和人文合作项目以及重大国际和地区问题的深对表，必将进一步增进双方的友谊与战略协作。今年将迎来中俄建交65周年，习普会将推动中俄关系在新的一年里向着更高、更快、更强发展。

（《人民日报·海外版》2014年2月7日）

习近平俄德之行将给世界带来什么

7月3日至8日，中国国家主席习近平将对俄罗斯和德国进行国事访问，并出席在汉堡举行的二十国集团领导人第十二次峰会。在错综复杂的国际形势下，习主席此访意义重大，不仅将进一步提升中国与俄罗斯、德国之间的双边关系，而且有利于进一步完善全球治理，促进世界经济增长与和平稳定。

中俄关系如芝麻开花节节高。中俄互为最大邻国，都是在国际事务中举足轻重的大国。两国高层互访频繁密切，双边关系达到历史最高水平。这是习近平就任国家主席后第六次访俄或赴俄出席重要国际活动，也是两国元首今年的第三次会晤。普京总统5月曾来华参加"一带一路"国际合作高峰论坛，9月还将到厦门出席金砖国家峰会。在两国元首的战略规划和引领下，双方积极推进"一带一路"建设与欧亚经济联盟对接，推进两国全方位合作深入发展，不断筑牢双方共同利益纽带。6月15日，普京在年度"直播连线"时表示，俄中除拥有战略关系之外，两国在经济领域也有许多共同目标和互补性机遇，毫无疑问双方能够进行有效合作。据悉，习主席访俄期间，双方将签署经贸、能源、投资、互联互通、媒体、教育等领域多项重要合作文件，使两国高水平的政治互信优势转化为更多务实合作成果，让两国民众从中获益。

中德关系正打造互利共赢升级版。中德双方关系的含金量有增无减。习近平主席2014年访德时，将中德关系提升为全方位战略伙伴关系。三年来，中德关系成就斐然，如今又面临大踏步发展的新机遇。迄今为止，中德之间已经建立了70多个对话机制，涉及经济、安全、裁军、人文等众多领域，去年中国成为德国的最大贸易伙伴。当前国际形势充满不确定性，而中国在德国以及欧洲外交政策中的地位更加重要，中德关系不仅有助于带动中欧合作的发展，也对全球经济增长起到重要的促进作用。德方对习主席此访格外重视，做出一些特殊安排，活动丰富多彩；广受关注和期待的熊猫馆举行开馆仪式，定会点燃德国民众的热情。今年是中德建交45周年，习主席此时访问德国，必将为中德关系注入新的强大动力。

中德将携手推动二十国集团峰会取得积极成果。今年德国接力举办二十国集团领导人峰会，面临极其复杂的国际形势。作为三驾马车机制的成员，中德两国在反对保护主义、维护自由贸易体制、促进经济全球化等问题上用一个声音说话，有助于建设开放型世界经济，确保二十国集团汉堡峰会的成功。此次峰会以"塑造联动世界"为主题，延续了杭州峰会的精神。会议将聚焦世界经济形势、贸易、金融、数字经济、能源、气候变化、发展、非洲、卫生、难民事务、反恐等议题。习主席将通过演讲、与多国政要会见会谈等方式，阐述对世界经济形势和国际经济合作的主张，推动各方加强政策协调，共同促进世界经济强劲、可持续、平衡和包容增长，增强国际社会的信心。

世上风云起，同心克时艰。面对乱变交织的当下世界，习近平主席的俄罗斯与德国之行，必将进一步夯实中俄、中德伙伴关系，促进"塑造联动世界"。对全球治理完善、世界和平发展而言，这无疑是一个清晰坚定的积极信号、及时有力的务实举措。

（《人民日报·海外版》2017年7月4日）

中蒙好邻居好朋友好伙伴

中国国家主席习近平应邀于 8 月 21 日至 22 日对蒙古国进行国事访问。这是 11 年来中国国家元首对蒙古国的首次访问。它既是一次重要的双边高层交往，又是一次中国主动塑造周边外交的重要举措。中蒙关系发展正面临历史性契机。

蒙古国是中国重要的近邻，两国拥有 4700 多千米的共同边界。今年正值中蒙建交 65 周年，也是《中蒙友好合作关系条约》修订 20 周年。1989 年中蒙关系实现正常化以来，两国睦邻友好合作关系发展顺利；2003 年两国建立睦邻互信伙伴关系；2011 年两国建立战略伙伴关系；2013 年双方签署《中蒙战略伙伴关系中长期发展纲要》，双方的政治互信和传统友谊不断巩固。习近平主席的蒙古国之行，可谓承上启下。

作为近邻，无论在政治、经济还是文化上，中蒙均有着得天独厚的地缘优势，两国共有 14 个边境口岸，是两国经贸关系的桥头堡。中国重视对蒙投资，愿意成为蒙古国经济发展的推动力量。中国已连续多年保持蒙古国最大贸易伙伴和投资来源国地位。截至目前，中国在蒙古国的矿产、能源、建筑、贸易、信息技术、服务等众多领域投资存量近 37 亿美元。两国贸易额也有明显上升，2013 年，两国贸易额已达 60 亿美元，占蒙古国对外贸易总额的一半以上。

当前蒙古国经济正在转型，中国经济的快速发展无疑对蒙古国是个积极因素。加强与中国的合作，有利于蒙古国理顺长远发展的战略思路。两国将进一步明确矿产资源开发、基础设施建设、金融合作"三位一体，统筹推进"的经贸合作思路，以互联互通和矿能大项目为优先方向，推动两国务实合作取得新突破，形成更加均衡、多元的经贸合作格局。

蒙古国奉行"多支点外交政策"，积极参与东北亚地区的合作机制，为中蒙双方在国际舞台上的合作提供了更多机会和可能。2011 年，蒙古国国家大呼拉尔通过新的《对外政策构想》，将"开放、不结盟的外交政策"拓展为"爱好和平、开放、独立、多支点的外交政策"。2000 年，蒙古国倡议建立讨论东北亚地区事务的机制。它还是联合国发展计划署支持下的大图们江流域发展合作项目（GTI）的成员国。同时，中蒙双方还将加强在上海合作组织、亚洲相互协作与信任措施会议等多边框架中的协调与合作。

中蒙关系走到今天并非一帆风顺，未来的深入发展，仍需要排除干扰，进一步增进互信。坦率地讲，中国的快速发展不时引发外界的种种非议与担忧，认为中国的睦邻友好政策有一天会改变，这是毫无根据的。尊重蒙古国的独立、主权和领土完整，尊重蒙古国人民自己选择政治制度、发展道路，这是中国的一贯政策。中国不会做损害蒙古国的事情，两国要始终做好邻居、好朋友、好伙伴。

中国政府高度重视中蒙关系，将发展对蒙关系作为中国周边外交政策的重要一环。蒙古国领导人也多次表示，将发展对华友好关系作为外交优先方向，愿深化两国战略合作伙伴关系。相信习近平主席此访不仅将拓宽中蒙两国经贸关系的有效途径，而且还将为两国下一个十年的发展奠定更坚实的基础。中蒙两国正以切实的行动，诠释"居要好邻、行要好伴"的个中深意。

（《人民日报·海外版》2014 年 8 月 21 日）

习近平访哈意义非凡

    中国国家主席习近平从今天起至 10 日应邀对哈萨克斯坦进行国事访问，并出席上海合作组织成员国元首理事会第十七次会议和阿斯塔纳专项世博会开幕式。这是习近平主席第三次访问哈萨克斯坦，也是"一带一路"国际合作高峰论坛后的首次出访和重大外交行动，具有多重意义。

    首先，提升中哈在"一带一路"框架下的合作水平。中哈互为重要邻国，双方关系从历史到现实，无不与"一带一路"紧密相连。时光倒回到 2100 多年前，张骞的"凿空之旅"开启了中国同中亚各国友好交往的大门。2013 年 9 月，在哈萨克斯坦首都阿斯塔纳，习主席首次提出建设丝绸之路经济带的倡议。今年 5 月，"一带一路"国际合作高峰论坛在北京召开，国际社会就"一带一路"的合作达成重要共识，从而使中国方案晋升为"国际方案"；哈萨克斯坦总统纳扎尔巴耶夫来华出席有关活动。四年来，中哈两国围绕"一带一路"建设积极合作，挖掘潜力，已经进入深度融合、相互促进的新阶段，两国人民有了更多的获得感。习近平主席此次访问，将为提升中哈关系水平、深化政治互信、推进"一带一路"合作注入强劲动力。

    其次，引领上海合作组织迈入新的历史阶段。习主席将出席上合组织成员国元首理事会第十七次会议，而本次会议将迎来该组织历史上的第一次扩员，印度和巴基斯坦正式加入，这将使上合组织成为涵盖人口最多、面积最大的区域合作组织。16 年前上合组织宛如一棵小树苗，而今天已长成枝繁叶茂的参天大树，国际影响力和吸引力与日俱增。面对复杂多变的国际和地区形势，上合组织坚持弘扬"互信、互利、平等、协商、尊重多样文明、谋求共同发展"的"上海精神"，共同打击

"三股势力"，加强在信息安全领域的沟通协作，以共同维护地区安全稳定，在构建新的地区和全球秩序中发挥了独特的作用。

作为上合组织的创始成员国，中国为其发展提供了强劲动力。会议期间，习近平主席将同其他成员国领导人签署并发表《阿斯塔纳宣言》，发表会议《新闻公报》，签署《上海合作组织反极端主义公约》等文件，以及给予印度、巴基斯坦上海合作组织成员国地位等决议。峰会后，中方将接任上海合作组织轮值主席国并于 2018 年主办峰会。同时，中国还是亚洲相互协作与信任措施会议的主席国，而该机制由哈萨克斯坦总统纳扎尔巴耶夫 1992 年在第 47 届联合国大会上倡议建立。

最后，促进能源与国际产能合作，打造绿色丝绸之路。阿斯塔纳专项世博会第一次在中亚国家举行，中国积极支持并参加这一盛会。作为本届世博会最大的外国馆之一，中国馆主打"未来能源，绿色丝路"主题，将是该活动的一大亮点。

习近平主席此次对哈萨克斯坦的访问，一方面将充实中哈全面战略伙伴关系；另一方面将促进上合组织的发展和国际能源合作，为推动构建以合作共赢为核心的新型国际关系添砖加瓦。

（《人民日报·海外版》2017 年 6 月 7 日）

开启中国特色周边外交新境界

11月12日至14日，中共中央总书记、国家主席习近平对越南、老挝进行国事访问。这是中共十九大胜利闭幕后，中国党和国家最高领导人首次出访，将谱写敦亲睦邻新篇章，为新的历史时期中越、中老关系发展，以及中国同周边国家的合作共赢带来新机遇，展现新时代中国特色周边外交的新境界、新风貌。中国构建人类命运共同体的征程，就从周边开始。

党的十九大报告强调，中国将按照亲诚惠容理念和与邻为善、以邻为伴周边外交方针深化同周边国家关系。越南、老挝是与中国山水相连、唇齿相依的邻邦，而且同为社会主义国家，在历史、文化、经济、政治制度等方面联系密切，具有众多共同利益，可谓休戚与共。中国与越南、老挝均处于改革发展关键时期，因此越南和老挝格外关注中共十九大关于"中国特色社会主义进入新时代"的重要论断。时不我待，中国与越南、老挝需要积极开展执政兴国经验交流，深化党际交往，丰富和发展社会主义建设的理论和实践，推动打造具有战略意义的命运共同体。

习近平在越南《人民报》上发表题为《开创中越友好新局面》的署名文章，强调"我们比以往任何时候都需要携手合作，共同追寻强国富民梦"。中越年内两党两国最高领导人实现了互访，充分体现了两国对双边关系的高度重视。当前中越全面战略合作伙伴关系面临发力的良机，两国发展战略紧密对接，共同推进"一带一路"和"两廊一圈"建设，在基础设施建设、经贸、产能、跨境经济合作区、农业等重点领域合作上取得实质进展，两国人民有了更多的获得感。中国连续13年保持越南第一大贸易伙伴地位，越南成为中国在东盟国家中的最大贸易伙伴，2016 年双边贸易额近 1000 亿美元。难能可贵的是，两国还通过友好协商解决了陆地和北部湾划界问题，妥善处理并管控分歧，为两国共同发展、地区和平稳定创造了有利条件。

中国和老挝两党两国高层交往不断，习近平访问老挝期间，将同老挝人民革命党中央总书记、国家主席本扬，总理通伦，国会主席巴妮分别举行会谈会见，就弘扬传统友谊、夯实政治互信、加强战略沟通、深化务实合作深入交换意见，全面规划和系统部署新时期中老关系发展。近年来，双方在"一带一路"框架内的合作方兴未艾，经济合作领域不断扩大、合作方式日趋多样、合作基础不断夯实，两国还积极推进在中国-东盟、澜沧江-湄公河机制中的互利合作。具有标志意义的全长400 多千米的中老铁路全面施工，将助力老挝从"陆锁国"华丽转身为"陆联国"，提升老挝在东南亚互联互通格局中的地位，并为老挝的经济增长注入强劲动力。

进入新时代的中国必将为丰富和强化与越南、老挝的全方位合作带来广阔的前景，中国特色社会主义建设所取得的辉煌成就将为越南、老挝探索符合自身的现代化发展道路提供有益参考和借鉴。"亲望亲好，邻望邻好"，中国与周边互为战略依托，周边的稳定与繁荣有助于中国的发展，而中国的发展有力地促进了周边的和平与繁荣。新时代中国特色大国外交的总目标是推动构建人类命运共同体，而起点始于周边。

（《人民日报·海外版》2017 年 11 月 13 日）

合作共赢是构建新型国际关系的核心

【党的十八大以来，构建新型国际关系成为我国外交的重要目标。在中美关系方面，我国创造性地提出构建中美新型大国关系，成为发展新型国际关系的重要环节。那么，新型国际关系理念提出的时代背景是什么？它有哪些深刻内涵？《求是访谈》特邀中国国际问题研究院常务副院长阮宗泽，为我们详细介绍新型国际关系提出的时代背景与深刻内涵。】

求是网： 党的十八大以来，新型国际关系在习近平总书记的公开讲话与文章中被多次提及。新型国际关系有哪些深刻内涵呢？

阮宗泽： 新型国际关系的内涵就是合作共赢，这是它的核心，也是特点。过去的国际关系很多时候受到零和思维的影响，要么是我赢你输，要么是你赢我输，双方不可能都赢，也不可能都获利。这种零和思维实际上在相当意义上主导了近代以来的国际关系，导致了国家与国家之间的利益争夺，导致了国与国之间的争霸。特别是随着一个新兴力量的崛起，对当前大国造成战略压力，而当前的守成大国又不愿意看到新兴力量的崛起时，就要去压制并扼制它，导致双方迎头相撞，最后走向战争。

美国有位叫米尔斯·海默的教授写过一本书叫《大国政治的悲剧》，他在书中强调，大国崛起最后必然会产生一种冲突，必然要走向一场战争。这种思想在西方很多国家，甚至包括一些亚洲国家都很有市场。我们怎样才能打破这样一个历史窠臼、逃脱这样一个历史陷阱呢？

这个问题对中国来说，越来越紧迫，为什么？因为今天我们已经是世界第二大经济体，在不久的将来我们有可能超过美国，成为世界第一大经济体。随着我国逐渐成为一个强劲崛起的大国，现在这个难题就摆到了我们面前。中国今天必须思考我们怎么处理和守成大国美国的关系，按照过去很多国际关系理论逻辑，中美之间的矛盾不可调和，最后很可能就是走向一场冲突。

所以，习近平主席提出来一个新的思路，也就是新型大国关系，要超越过去那种大国迎头相撞、强国必霸的这样一种历史逻辑。习近平主席在 2013 年 6 月 8 日和美国总统奥巴马在庄园会晤的时候，跟奥巴马讲了一个观点，探索在中美之间建立"中美新型大国关系"。它的含义就是，我们两家不冲突、不对抗，相互尊重、合作共赢。怎么做到呢？相互尊重就是最好的路径，最佳结果就是合作共赢。新型国际关系它不只是讲中美，它还讲到中国和其他大国，中国和周边国家以及其他发展中国家的关系，它的内涵都是合作共赢。

求是网：新型国际关系这一宏大构想提出的时代背景是什么？

阮宗泽：新型国际关系的提出是中国外交领域的一个创新。"冷战"结束以来这 20 多年当中，形势发生了巨大的变化。在这种情况下，我觉得当时我们的很多思路没有跟上这个形势，所以习总书记特别强调，要与时俱进地看待今天的国际形势，提出了新型国际关系这样一种理念。特别是在 2015 年 12 月 31 日，他在新年贺词当中提出，世界这么大，问题这么多，国际社会期待中国的声音，希望看到中国的方案。这说明时代变化对中国提出了要求，中国必须对这些纷繁复杂的国际问题给出自己的答案和方案。

时代变化主要表现在哪些方面呢？我觉得我们进入了一个新的国际秩序和国际格局的转换时期。这一时期，国际格局呈现出多极化发展趋势。美国虽然还是最重要的一极，但是世界其他新兴力量在崛起，像中国、印度以及其他金砖国家等。除了新兴国家的崛起，现在还出现了很多非国家行为体，甚至包括一些超级大公司，它们也试图扮演更重要的角色。过去那一套国际关系理论，现在遇到了重重的挑战和问题，需要新的理念的出现。

以合作共赢为核心的新型国际关系才是关键所在，它和其他国际关系最大的不同也就在于这四个字，它强调的就是我们需要通过合作，来求得一个大家都赢的这样一种局面。面对新的形势，我们必须对未来有一个新的理想，有一个新的抱负，这也是大国的一个担当。

我觉得第二个大的变化是中国自身的变化。过去改革开放 30 多年，我们一直在融入国际体系，现在我们是国际体系的一个建设者、一个贡献者，在很多政治安全领域都发挥着举足轻重的作用，这就需要我们更多地在国际场合表达中国的看法。现在国际社会也对中国投来期待的眼光，过去曾有这么一种说法，世界上一出了问题，大家把目光投向华盛顿，但现在越来越多的人也把目光投向北京，他们希望从北京获得一种答案，你们是怎么看这个世界，你们的应对方案在哪里。所以这也从另外一个角度说明，今天中国在国际上的地位和它的话语权在增加，这时候提出来新型国际关系理论，是中国对世界国际关系理念的一种贡献，并且起到了积极的作用。

求是网：以合作共赢为核心的新型国际关系适用于解决我国与某些周边国家的领土争端问题吗？

阮宗泽：我觉得其实以合作共赢为核心的新型国际关系，它不仅适用于我们对其他大国的关系，也同样适用于我们的周边国家。目前，中国和周边这些国家的关系基本上还是以合作为主，比如中俄关系是相当良好的战略协作伙伴关系。包括我们和中亚地区的合作，随着我们国家"一带一路"的推进，它们也特别希望能够分享中国发展的机遇和红利。甚至包括我们和印度的关系，近几年也出现了明显的改善。

其实中国有解决边界争端的丰富经验。中国有 14 个陆上邻国，我们和其中的 12 个通过双边谈判、友好协商的方式解决了我们的边界问题，这在世界上也是一个了不起的成就，所以我们积累了足够的成功经验。

求是网：当前国际形势下，构建新型国际关系面临着哪些挑战？

阮宗泽：新型国际关系在历史上从没有人提过，既然它是新生事物，肯定就会遇到一些挑战，所以它未来的道路，也会经历一些坎坷和荆棘。我觉得最大的挑战还是我们思维观念的滞后，很多人现在还停留在过去的一种老观念的阶段。因为这种老观念是安全的，一个新的观念出来的时候，它充满不确定因素。所以人们一般对新生事物都持观望态度，甚至排斥。构建新型国际关系同样会面临这样一种挑战，换句话讲，零和思维的观念现在已经根深蒂固，要用一种合作共赢去取代或者去跟它做一个比较，还是比较难的。今后我觉得可能要面临的一个长期挑战就是，这种合作共赢的理念怎么与零和思维观念进行长期竞争，这个道路可能还是比较漫长的。

（求是网，2016 年 5 月 3 日）